国家社科基金
后期资助项目

当代西方学者对民主的批判性反思

A Critical Reflection on Democracy by
Contemporary Western Scholars

曲伟杰 著

社会科学文献出版社
SOCIAL SCIENCES ACADEMIC PRESS (CHINA)

国家社科基金后期资助项目
出版说明

　　后期资助项目是国家社科基金设立的一类重要项目,旨在鼓励广大社科研究者潜心治学,支持基础研究多出优秀成果。它是经过严格评审,从接近完成的科研成果中遴选立项的。为扩大后期资助项目的影响,更好地推动学术发展,促进成果转化,全国哲学社会科学工作办公室按照"统一设计、统一标识、统一版式、形成系列"的总体要求,组织出版国家社科基金后期资助项目成果。

全国哲学社会科学工作办公室

目　录

导　论 …………………………………………………………… 1

第一章　西方民主的演变历程及其弊端 …………………… 8
第一节　西方民主的演变历程 ………………………………… 8
第二节　西方民主的两大模式 ………………………………… 13
第三节　自由主义民主模式的危机 …………………………… 18

第二章　自由主义民主模式的哲学基础 …………………… 25
第一节　现代自我观念及个人主义思想的兴起 ……………… 25
第二节　个人权利与自由的优先性原则 ……………………… 28
第三节　个人主义与社会契约之间的矛盾 …………………… 46

第三章　经济问题：自由主义民主下的不平等 …………… 56
第一节　平等的规范性基础 …………………………………… 57
第二节　不平等的具体表现 …………………………………… 73
第三节　经济不平等的政治后果 ……………………………… 82

第四章　社会问题：西方社会的歧视与内部排斥 ………… 98
第一节　民主的实质性内涵：多数人的统治 ………………… 98
第二节　社会排斥的产生与表现形式 ………………………… 107
第三节　差异政治的局限 ……………………………………… 120

第五章　文化问题：多元文化主义的诉求及其困境 ……… 124
第一节　普遍主义与文化中心论 ……………………………… 125
第二节　多元文化主义对普遍主义的挑战 …………………… 129
第三节　本土主义与多元文化主义的冲突 …………………… 147
第四节　精英文化与大众文化的冲突 ………………………… 155

第六章　自由主义民主对政治美德的拒斥 …………… 163
　　第一节　马基雅维里主义对西方民主的影响 ………… 164
　　第二节　个人主义对政治美德的冲击 ………………… 170
　　第三节　个体公民的政治美德 ………………………… 182
　　第四节　西方公民教育面临的困境 …………………… 191
结　语 …………………………………………………………… 197
参考文献 ………………………………………………………… 206
索　引 …………………………………………………………… 220

导 论

众所周知，西方民主制度产生于两千多年前的古希腊。从民主制度诞生之日起，西方人对它的研究、反思和批判就没有停止过。柏拉图（Plato）、亚里士多德（Aristotle）、霍布斯（Hobbes）、孟德斯鸠（Montesquieu）、卢梭（Rousseau）、康德（Kant）、黑格尔（Hegel）、马克思（Marx）、尼采（Nietzsche）等许多思想家都是民主制度的批评者。古希腊亚里士多德就认为民主政体是一种"变态政体"，① 根本不能算作是一种正常的政体。18世纪英国保守主义政治思想家埃德蒙·柏克（Edmund Burke）深刻指出，古代人比我们更了解民主制，但是，古代人对民主制并不是顶礼膜拜的，他们认为一种绝对的民主制就像绝对的君主制一样都不是合法的政府形式。因此，柏克才会这样评价："完美的民主制就是世界上最无耻的东西。"② 正是基于这一思想史的背景，美国学者珍妮弗·托尔伯特·罗伯兹（Jennifer Tolbert Roberts）才会指出，"敌视雅典民主政治的传统"③ 已经成为西方政治思想中的一个关键的构件。时至今日，许多西方学者依然会从不同的角度出发反思现阶段西方民主理论和民主制度的缺点与不足，以期进一步改进民主政治的治理效果。

反思和批判的前提是大量的现实问题的存在。目前，西方国家在发展和治理的过程中遇到了诸多棘手的问题，而这些问题在短时间内又看不到解决的出路，以至于连"历史终结论"的提出者弗朗西斯·福山（Francis Fukuyama）都承认，自由民主制度在全球范围内都出现了衰退的趋势。1991年，塞缪尔·亨廷顿（Samuel Huntington）在《第三波：20世纪后期民主化浪潮》一书中认为，第三波民主化的浪潮开始于1974年的葡萄牙，进而转移到欧洲其他地区、亚洲、拉丁美洲和非洲。但是，

---

① 〔古希腊〕亚里士多德：《政治学》，吴寿彭译，商务印书馆，2009，第137页。
② 〔英〕柏克：《法国革命论》，何兆武、许振洲、彭刚译，商务印书馆，2009，第125页。
③ 〔美〕珍妮弗·托尔伯特·罗伯兹：《审判雅典：西方思想中的反民主传统》，晏绍祥等译，吉林出版集团有限责任公司，2011，第2页。

亨廷顿也指出，每一次民主化浪潮之后都会紧随着一波民主化的退潮。美国斯坦福大学教授拉里·戴蒙德（Larry Diamond）认为，第三波民主化的退潮开始于1999年10月发生在巴基斯坦的军事政变。戴蒙德教授之所以把1999年作为一个转折性的年份，原因就是从1974年以来，拥有超过一亿人口的巴基斯坦是发生民主制度崩溃的最大国家。巴基斯坦的政治变局意味着20世纪后半叶出现的许多实行西式民主的国家并不能取得良好的经济发展和社会治理效果。"从那之后，在非常有影响力的国家，如俄罗斯、委内瑞拉、尼日利亚和泰国，民主遭受了挫折；而在其他重要的大国，如菲律宾和孟加拉国，民主品质正严重地恶化。"① 近年来，民主衰退的趋势甚至已经在西方国家的内部显现出来。英国社会学家安东尼·吉登斯（Anthony Giddens）注意到，当民主在全世界扩散开来的时候，在它的发源地（欧美世界）却正遭受着破坏，"已经建立起完备的民主制度的国家看起来正体验着民主的危机"。② 这其中尤以新民粹主义的崛起为最明显的标志。到了2016年，民粹主义已经成为西方社会使用频率最高的政治词语之一。左翼或右翼民粹主义的双重崛起反映的是西方国家内部在经济基础、社会管理、意识形态等多个问题上处于意见分化的状态中。弗朗西斯·福山就指出，自19世纪末以来，美国的两个主要政党在意识形态上从未像今天这样极端，双方在若干问题上都不具有基本的共识，其结果就是集体决策机制的严重失效。"作为世界上最早最先进的自由民主制的美国，与其他民主政治体系相比，承受着更为严重的政治衰败。"③ 因此，对西方民主问题的讨论绝不是一个单纯的学术或理论问题，讨论本身是有着极强的现实针对性的。

综观国内外学术界的已有成果，对民主政治的观察和分析研究有以下三种常见的研究思路。

第一种，以民主理论的类型分析为中心。这一研究思路通常是以这样一种方式展开的，那就是对几种有代表性的民主理论逐个进行分析，从而揭示它们之间的相同之处和不同之处。比如，现在流行于西方的是

---

① 〔美〕拉里·戴蒙德：《民主的精神》，张大军译，群言出版社，2013，第14页。
② 肖滨主编《中大政治学评论》（第4辑），中央编译出版社，2010，第9页。
③ 〔美〕弗朗西斯·福山：《政治秩序与政治衰败》，毛俊杰译，广西师范大学出版社，2015，第443~444页。

以下几种民主理论：宪政民主、协商民主、精英民主、参与民主、多元民主等。因此，有许多相关的研究著作是分析这些民主理论的利弊得失的，它们的研究方法是"平行式"的，这样的好处是结构清晰、脉络分明，因为每一种理论都可以单独列为一章。不过，略显不足的是，这样做不太容易让读者把握住民主政治的核心原则，反而会由于作者分析的民主类型过多而让读者有点儿不知所云。

第二种，以人物的思想分析为中心。这一研究思路不同于第一种，它主要是以某一位或几位政治哲学家的思想为研究重点，归纳出该思想家的核心思想与论证线索。这种研究方法简单清晰，因为我们只要将该思想家的思想理出头绪并加以梳理就基本上完成了研究任务。相对来讲，该方法的论述会相对集中，论域也会相对较窄。不过，这种方法的最大弊端恐怕就在于当我们按照每一位思想家本身的思路走下去的话，我们往往会发现他们说的都有道理。因此，不太容易走出这些思想家给我们设下的论述视野，我们甚至会囿于某位思想家的著述而发现不了它本身所可能存在的问题。

第三种，以分析各种民主政治制度为中心。这一研究思路不同于政治哲学的研究方式，它更多的是一种政治学的或社会学的分析方式，因而属于比较政治学的研究范畴。其研究的重点往往在于厘清各种各样的具体的政治制度和政治设置，例如英国的君主立宪制度是怎么回事，有哪些具体的制度操作？美国民主共和制度是怎么回事，它的众议院、参议院、最高法院到底是如何运作的？总统制和责任内阁制有什么区别？诸如此类的问题。可以说，这种研究方式更多的是一种"标本式"的研究方式，它将当代西方有代表性的国家——研究的标本——的政治制度作为自己的研究对象，对这些现实的、具体的政治运作方式和政府政策程序进行大量的抽样调查和数据整理。该方式可以具体而微地对某一个国家的政治制度做出分析与评判，容易发现制度运行的细节问题，却不太能够从根本上反思与批判民主政治的哲学理念与核心原则。

这三种研究思路各有优劣，研究者可以根据自身的具体情况来选择适合自己的研究思路。不过，本书的写作内容与以上三种思路有所不同，本书的主要章节是围绕着"问题"而展开的——通过深入研究当前西方思想界经常讨论的民主政治本身所面临的危机和困境，揭示这些危机和困境的理论总根源。根据这一思路，我们的研究重点将放在对学理的思考上，着重阐释和挖掘诸多政治现象背后的原则依据，并据此对民主政治做出批判性的反思。为了更好地展开主题，本书的内容安排如下。

首先，我们将简单讨论一下西方民主的演变历程以及当下所面临的若干困境。应该说，当代西方的主流意识形态是自由主义，而人们对民主的理解也大多是由自由主义学说来界定的，此即自由主义的民主模式。关于个人的自由、权利的言说充斥于西方国家的报纸杂志和电视媒体上。自由主义民主的哲学基础是现代自我观念，现代自我观念为自由主义民主制度下个人权利和自由的优先性奠定了本体论意义上的哲学基础。作为现代西方民主制度的理论依据的社会契约论，该理论所展现出来的便是一种"原子论"意义上的思想图景。在近现代民主制度的辩护者看来，政府与个人之间是一种委托关系，政府的任何决策都必须得到公民个人的同意，政府的任何行为都必须取得公民的授权。共同体存在的目的就是保障个人的权利，以便最大限度地实现个人的利益与追求。所有这些都为个人主义思潮在西方社会中的兴起与泛滥准备了必需的条件。本书对现代自我观念的批判从本体论的层面上揭示了当代西方主流的民主模式的缺点与问题。从个人权利与政治共同体之间的关系入手，作者指出，建立在现代自我观念之上的权利优先性原则虽然声称自己是天赋人权，但是如果离开共同体的话，这些权利根本没有办法得到实现。

其次，在批判性地分析自由主义民主模式的哲学基础的前提下，本书从经济、社会和文化三个大的方面出发依次探讨了西方民主所面临的难以解决的问题。①在经济方面，最近40年，西方国家的个人财富和收入差距呈现日益拉大的趋势，2008年的金融危机则进一步加剧了这一趋势。经济全球化在给全世界带来财富增长的同时，其效益并没有惠及全体民众，从而导致反全球化的新民粹主义的崛起。在经济不平等的背景下，西方社会难以避免党派政治和金钱政治的深度影响。②在社会方面，本书对民主的实质性内涵——多数人的统治问题进行了探讨。虽然在今天，多数人的暴政不再是西方民主政治的常态，但是，由于身份认同上的差异和不可调和，当多数人与身份认同政治绑定的时候，现代民主制依然会出现多数人对少数人的社会排斥，这种排斥在一些民主国家可能表现为显性的压制，而在另一些国家则表现为隐性的歧视。由此出发，本书还讨论了用于保护少数群体权利的差异政治的局限性。③在文化方面，本书反思了自由主义民主模式所预设的普遍主义理念的不足，进而研究了兴起于20世纪60年代的多元文化主义对普遍主义的挑战。多元文化主义是当代自由主义者所推崇的重要思想资源之一，它的理论基础是特殊主义的哲学立场。在特殊主义立场的支撑下，多元文化主义在保护少数群体的权利上发挥着重要的作用。但是，面对具有不同的文化传统和价值观念的移民群体的大量涌入，多元文化主义遭遇到难以解决的困境。

最后，自由主义民主通常会忽视政治美德的重要性，而这一点已经被部分西方学者所纠正。建立于现代自我观念和个人主义原则之上的民主政府并不能有效地保护和捍卫它所承诺的个人权利与自由。因为奉行个人至上的民主政府很难激发起公民参与政治活动的热情，也很难培养出具备充分的政治美德的公民，而失去了这些重要的政治条件，民主政府便很难健康而稳定地运作下去。在这一前提下，忠诚、责任、爱国等政治美德有必要得到充分的肯定。为了在当代社会确保足够的政治参与和培养出良好的公民政治品格，教育就是不可或缺的。公民政治品格的塑造有赖于一种重视人文素质的教育体系，而绝不能仅仅依赖工具性的专业学习。在商业浪潮和专业分工的双重压力下，当代西方公民教育同样面临巨大的挑战和困难。

事实上，当代西方自由主义民主所面临的各种困境在很大程度上可以归结为自由民主制下个人主义思潮的兴盛与滥用。因此，西方学者对自由主义民主的批判从总体上讲都是对"原子式"的自我观念的批判。从特殊主义的立场出发，既然伦理—文化共同体对于个人来讲是构成性的，而每一个共同体都承载着各自不同的历史传统、价值观念和文化信仰，那么自由主义民主模式就无法主张一以贯之的普遍性。民主作为一种价值理念是能够为人们所普遍接受的，但是实现民主理念的政治制度本身则应该根据各国的特殊的文化传统和具体的实际情况而定，并不适用一种单一的制度标准。在此前提下，东西方在进行交流的时候，应该采取彼此承认、彼此尊重的和平对话的态度，通过更多的跨文化交流与对话谋求达成一定程度上的"非强制性共识"，这才是值得我们认真去追求的。

为了使观点的论证和结论更有说服力，本书对民主政治的反思与批判并不是采取一种"局外人"的立场,而恰恰是从"局内人"的角度出发的。在文献材料的选取上,我们所依据的主要文献材料是当代西方学者从西方思想传统的内部出发对自由主义民主所做的批判。围绕着当前西方民主政治所面临的问题和危机,所有相关的文献材料都会被有机地纳入其中,而不仅仅依赖于某一思想流派的论述。即便是新自由主义的代表性思想家,他们也对西方民主政治有所反思,他们的一些有特色的反思同样会被吸收进书稿的内容当中去。当然,法兰克福学派、分析的马克思主义学派、共同体主义、共和主义、英国新左派、保守主义等都更多地论证了自由主义民主的缺陷与不足[①]。对于这些思想流派的学者——如尤尔根·哈贝马斯(Jurgen Habermas)、G. A. 柯亨(G. A. Cohen)、斯蒂芬·卢克斯(Steven Lukes)、安东尼·吉登斯、阿拉斯戴尔·麦金太尔(Alasdair MacIntyre)、查尔斯·泰勒(Charles Taylor)、迈克尔·沃尔泽(Michael Walzer)、迈克尔·桑德尔(Michael Sandel)、艾丽斯·M. 杨(I. M. Young)、戴维·米勒(David Miller)、贝淡宁(Daniel A. Bell)、列奥·施特劳斯(Leo Strauss)等——的作品,笔者在援引时都进行了研究和提炼,围绕本书的总体结构和章节安排,把他们的观点分别纳入对各种问题的讨论之中,而并非着眼于详细介绍和分析某几位思想家的整全性的思想。不同于上述思想流派,西方学界还有一批专门从事民主理论研究的学者,比如罗伯特·A. 达尔(Robert Alan Dahl)、乔万尼·萨托利(Giovanni Sartori)、戴维·赫尔德(David Held)、弗兰克·坎宁安(Frank Cunningham)、约翰·基恩(John Keane)、艾米·古特曼(Amy Gutmann)、罗伯特·帕特南(Robert Putnam)、拉里·戴蒙德、塞缪尔·亨廷顿等,影响很大,他们的一系列研究成果自然也会被重点加以引述。

除此之外,国内学者的相关研究成果同样会被借鉴和采纳,尤其是他们发表在期刊丛刊、报纸杂志上的文章。这些成果往往聚焦当下西方国家正在面对的社会问题,因此现实针对性更强,更富有时代气息。其中,中国学者对西方社会的经济不平等问题、政治献金问题、"狗哨政治"、2016年美国大选的社会背景以及"另类右翼"(或者说"新民粹

[①] 笔者虽然对法德后现代诸左翼流派以及东欧新马克思主义等均稍有涉猎,但是由于语言方面和时间方面的客观原因,还没有达到能一窥其堂奥的程度,因此无法对这些十分重要的左翼流派的思想进行深入细致的探讨。

主义")大规模兴起问题的跟踪研究,对本书在一系列问题上的论证启发很大。

本书注重将对马克思主义经典文本的深入解读与对民主政治的反思批判结合起来,其目的是探寻马克思的诸多重要思想对当代西方政治文化的发展带来了什么样的启示和意义。在西方思想史上,马克思第一次对近现代西方政治制度提出了全面而系统的批判。马克思在《论犹太人问题》、《〈黑格尔法哲学批判〉导言》、《神圣家族》、《德意志意识形态》、《共产党宣言》、《资本论》(第1卷)、《哥达纲领批判》等著作中对现代西方资本主义制度的方方面面都做了深刻的批判,对后世的影响极大。约翰·罗尔斯(John Rawls)这样说过:"我选马克思是因为现在他不被认真看待,我觉得懂得他的思想是很好的,他对资本主义的批判是民主传统的一个重要部分。"① 阿拉斯戴尔·麦金太尔是当代最重要的共同体主义思想家之一,他在接受采访时说过:"我深受马克思的影响。我接受马克思对资本主义的大多数论述……没有马克思,我们不会理解当代社会生活。"② 可以说,马克思主义经典文本中所蕴含的丰富而深刻的思想资源构成了西方学者解剖西方民主政治的一项重要的理论依据。如何充分挖掘马克思主义理论的思想资源和认清马克思主义理论的现实意义依然是摆在全世界学者面前的一项重要任务。

---

① 〔美〕约翰·罗尔斯等:《政治自由主义:批评与辩护》,万俊人等译,广东人民出版社,2003,第246页。
② 〔美〕阿拉斯戴尔·麦金太尔、张言亮:《论道德相对主义——麦金太尔访谈录》,载万俊人主编《清华哲学年鉴》(2008),当代中国出版社,2009,第21页。

第一章 西方民主的演变历程及其弊端

通常，我们在谈及西方民主的时候都会联想到普选总统、代议机构（国会）、三权分立、两党多党等政治设置上的特点。英国著名社会学家安东尼·吉登斯提出了"最小限度的民主定义"① 这一概念，将民主分为三个有机组成部分：第一，政党的多元化；第二，具有开放而自由的选举，具有投票资格的公民都可以行使投票权；第三，具有宪法和一整套的法律来保护完整的公民权。吉登斯的这一定义基本上是着眼于民主的制度层面的，这也可能代表了今天的人们对西方民主政治的一般理解。

正如美国当代著名的民主理论家罗伯特·达尔指出的那样，没有一种真正的民主理论——而只有各色各样的民主理论。换句话说，在"民主"这一问题上，思想家们存在许多不同的思路。为了厘清民主概念的内涵，深入地了解一下它的演变历程也许是必要的。

第一节 西方民主的演变历程

从古至今，西方民主——无论是理论还是具体的制度设计——都经历了非常大的变化，仔细研究它的来龙去脉对厘清我们的诸多认识是很有裨益的。探讨民主这一概念本身的演变史就必须从西方民主政治的源头——古希腊的民主实践说起。

"民主"（democracy）一词源于希腊文，它由两部分构成："demos"与"kratos"。"demos"（音译为"德谟"）的希腊文原义为"乡村"或"坊社"，其第二层含义便是"平民（或村民）"，意即村社中的居民②；"kratos"的希腊文原义是"统治"。因此，民主的最初含义就是指平民的统治。就民主这一概念的直接起源来讲，它始于公元前509年克里斯

---

① 肖滨主编《中大政治学评论》（第4辑），中央编译出版社，2010，第7页。
② 〔古希腊〕亚里士多德：《政治学》，吴寿彭译，商务印书馆，2009，第211页。

提尼（Cleisthenes）在雅典进行的改革。克里斯提尼改革的核心内容是将雅典公民由氏族编制改为地区编制，这样就容易打破地方贵族的传统家族势力，有利于提升平民在城邦中的政治地位。为了达到这一目的，克里斯提尼把雅典全境分为城区、海港区和郊区三个部分，每个部分再分成10个"三分区"，然后用抽签的方式从这三个部分中分别抽出一个三分区，合在一起组成一个新的部落，这样整个雅典地区便被重新编为10个部落，而那些古老的家族势力便被分散在这10个不同的部落当中，贵族势力得到了非常大的削弱；另外，在每个三分区中包含着数目不等的村社——"德谟"，雅典全境总共有139个，这139个德谟是城邦的基本组成部分。凭这种社会基础结构建立起来的政体，就被人们称为民主政体，而"克里斯提尼的改革是雅典民主最终形成的标志"。[①]

民主的最初含义既然是指平民的统治，那么这样的一种统治具有什么样的特点呢？应该说，古代雅典的民主政治与当代西方世界的民主政治之间存在巨大的差异，古希腊民主政治主要有以下三点特殊之处：第一，雅典民主没有选举产生的政府，大多数的官员都是采用随机抽签的方式产生的；第二，雅典民主不是代议制，它实行的是公民直接参与；第三，雅典民主没有政党。[②] 这三条概括确实道出了雅典民主政治的主要特征——直接民主、抽签制及惧怕党争。

首先，直接民主典型地体现在公民大会的运作当中。公民大会是雅典城邦的最高权力机构，它可以对涉及城邦政治生活的大部分事务进行讨论和表决，该机构并不是由人们选举出的议员组成的，而是全体公民都能够参加的大会。换句话说，城邦中的每个公民都有权在公民大会上发表自己的意见和主张，并参与表决，这与今天西方所实行的代议制度有很大的不同。因此，雅典民主的一大特征就是重在"参与"。其次，在雅典人看来，选举并不是体现民主的手段。因为如果城邦实行的是选举法，那么那些有才能、有名气或财产较多的人被选任的机会就很大，这不利于全体公民之间的机会均等。实际上，在雅典，除了十将军和其他少数要职外，绝大多数的官员都是从年满30岁的公民中经过抽签随机

[①] 晏绍祥：《世界上古史》，中国人民大学出版社，2009，第185页。
[②] 王绍光：《民主四讲》，生活·读书·新知三联书店，2014，第10页。

产生的。例如雅典城邦的另一个重要的政治机构五百人议事会中的议员就是通过这种方式产生的,其具体的做法是,城邦中的10个部落分别按抽签的方式各自选出50个人,然后合在一起便组成了五百人议事会。由此可见,雅典城邦所实行的抽签法与今天西方世界许多国家所实行的竞选制度有着很大的不同。最后,整个希腊都十分反对党派纷争,在他们看来,党争的结果不会是其他,只能是城邦的毁灭。城邦一旦发生党争,那么陷入党争的人们就会"既不受正义的限制,也不受国家利益的限制;他们唯一的标准是他们自己党派一时的任性"。① 因之,党争便直接导致了城邦中公民品德的普遍堕落。希腊不存在现代意义上的政党竞争,困扰着希腊的党派纷争主要是围绕平民与贵族之间的斗争这一主线进行的。公元前6世纪的梭伦(Solon)改革是平民与贵族之间进行政治斗争的直接结果,前面提到的克里斯提尼改革的动因也可以归结为平民与贵族之间的斗争。可以说,平民与贵族之间此起彼伏的政治斗争贯穿雅典民主政治的始终。

上述三条概括说明的是雅典民主的特征,而非其本质。那么,什么样的政体才会被古希腊人界定为民主政体呢?民主的第一层含义是雅典的"政权是在全体公民手中,而不是在少数人手中",② 这是它被称为民主政治的根本原因。这一阐发应该说也是人们对民主的最普遍的理解,即民主代表着"多数人的统治"。亚里士多德在谈及民主政体的时候也表达了同样的看法,他指出,民主政治具有的一个特别观念就是"主权属于多数"③。直到今天,人们关于民主的最基本的理解依然遵循着"多数人的统治"这一思路,比如在美国总统大选中,获得选举人票数多的候选人就是最终的胜出者。不过,同样是多数人的统治,古希腊人的理解和我们现在的理解还存在比较明显的不同。亚里士多德对民主政体的界定是由自由而贫穷的,同时又是多数人所统治的政体。此处所说的"多数人"明显地是指城邦中的穷人,只要以穷人为统治主体的政体一

---

① 〔古希腊〕修昔底德:《伯罗奔尼撒战争史》(上),谢德风译,商务印书馆,2004,第269~270页。
② 〔古希腊〕修昔底德:《伯罗奔尼撒战争史》(上),谢德风译,商务印书馆,2004,第147页。
③ 〔古希腊〕亚里士多德:《政治学》,吴寿彭译,商务印书馆,2009,第281页。

定是民主政体。所以，在古希腊，"平民的统治"也可以等价于"大多数穷人的统治"。民主的第二层含义是公民享有平等的法律权利，很明显，雅典民主的这一层含义指涉的是城邦的法治与公民权的问题。这里所说的"每个人"并不是指雅典城邦中的所有人，比如城邦中的奴隶、外邦人和妇女就不具有同正式公民一样的权利。而这里所说的法律上的平等则主要是指公民都具有同等的社会和政治权利，这也是雅典式的"直接民主"的题中应有之义。这种直接民主模式要求的是全体公民参加集会，直接行使自己的权利，献身于城邦的公共事务中。美国著名政治思想家萨托利就认为雅典民主具有"面对面"的性质，他说："在那里，统治者与被统治者并肩共事，面对面互相协商。"① 在解释平等的公民权所可能具有的政治作用的时候，亚里士多德认为，如果一个城邦中的大群的穷人被排斥在公职之外，就等于在城邦内保留了大群的敌人，因此，平等的政治参与权本身也是巩固城邦政治基础的一项重要原则。民主的第三层含义涉及公民的日常生活方式问题。在私人生活中，雅典人是自由而宽恕的，他们在工作完毕的时候可以享受各种娱乐，以提高自己的精神；并且在一年的时间内，城邦有各种定期的赛会和祭祀，在参加这些活动的时候，人们会忘记自己的忧虑。从表面上看，伯里克利（Pericles）在这里由对雅典城邦的制度层面的描述进入了对雅典人日常优雅生活的赞美，实际上他所要做的是通过赞美雅典城邦丰富多彩的日常生活来反衬出雅典民主制度所具有的优越性。从公民私人的日常生活是不是自由、平静和丰富的角度来看待民主，也是理解希腊民主的一个重要的维度。

总之，民主在希腊人那里主要有三个比较重要的含义：其一，民主意味着多数人（主要指平民）的统治；其二，民主意味着全体公民在政治权利上的平等（抽签法就典型地体现了这一点）；其三，民主意味着公民在私人生活上的自由和不受干涉。亚里士多德在总结民主政体的宗旨的时候认为，"自由"与"人人应不受任何人的统治"是民主政体的两大宗旨。在亚里士多德那里，"自由"主要有两个层面的含义：自由

---

① 〔美〕乔万尼·萨托利：《民主新论》（下），冯克利、阎克文译，上海人民出版社，2015，第431页。

体现于政治生活中就是人人轮番当统治者和被统治者，而这一点又恰恰体现了全体公民人人平等的原则；自由体现于个人生活中就是人人都得以按照自己喜欢的方式生活。

但是，西方民主从诞生之日起，在很长的一段历史时期内，都不被看作一个"好东西"，而是一个"坏东西"。法国启蒙思想家卢梭在《社会契约论》中提出人民主权的原则。人民通过订立社会公约而建立了国家，因此主权的本质就在于它是由公意构成的，因而也代表了一国当中的最高意志，而公意代表的是全体人民的共同意志。卢梭并不讳言他所向往的政治制度是古希腊城邦的直接民主制度，城邦中的所有公民都能够直接参与城邦的公共事务。由于人民主权原则是国家建构的根本原则，多数人的统治在卢梭的政治思想中自然具有了根本性的合法地位，民主只有到了卢梭的笔下才第一次获得了一种强有力的哲学论证。即便如此，卢梭却认为真正的民主制永远也不会实现："如果有一种神明的人民，他们便可以用民主制来治理。但那样一种十全十美的政府是不适于人类的。"①

民主由一个"坏东西"转变为一个"好东西"，其转折点是法国大革命。1789年爆发的法国大革命践行了卢梭的人民主权原则，从而使民主第一次以一种正面的形象展现在世人的面前。法国大革命喊出的"自由、平等、博爱"的口号迅速席卷西方世界，并逐渐影响了全世界，最终成为现代民主政治的一种理念上的追求与象征。据西方学者考证，19世纪30年代，法国人达尔让松在私下发行的《关于法国政府的思考》中第一次在正面意义上使用了"民主政治"一词。1835年，法国思想家托克维尔（Tocqueville）出版了影响深远的《论美国的民主》，直接将"民主"一词写入书名。该书既是世界上第一部对美国的民主制度和民主理念进行系统阐述的著作，也是第一部专门论述民主制度的政治学专著。②

托克维尔同样援引卢梭的人民主权原则来论证美国的民主制度，认为在美国，凡事皆出自人民、用于人民。但是，托克维尔在解释多数人到底应该怎样实行统治的时候脱离了亚里士多德、卢梭的思路，因为在

---

① 〔法〕卢梭：《社会契约论》，何兆武译，商务印书馆，2005，第86页。
② 〔美〕珍妮弗·托尔伯特·罗伯兹：《审判雅典：西方思想中的反民主传统》，晏绍祥等译，吉林出版集团有限责任公司，2011，第295～297页。

卢梭那里，希腊式的直接民主才是真正的民主。在西方政治思想史上，古代民主与近现代民主理念之间是存在比较大的不同的，民主由古代演变到现代，其中影响最为深刻的变化之一就是"民主政治的舞台由小型的城邦国家转换成大型的近代民族国家"。① 这一转换代表着古希腊式的直接民主制逐渐为间接民主制——代议制——所替代，因为在一个民族国家内部，"人民"的数量非常庞大且极其分散，以至于他们根本无法聚集在一起开会进行直接的统治，所以通过选举选出来的议员来代表他们行使最高的政治权力就成为势所必然的了。从此，民主便与人民的选举权紧紧地联系在一起，托克维尔所看到的美国的民主正体现了这一点。

伴随着民族国家在西方的兴起，民主便更多地与议会普选、政党竞争和总统选举挂上钩了，特别是美国的民主制度模式随着美国国力的提升迅速地影响了美国之外的其他国家，西方民主理论进入了一个新的发展阶段。

第二节　西方民主的两大模式②

当代西方政治学者纷纷著书立说，对民主理论和实践的探讨日趋深入。与此同时，精英民主、参与民主、多元民主、协商民主、情感民主等诸种学说理论也不断涌现出来，人们对民主的理解越来越多元化了。但是，不管现在西方有多少种民主理论，共和主义民主模式和自由主义民主模式是分析西方民主问题的两条主要线索。当然，不同的学者会有各自不同的归类方法和分析模式。尤尔根·哈贝马斯在《民主的三种规范模式》一文中区分出了三种民主模式——自由主义民主、共和主义民

---

① 〔英〕戴维·米勒、韦农·波格丹诺主编《布莱克维尔政治学百科全书（修订版）》，邓正来译，中国政法大学出版社，2002，第200页。
② 由于这两大流派各自的内部又可以分为许多不同的小流派，这些不同的小流派又对民主有着自己的特殊理解，因此，对这两种民主模式的分析与建构也只能采取从整体上概括和归纳的方法，放下同一模式内部的分歧与争论而尽量找出它们之间的共同点。虽然这样做会顾及不到许多具体的细节，但是有利于我们从一般性的角度出发找到两种民主模式之间的根本区别。这是关于这一问题的总的方法论。

主以及他本人所倡导的协商民主（程序主义的民主），① 并对它们的各自特点进行了出色的分析。哈贝马斯的分析承接的是邦雅曼·贡斯当（Benjamin Constant）和以赛亚·伯林（Isaiah Berlin）的思路，贡斯当对"古代人的自由"与"现代人的自由"的探讨、伯林对"消极自由"与"积极自由"的区分奠定了当代西方学者研究民主的规范模式的基础。1789年爆发的法国大革命秉承着卢梭的人民主权原则为民主正了名，但是法国大革命的发展结果超出了西方人的预期和想象。伴随着对法国大革命的反思，人们对民主的理解也逐渐走向深入。1819年，贡斯当做了一次论述古代人的自由和现代人的自由的演讲，该演讲首次将政治哲学领域中有关"古今之争"的话题给明确化了。② 大致上是依据"古今之争"的划分标准，共和主义民主传统和自由主义民主传统被人为地标识了出来。而国际知名的英国政治学教授戴维·赫尔德则归纳出西方民主的四种古典模式，依次是古希腊雅典城邦民主、共和主义民主、自由主义民主和马克思主义的直接民主理论。③ 而在共和主义民主和自由主义民主之下，赫尔德又各自区分出两种不同的形式——保护型和发展型。无论是哈贝马斯的分析还是赫尔德的研究，他们之间的一个共同点就在于都把共和主义民主和自由主义民主作为西方民主的两种基本类型。

其实，从大背景上来讲，共和主义的民主模式绝不是产生于20世纪的新鲜事物，而是古已有之；而自由主义民主观念则是于文艺复兴之后逐渐兴起并一步步走向成熟的。虽然这两大传统在西方世界中各有千秋，但是，通常在一定时期内，其中的一种民主模式往往会占主导地位。笼统地说，在古希腊和古罗马时代，共和主义民主模式占主导地位；在近现代的西方，自由主义民主模式占主导地位；到了当代，伴随着"共同

---

① 〔德〕尤尔根·哈贝马斯：《包容他者》，曹卫东译，上海人民出版社，2002，第279页。
② 关于这一点，是学术界的一种通常的说法。但是，J. G. A. 波考克（J. G. A. Pocock）显然并不认同这一说法。作为研究英语世界政治思想史的学者，波考克认为，"由弗莱彻和笛福在1698年揭示的古代自由与现代自由之间的紧张关系，在1734年左右由罗伯特·沃波尔爵士的支持者做了浓墨重彩的阐发，这比本杰明·贡斯当用它来理解雅各宾党和拿破仑时期的历史早了大约80年"。参见〔英〕J. G. A. 波考克《马基雅维里时刻：佛罗伦萨政治思想和大西洋共和主义传统》，冯克利、傅乾译，译林出版社，2013，第603页。
③ 〔英〕戴维·赫尔德：《民主的模式》，燕继荣等译，中央编译出版社，2008，第3~4页。

体主义"和"美德伦理"在西方世界的兴起,共和主义民主模式又重新回到了政治哲学家的视野当中,人们对共和主义民主模式的研究又产生了极大的热情。

首先,我们集中阐释一下共和主义民主的主要内涵。关于共和主义传统的来源与界定,西方学者的观点分歧很大。有的主张亚里士多德式的共和主义观,有的主张斯巴达式的共和主义观,有的则声称西塞罗式的共和观念才能最好地代表这一传统。细究这些观念之间的差别并非本书的目的,此处意在探求与自由主义民主相比,共和主义传统下的民主有什么一般意义上的显著特征。麦金太尔曾经简练地概括出共和主义传统的内涵:"这一传统的核心是公共的善的观念,它先于并且显著地独立于个人欲望和利益的总和。"[1] 因此,共和主义者把公民美德放在首位。

共和主义民主传统奠基于古希腊和古罗马的政治实践。亚里士多德认为人类在本性上是一个政治动物。注意,在古希腊那里,政治本身就是指城邦生活,"政治"(Politics)一词的词根即"城邦"(Polis)。实际上,古典时期的雅典城邦是一个自由人的共同体,在这一共同体当中,个人与城邦的利益是紧密地结合在一起的,只有每个人都尽到自己的责任和义务,城邦才能够健康而繁荣地发展下去,否则,城邦是很容易被破坏的。城邦之所以具备这样的特点,其原因就在于自由人本身对公民身份的认同,亚里士多德指出,只有参与城邦的司法管理和担任官职的人才能被称为公民。由此可见,公民身份本身就直接与一个人能否参与城邦的政治事务有关,正是在这种意义上,公民个人的利益才与城邦共同体的利益直接地联系在一起。公民参与城邦的公共事务的前提是公民本身能够"自治",伯里克利对雅典公民的独立自主的赞颂正是在这一层面上展开的。而建立于直接民主基础上的真正的自治,要求城邦中的公民完全献身于公共事务。因为假如某一个公民因为某种原因没有参与城邦的政治决议并发表意见的话,那么公民大会上通过的法律便没有代表该公民的意志,因此他就不是处于"自治"的状态。所以萨托利曾经这样总结雅典城邦的公民自治:"自我统治意味着用毕生的时间去统治。"[2] 此语道出了雅典直接民

---

[1] 〔美〕阿拉斯戴尔·麦金太尔:《追寻美德》,宋继杰译,译林出版社,2008,第268页。
[2] 〔美〕乔万尼·萨托利:《民主新论》(下),冯克利、阎克文译,上海人民出版社,2015,第434页。

主的实质所在。承接伯里克利、亚里士多德等人的思路，西塞罗（Cicero）认为，"共和国"乃是人民的事业，人民却并不是随随便便地聚集起来的，而是"许多人基于法权的一致性和利益的共同性而结合起来的集合体"。① 从此，共和主义民主传统在西方世界逐渐确立起来。

  从上述讨论中不难发现，共和主义民主的根本内涵就是人民积极地参与国家事务的管理，并在一致的法律和共同利益的基础上结成一个共同体。因此，共和主义民主的第一个重要的特征就是对共同体的重视，这也就意味着，一个人生下来就属于某一个特定的共同体，并服务于该共同体，每个人都是该共同体的一分子，而不是独立于共同体之外。这绝不意味着共同体是由一个个毫不相关的、原子式的个人机械般地构成的，恰恰相反，他们共享着共同体的语言、文化、历史、宗教和社会习俗，拥有许多相同的价值关怀和目的追求。虽然他们可以独立自主地寻求自己私人生活上的安宁与幸福，但是作为共同体当中的一名成员，他们一定要为公共利益而奋斗，承担自身的政治责任，并且只有在共同的政治生活中，他们才有可能获得最高且最为完美的善的生活。共和主义民主传统的第二个重要的特征就是强调公民应该积极参与政治生活。由于在共同体的情境下，每个人都承担着为了全体的公共利益而努力奋斗的政治责任，而只有参与到国家的公共事务当中才有可能完成自己的政治使命。当代德国的著名思想家哈贝马斯在讨论民主的三种规范模式时就明确指出，共和主义民主模式主要强调的是公民的政治参与权和政治交往权，它不但要确保公民不受外在的强制，更重要的是要保证公民能积极参与政治活动。另外，共和主义民主认为，单纯依靠社会制度和决策程序的设计是无法保证一国民主制度的稳定和健康运转的，由此出发，就引出了共和主义民主的第三个重要的特征，那就是它极为关注对公民素质和公民美德的培养。实际上这一条所体现的思想是秉持着共和主义民主传统的思想家怀疑仅凭良好的政治制度就可以解决一切社会问题这一制度主义的思路，他们看到了国家中的公民所具有的美德对民主政治的重要性。这些美德包括公民的责任感、忠诚度、爱国心、勇气、诚信、守法等。制度的运行并不能脱离生活于该制度下的人们的具体情况而单独

---

① 〔古罗马〕西塞罗：《论共和国》，王焕生译，上海人民出版社，2006，第75页。

存在。桑德尔就认为，共和主义传统的核心思想是"自由取决于自治，而自治则需要公民能够就公共利益进行协商，能够有意义地共享自治和自我管理"。① 为了促进公民自治，共和主义传统强调政治应当在培养公民的某些品格特征上发挥应有的作用，而不应该对公民个人品格的形成不闻不问。正是在此基础之上，桑德尔才提出了"塑造的政治"这一概念。在这种意义上，道德相对于政治制度而言是内生的，它不能脱离于政治制度之外，民主制度的正常运作需要具有良好美德的公民的支持与维系。

相比较共和主义民主的三大主要特征，自由主义民主的确立主要是基于个人主义的哲学观点。自由主义民主最核心的原则是对个人自由和个人权利的强调，或者说是权利优先性原则。19世纪法国思想家托克维尔在论述美国的民主制度时指出，个人主义是一种新的观念，它伴随着民主制下人与人之间身份平等的扩大而不断发展。但是，个人主义是"一种只顾自己而又心安理得的情感，它使每个公民同其同胞大众隔离，同亲属和朋友疏远"。② 美国学者罗伯特·贝拉（Robert Bellah）等人在强调个人主义是美国文化的核心的同时不无担心地指出，个人主义发展到今天已经变得像癌症一样危险了，当每个公民都各自沉浸于自己的私人圈子和生活的时候，政治美德就会遭到破坏，而个人主义也会沦为干巴巴的利己主义。与个人主义相伴随的是人们对公民个人的基本权利和自由的强调，在西方民主社会那里，个人权利和自由是第一位的，是必须加以严格保护的，绝不能仅仅为了集体利益或国家利益而牺牲个人，个人权利神圣不可侵犯。

约翰·罗尔斯声称，诠释一种民主制度的绝对首要的要求是对公民个人的基本权利和自由及其优先性做出令人满意的解释。基本权利和自由及其优先性往往被称为"权利优先性"的原则，它针对的对象是政治哲学和伦理学中的另一个重要概念——"善"，因之，权利优先性原则又被概括为"权利优先于善"这一命题。③ 罗尔斯的论述暗示着这样一

---

① 应奇、刘训练编《公民共和主义》，东方出版社，2006，第357页。
② 〔法〕托克维尔：《论美国的民主》（下），董果良译，商务印书馆，2011，第625页。
③ 关于这一点，可以参见罗尔斯《正义论》第一章第6节的相关论述，罗尔斯在脚注中还指出，权利（或正当）的优先性是康德伦理学的一个基本特征。这也足以证明，罗尔斯的自由主义思想深受康德义务论伦理学的影响。

种观点：个人权利及自由的优先性构成了民主制度合法存在的哲学基础，而对共同善或共同利益的追求、对共同的政治目标和生活方式的承诺则在民主制度合法性的证成过程中失去了这种基础性的地位。原因就在于，既然每个人都可以对自己认为是优良的生活方式做出自己的筹划和选择，那么国家在这一问题上无权干涉个人的选择自由。每个人都拥有追求幸福的权利，而且每个人对幸福生活的理解可能是非常不同的，国家无权用法律或其他的手段来设立一种标准的生活和价值样式并强迫人们必须遵从。在自由主义者看来，我们根本不能从一种公共的（国家的）立场出发去评价社会中存在的各种善观念，因此，国家应该在"什么样的生活是值得过的生活"等类似的问题上保持中立的立场。权利优先于善的原则构成了当代西方民主制度的一个重要的理论基石。

从以上的讨论中我们可以发现，共和主义民主与自由主义民主之间的区别实际上关涉的是古今之间的区别，它们之间的争论也可以看作"古今之争"。列奥·施特劳斯曾经提出过两个对比，极为精准地概括了古典政治哲学与近代政治哲学之间的根本不同，即政治哲学从古典发展到近现代的实质是：第一，由古典时代的自然义务为取向转到以自然权利为取向，也就是说，对个人权利的重视取代了对个人的政治义务的强调；第二，由对"最佳制度"的探求转到了对"合法政府"的追寻，这表明近现代的政治哲学家降低了政治的目标。[①]

第三节 自由主义民主模式的危机

民主由古希腊发展至今天，形成了很多种表现形式，如总统制、责任内阁制、君主立宪制等，有关民主制度的理论研究也可以区分出很多派别（诸如参与民主、协商民主、精英民主、社会民主等），但是，西方民主制度的主流形态是自由主义民主模式。当代西方学者对民主的反思主要就是针对自由主义民主制度的。不过，对一个事物或一种价值进行反思，必定存在要反思的前提。我们必须追问，为什么要对民主进行

---

① 〔美〕列奥·施特劳斯：《自然权利与历史》，彭刚译，生活·读书·新知三联书店，2011，第186、195页。

反思？有这个必要吗？如果像塞缪尔·亨廷顿提出的"第三波民主化浪潮"理论所说的那样，从20世纪70年代开始，民主就在全球范围内持续扩张的话，那么西方人似乎没有必要对民主进行反思了。问题的出现是反思的前提。查尔斯·泰勒认为："民主陷入了一种长期的困境当中。"①

西方学者普遍接受的结论是，当代西方自由主义民主模式的危机主要表现在五个方面。

第一，经济不平等所导致的社会阶层的对立与社会共识的撕裂。从功能性的角度讲，民主政治的实施既未必能促进一国的经济增长，也未必能提升社会的公平正义。② 经济增长和社会公平正义的实现有赖于多种因素的综合作用。最近40年，西方社会的收入差距呈现逐步扩大的趋势，2008年的金融危机则加深了这一趋势的蔓延。罗伯特·帕特南在自己的著作中提出："从2009年至2012年，按照实际购买力来计算，位于金字塔最顶端的前1%的美国家庭，其收入增加了31%，而与此同时，对于余下99%的美国家庭来说，他们的收入几乎没有变动（增加不超过0.5个百分点）。"③ 当经济上的不平等日益扩大的时候，新自由主义所许诺的机会平等就会落空。底层大众与上层社会精英之间会因为利益诉求的不同而集结为各种各样的党派团体。社会阶层的分化与西方经济总体趋势上的衰退致使政治上的极化现象日益增加，必要的社会基本共识被撕裂。一人一票的投票选举制度通过可操作的程序把抽象的平等理念形式化，无论你是知识精英还是普罗大众，我们在选票的数量和权重上都是相等的。纸质的选票本身不带有规范性信息，但当投票的行为被视为每个人的自由意志的表达的时候，一张张无差别的、具体的选票反向证成和强化了自然权利意义上的平等理念。为了争取选民手中的选票，参与选举的候选人往往会夸大自身政策的正当性和实效性，同时攻击和弱化对手的正当性和合理性，结果就是，支持不同候选人的社会群体之间经常性地处于相互攻击和情绪对立的状态中。社会共识就在这种紧张的

---

① Charles Taylor, *Dilemmas and Connections* (Cambridge, Mass.: The Belknap Press of Harvard University Press, 2011), p.138.
② 王绍光：《民主四讲》，生活·读书·新知三联书店，2014，第195、198页。
③ 〔美〕罗伯特·帕特南：《我们的孩子》，田雷、宋昕译，中国政法大学出版社，2017，第40页。

对立关系中被抽离了根基。特别是伴随着跌宕起伏的2016年美国大选，唐纳德·特朗普（Donald Trump）的最终胜出超出了绝大多数知识精英和主流媒体的预料。透过美国大选，我们可以看到精英与大众、主流社会与少数群体等，他们彼此之间的分歧与对立难以在短期内消除。"两极化的民主政体是运行能力最差、最易垮掉的民主政体。"①

第二，西方民众对政党和民主治理的不信任度呈上升的趋势，社会团结的纽带变得松弛。在财富不平等的背景下，民主政治难以避免金钱对选举和决策的影响。毫无疑问，企业界、金融界进行的大量游说活动将会使政府制定出有利于一部分富人的政策措施，而这将导致本就存在的贫富差距进一步被人为地拉大。这导致的结果就是，普通民众既不相信政党代表了公共利益，也不相信政府能够回应和解决好他们所关切的问题。有关的民意调查结果显示，过去的几十年间，民众对于政府、自由民主制度，尤其是政治领导人的信任度正不断下降。在美国，"80年代初，84%的美国公众认为特殊利益者从政府那里得到的好处比人民更多，78%认为贫富差距在拉大，70%认为华盛顿的政客脱离了人民，64%认为自己的想法根本无法影响政府，50%认为治理国家的人并不真正关心人民的处境"。② 时至今日，这种趋势并没有太多的改观："公众对政府总体的信心自2000年以来一直在下降，而且近些年只有约1/3的美国人'相信华盛顿的政府会做正确之事'。这堪比水门事件期间的信任度。"③ 这一情形同样遍及欧洲、拉丁美洲等民主国家。21世纪初以来的调查研究表明，"调查问国民谁在管治他们各自的国家，大约四分之三（71%）的拉美人认为，他们的统治者都是些'以权谋私的权势集团'。这些拉美人的感觉很正确，比如在墨西哥，最富有的10%的人口拥有国家40%的国民收入，而过半数人口只能拿到18%，那里的绝大多数（81%）选民觉得没有任何政党在代表他们，而超过半数（52%）的墨西哥选民认为公民自己管理自己要比政客更靠谱"。④ 众所周知，西方民主政治机制的合法性有赖于

---

① 〔美〕乔万尼·萨托利：《民主新论》（上），冯克利、阎克文译，上海人民出版社，2015，第147页。
② 〔美〕塞缪尔·亨廷顿：《美国政治：激荡于理想与现实之间》，先萌奇、景伟明译，新华出版社，2017，第341~342页。
③ 〔美〕拉里·戴蒙德：《民主的精神》，张大军译，群言出版社，2013，第375页。
④ 〔澳〕约翰·基恩：《生死民主》（下），安雯译，中央编译出版社，2016，第695页。

人民与政府间的委托关系，而委托行为代表着人民对政府的信任。西方民众对政府机构的不信任反映的恰恰是民主合法性的危机。

第三，在大多数西方国家中，民众的政治参与水平存在普遍下降的趋势。"冷淡症和非政治化是普遍的，普通公民对政治没有兴趣，公民参与少之又少。"① 政治冷淡症的一种可能性解释是，与各种利益集团和游说组织可以对政府机构施加显著的影响不同的是，当选举过程所对应的人口基数越大的时候，普通个人对选举结果的影响甚至可以忽略不计。公民个人在政治影响上的无力感导致政治参与水平出现普遍下降的趋势。在美国，"自 1948 年以来，不到 65% 的合格选民参加了总统选举的投票，而且在 1980 年之后的七次总统选举中，四次的投票率不到 55%"。② 2004 年，美国政治学学会（American Political Science Association）特别报告中提及："投票（voting）是美国人行使公民权最明显的手段，然而，只有 1/3 的合格选民参与国会中期选举，只有约 50% 的人参与今天的总统选举。"③ 公众投票率的减少在很大程度上动摇了现代民主政治的合法性。现代民主政治的理论依据是社会契约论下的人民主权原则。个人与政府之间是一种"信任—委托"关系，公民个人的同意是政府合法性的前提。在涉及国家行政首脑的选举问题上，如果有多至一半的合格选民不参与投票，那么通过一人一票的选举制选出来的总统是否能够宣称自己有资格代表全体选民呢？这显然是很成问题的。把一些特殊的不参与投票的情况（比如生病、出国工作、照顾家人等）排除在外，公众参与政治活动的热情下降代表着政治冷漠的蔓延和公共奉献精神的衰退，与之相伴随的却是消费主义和个人享乐主义的普遍流行。

第四，媒体主导下的政治议题的碎片化与极端化。随着广播、电视、互联网、平面媒体的不断扩展，各种纷繁复杂的信息、图像和视频都可以在短时间内为世界范围内的人所分享。简言之，没有媒体的繁荣就很难有民主的持续扩张；没有发达的媒体平台，民众也很难对政治决策的

---

① 〔美〕乔万尼·萨托利：《民主新论》（上），冯克利、阎克文译，上海人民出版社，2015，第 169 页。
② 〔美〕拉里·戴蒙德：《民主的精神》，张大军译，群言出版社，2013，第 390 页。
③ 美国政治学学会：《不平等加剧时代的美国民主》，载王绍光主编《选主批判：对当代西方民主的反思》，北京大学出版社，2014，第 251 页。

过程和政治人物的言行进行有效的监督。但是，媒体在发挥自身监督作用的同时，也存在极大的局限性。除了助推消费主义的盛行之外，还有一点就在于媒体把政治议题碎片化、商业化了，从而导致我们很难对重大的政治问题进行长期而深入的思考。社交媒体、电视媒体都很难承担起传播深刻的思想或真理的任务，电视新闻等信息"常常是十分不全面的事实，以至于完全成了假的"。① 而当我们在电视上看完一部情景喜剧、侦探剧或者其他类型的娱乐节目之后，大部分情况下并没有留下任何深刻的印象。更为重要的是，以互联网为基本载体的社交媒体（以Facebook、Twitter、Instagram、LinkedIn、Tumblr等为代表）的出现正在逐渐改变西方民主运作的方式。伴随着大规模的信息技术革命，社交媒体正在改变人们获取信息的途径。据美国皮尤研究中心（Pew Research Center）2016年2月出具的一份调查，在18岁到29岁的青年人群体中，35%的人把社交媒体作为获取与选举有关信息的第一来源，18%的人把新闻网站和手机应用作为获取信息的第一来源。② 电视、报纸等传统媒体对舆论的引导和掌控能力正在下降。无可置疑的是，社交媒体对政治参与的影响已经不可小觑。一些专家学者认为，社交媒体的广泛应用是这一波西方政治格局发生变化的重要助推手之一，其影响所及至今仍无法准确估量。一方面，社交媒体的出现挑战了精英政治的既有格局，因为网络自媒体的主要特征之一就是去中心化，人人都可以成为信息的输出者和评判者。另一方面，去中心化的社交媒体并没有带来信息的中立、准确和公允的传播，反而为谣言、谩骂、极端言论提供了迅速集结和扩散的平台。美国原国务卿亨利·基辛格（Henry Kissinger）就认为："互联网新闻和评论的出现，以及数据驱动的选举策略并没有显著软化美国政治的党派立场。如果说有什么作用的话，就是让极端派赢得了更多的拥护者。"③

第五，"另类右翼"（Alt-Right）运动冲击西方传统政党政治和价值观念，反全球化的本土主义思潮影响加大。"另类右翼"的提出者一般被认为是鼓吹白人至上论的理查德·斯宾塞（Richard Spencer）。2008

---

① 〔美〕乔万尼·萨托利：《民主新论》（上），冯克利、阎克文译，上海人民出版社，2015，第171页。
② 刁大明：《2016年大选与美国政治的未来走向》，《美国研究》2016年第6期，第45页。
③ 〔美〕亨利·基辛格：《世界秩序》，胡利平等译，中信出版社，2015，第465页。

年，担任美国"国家政策研究所"主任的斯宾塞"用这个词来描述围绕'白人认同'（white identity）和保存西方文明的一个松散的极右翼思想体系"。① 已经有不少学者指出，英国脱欧和唐纳德·特朗普的胜选与另类右翼运动的兴起有着非常紧密的联系。"另类右翼的核心主张是白人的身份政治。"② 本来，西方身份政治的目的是用来保护少数族裔、亚文化群体等弱势群体的权利和利益，"政治正确"（political correctness）由此而来。但是，身份政治不断扩张的结果引起了西方传统白人中产阶层的反弹，并被他们拿来作为社会政治动员的一面旗帜。另类右翼对自己的生存处境缺乏安全感，移民和难民的大量涌入所导致的人口结构上的演变让很多白人担心自己的民族属性终将消失。例如美国，"少数族裔人口增长的速度高于白人。非白人现在仍只占总人口的1/3，但是到2023年大部分孩子（18岁以下）都将是非白人……2039年，劳动年龄的非白人数量将超过白人，2042年非白人移民的总数量将超过白人。"③ 出于对丧失主体民族地位的忧虑，另类右翼运动的核心诉求之一表现为白人本土文化保护主义，这一价值和文化观念上的诉求与当代西方主流的价值观念——自由、平等、多元文化主义等——背道而驰。可以预见的是，文化和价值观上的分歧势必会进一步破坏西方国家的社会共识。

当然，西方自由主义民主所面临的问题绝不仅限于上述五个方面，环境保护问题、性别平等问题等都对民主政治的治理绩效提出了挑战。可以断言的是，这一系列的问题和危机从现实性的角度反映出自由主义民主的理论基础存在重大的缺陷。基于此，西方学者对民主的批判性反思从根本上讲针对的就是自由主义民主的哲学基础——经由近代主体哲学所确立的"原子式"的自我观念。这一优先于并独立于任何客体概念的意志主体概念为个人权利与自由的优先性提供了基础。众所周知，民主的核心要义——人民主权原则是与社会契约论直接联系在一起的，社会契约论所体现的价值追求其实是对个人权利与自由的强调与重视。如

---

① 张业亮：《另类右翼的崛起及其对特朗普主义的影响》，《美国研究》2017年第4期，第10页。
② 周濂：《"另类右翼"与美国政治》，《读书》2018年第1期，第25页。
③〔美〕斯坦利·艾岑等：《美国社会问题》（第12版），郑丽菁、朱毅译，电子工业出版社，2016，第128页。

果像自由主义民主所设想的那样,人们联合起来建立国家的目的是保护自己的权利和自由免遭各种灾祸和困苦的折磨,从而使自己生活得更好,那么国家就变成一种纯粹的工具性的存在,是人们达致自身生活目的和利益的手段。对自由主义民主进行批判性反思在很大程度上是为了解决这样一个问题:离开了共同体和社会的支持与保障,个人权利和自由能否得到真正的落实?不过,无论是从何种问题入手,当代西方学者对民主的反思与批判都不是为了彻底推翻民主制度的政治格局,他们的落脚点在于弥补民主的不足。迈克尔·沃尔泽将其界定为对自由个人主义的"周期性矫正"①,这一界定形象而准确地把握住了这些批判的要义。

---

① Michael Walzer, *Politics and Passion* (New Haven: Yale University, 2004), p.154.

第二章 自由主义民主模式的哲学基础

桑德尔将这种把个人权利、正义和公平放在核心地位的自由主义称为"道义论的自由主义",并指出其本体论源头在很大程度上得益于康德哲学。康德所主张的理性的意志主体的概念为权利的优先性提供了根本保障。这种主体是一种拥有自律意志的主体,它完全独立于一切偶然性的欲望和经验目的之外。自我对其目的的优先性意味着自我必须优先于我所拥有的任何欲望、属性和目标,自我并不仅仅是"经验所抛出的一连串目标、属性和目的的一个被动容器……而总是一个不可还原的、积极的、有意志的行为者,能从我的环境中分别出来,且具有选择能力"。① 因此,康德意义上的主体概念是一个具有理性的选择能力的自我概念,是一个选择中的自我。我们不受各种联系和纽带的束缚地选择我们自己目的的能力确证了自我概念的优先性,我们选择目标的能力优先于我们选择的目标本身。

现代自我观念为民主制度下个人权利和自由的优先性奠定了本体论意义上的哲学基础,从而为个人主义思潮在西方社会中的兴起与泛滥准备了必需的条件。德国思想家尤尔根·哈贝马斯揭示过个人主义思潮的泛滥有可能带来的后果:"富裕的与和平的自由社会的公民演变为一个个追求自己的利益的单子,他们把各自主体的权力只当作彼此瞄准对方的武器。"② 国家的凝聚力和公民之间的团结趋于弱化,甚至是破裂。

第一节 现代自我观念及个人主义思想的兴起

康德式的自我形象之所以对自由主义者特别有吸引力,原因就在于

---

① 〔美〕迈克尔·桑德尔:《自由主义与正义的局限》,万俊人等译,译林出版社,2011,第33页。
② 〔德〕尤尔根·哈贝马斯:《民主的法治国家的前政治基础?》,载张庆熊、林子淳编《哈贝马斯的宗教观及其反思》,上海三联书店,2011,第113页。

这一独立于各种目标、属性和目的的自我摆脱了未经选择的传统、社会风尚和道德习俗的约束，个人在追求属于自己的人生目标和制订、修改人生计划上拥有不容忽视的权利。桑德尔形象地将其称为"无约束的自我"（unencumbered selves）。① 众所周知，西方民主制度的捍卫者最津津乐道的理论之一就是"社会契约论"：处于自然状态中的独立的个人让渡出自己的部分或全部的权利，在各自同意的基础上建构出一个政治权威——"主权"，从而使人们摆脱自然状态而进入社会状态。不管自然状态是地狱（霍布斯：一切人反对一切人的战争）还是天堂（卢梭），由自然状态转入社会状态的根本动因在于人们结合在一起所形成的力量能够克服单个人的力量所无法克服的阻力与障碍，因而可以将个人所面对的生存风险降至最低。自然状态中的个人是自由的、独立的、自足的，社会契约论所揭示的似乎是人们从完全没有共同的政治、文化和宗教传统的虚无中创造出了社会，它展示给我们的是一种原子论意义上的个人主义图景。在这种意义上，"个人主义并不是从社会中撤退，而是关于人类社会能变成为什么样子的一种概念重构"，② 查尔斯·泰勒这一观点揭示了个人主义与现代社会契约论之间的理论联系。

问题是，古典社会契约论所预设的前社会的自我观念是何时出现的呢？查尔斯·泰勒认为，西方民主与权利的观念是由人文主义推动的，这种人文主义强调人在宇宙中的特殊地位，强调人的尊严和理性的力量。③ 从文艺复兴开始，人文主义思潮便在西方世界慢慢兴起，西方思想史学家通常将这一时期称为"人的发现"，人们日常生活的诸多方面，包括饮食、情欲、田园牧歌等逐渐成为欧洲人关注的中心，并得到他们的重新肯定。新教改革运动则在宗教信仰的层面上促进了个人主义的崛起，

---

① 对于"unencumbered selves"一词，中文翻译存在一些差异。有的学者翻译为"无负荷的自我"，还有的学者翻译为"无拘无束的自我"。当然，这两种翻译都可以表达出桑德尔所用术语的内涵。不过，就现代自我观念试图摆脱各种未经选择的传统、社会风尚和道德纽带的约束这一点而言，我们更倾向于将其译为"无约束的自我"。参见朱慧玲《共同体主义、共和主义以及自由主义的区别——桑德尔访谈录》，载李建华主编《伦理学与公共事务》第5卷，北京大学出版社，2011，第211页。

② 〔加拿大〕查尔斯·泰勒：《两种现代性理论》，陈通造译，《哲学分析》2016年第4期，第63页。

③ Charles Taylor, *Dilemmas and Connections* (Cambridge, Mass.: The Belknap Press of Harvard University Press, 2011), p. 115.

它通过排除教会权威、将神圣恩典与个人信仰直接联系起来的途径，为单个人的自由和独立预设了信仰上的背景。不过，真正意义上的现代自我观念产生于17世纪。近代自然科学和实验技术的发展大大增强了人们通过自身理性来探索未知世界的信心，由伽利略开创并经牛顿加以完善的经典物理学体系作为人类理性力量的体现得到了空前的彰显。科学的突飞猛进促进了哲学的发展，法国哲学家笛卡尔开启了通常所说的"认识论转向"，这场认识论革命同时也是一场现代自我观念的革命。因为说到底，认识只能是来自"我"，所以，认识论的转向和人的主体性地位的确立是相辅相成的。主体性原则在德国古典哲学那里达到了登峰造极的地步，康德的意志主体、费希特的绝对自我概念和黑格尔的实体即主体的命题都体现了这一点。17世纪的科学和哲学对统治西方世界1000多年的亚里士多德主义的认识论和宇宙观发起了攻击，并逐渐将亚里士多德主义的目的论的宇宙观转变为现代科学意义上的因果论的宇宙观，用科学的观点将宇宙秩序解释为一系列的因果链条，并辅以经验观察的实证检验，最终完全颠覆了古希腊和中世纪基督教的宇宙观念。在古代世界，人们关于自我（主体）的理解是与整个宇宙秩序联系在一起的，宇宙秩序为自我理解提供了前提性要件。正如桑德尔所说的那样："惟有在一个无目的的宇宙中……才可能设想出一种排除或先于其目标和目的的主体。"① 对应于无目的的宇宙，近现代的理论家同样也不认为人类社会存在客观的道德秩序，道德法则是实践理性的产物，是理性主体的自律意志的产物，这也就是康德哲学中人为世界立法的要旨所在。麦金太尔指出，启蒙理性主义思想家通常都是从人性的前提出发推导出有关的道德规则的；与此不同的是，亚里士多德的目的论体系是一个三重框架，即未受教化的人性概念、伦理规则和实现其目的而可能所是的人性概念。② 在亚里士多德那里，偶然所是的人与实现其本性而可能所是的人之间存在显著的差别，伦理学的任务就是教导我们如何实现我们真正的本质，并达到我们的目的。因此，伦理学规则应该被理解为一种目的论的指令。但是，对亚里士多德主义和基督教教义的拒斥，实际上取消了

---

① 〔美〕迈克尔·桑德尔：《自由主义与正义的局限》，万俊人等译，译林出版社，2011，第197~198页。

② 〔美〕阿拉斯戴尔·麦金太尔：《追寻美德》，宋继杰译，译林出版社，2008，第60页。

三重架构中的"实现其目的而可能所是的人"一维,因此,相当于取消了目的的概念。拒斥"实现其目的而可能所是的人"的概念之后,道德命令便失去了着落,因为道德命令本身植根于一个旨在教化与提升人性的架构之中。反之,道德主体的重要性却得到了空前的强调,唯一能够约束我们的道德义务是我们每个人自由选择的结果,自由选择意味着我是自愿负担经由某种行为所产生的义务的,因此这种义务是基于我的同意,而排除掉了习俗、传统施加给我的责任。个人主义的兴起导致人们对个人权利与自由的关注超过了对政治体所承担的义务与职责的关注。

查尔斯·泰勒将现代的自我形象称为"原子主义"(atomism)。他认为,从一种不太严谨的意义上说,原子主义可以恰当地刻画出17世纪古典社会契约论的特征,它构成了17世纪的革命性思想的基础。个人主义为近代自由主义和民主政治的兴起奠定了哲学基础,从而也构成了西方文化传统中最为核心的理念之一。霍布斯、康德、存在主义等对现代自我形象的描述与剖析,发掘出了当代西方主流民主观念的深层次基础,也正是这些深刻的剖析反过来最大限度地暴露了现代自我观念的严重不足,从而为后人更为科学地评判体现个人权利和自由及其优先性的现代民主制度留下了广阔的空间。

第二节 个人权利与自由的优先性原则

赋予理性、独立而自由的道德主体以不可剥夺的权利是现代自然权利学说的核心思路。在自由主义民主那里,个人权利和个人自由是第一位的,是必须得到严格的保护的,它们优先于集体,优先于公共利益,因而绝不能为了集体或国家的利益而牺牲个人,政治制度的设计主要应该是为了维护个人权利和促进个人利益的实现。正是出于这样的原因,西方才有了个人权利神圣不可侵犯的说法。在此,我将分别从三个方面出发检讨现代自我观念以及自然权利优先原则的问题。

一 完备理性假设的局限

在自然权利的观念体系中,个人权利是附着在理性主体的概念之上的,似乎只要给出了一个理性主体,必然就会牵出一大堆的复数权利,而无须借助于任何其他的概念。但是，理性主体的概念过于抽象，这一概念除了赋予我们一种形而上学的观念预设之外，并不能告诉我们任何具体的角色信息，更不能概括我们每一个人的具体处境。近代启蒙理性秉持的是完备理性假设，相信理性能够对我们的人生道路做出最恰当的筹划，相信理性可以分析、鉴别各种主客观条件并做出最合适的判断和抉择，同时控制各种因素的变化来获得最优化的效果。完备理性因此采取的是上帝的视角，任何错综复杂的关系和变量都被认为是可控的。

完备理性假设对于人类来讲是无法实现的要求。正如赫伯特·西蒙指出的那样，我们人类所拥有的是有限理性。有限理性假设采取的不是整全性的上帝视角，而是在局部约束的条件下做出对自己适宜的决策。有限理性并不期许每个人都可以在任何情境下做出最恰当的选择，最优化的结果也可能只是局部最优，并非全局最优。有限理性假设并没有否定理性的作用，而是对理性本身进行低位处理，指出其局限性。从现实性的角度讲，有限理性假设的解释力更大。做一件事情之前，面面俱到、精打细算未必有利于决策的制定，考虑的因素太多有时候反而会畏首畏尾。在很多情况下，敢于冒险的性格往往更能抓住许多易逝的机会。在股票市场上，并不是拿到名牌大学博士学位的科学家更有可能赚取高收益，最懂得数理逻辑推理公式的人也未必能安排好某个地区的日常管理。况且，我们可以随意设定某个目标，目标的实现与否有时也需要些运气。运气就是理性无法把控的因素。本来生活正常的家庭遭遇天灾，行走在马路上突遭车祸，抽彩票喜中大奖，考试前押对试题……运气有好坏，人的一生总会碰到走运和不走运的事情。说到底，运气代表着事件的偶然性、突发性、不确定性，所有这些特点都超出理性的自由支配范围，因此，很多人畏惧不确定性。不确定性清晰地展现出理性的局限。近代自然科学的所有努力都指向一件事：化不确定性为确定性。规律、定理、公式都是试图在纷繁复杂的自然现象中找到一种确定性的描述，因为确定性，人类征服自然的信心大大增加。理性的有限性限制了我们对完美的追求。自主选择的前景未必是美好的，赋予自主选择以重大的理论价值并不必然会相应地提高我们的生活品质。

西方近代形而上学假定理性本身是自足的，自足性是完备理性假设的重要构件。我们的问题是，理性是否能够真正做到是完全独立自足的，在理性发挥作用时，它与情感和生物学意义上的体质是否完全无关？换言之，理性、情感和体质是否能够真正区隔开而独立自足？从生物学的角度看，哲学家所说的理性，其主要的运作空间是人的大脑，因此，理性的功能首先与大脑的介质、结构不可分割。理性在生理上是非自足的，这是基本的生物学常识。关键是，我们如何看待知、情、意这一人格的三分？这三者是不是完全自足的？意志自由与理性自律在康德那里是可以相互替换的概念，而知与情之间的区别则相当明显。很多形而上学家都认定理性可以控制和主导情感，欲望更是被排斥的对象。理性控制情感和欲望的事例是大量存在的，而且，情感影响理性的正常运作的事例同样大量存在。当一个人情绪低落的时候，冷静的头脑和精准的分析判断对他来讲都难以做到，甚至正常的人际交流都会困难，理性没有太多发挥影响的余地。亚瑟·叔本华（Arthur Schopenhauer）把这一问题概括为是否"单是由于认识就能使人立即完全或几乎完全地解脱那些充满人生的痛苦和折磨呢"。① 斯多葛学派（the Stoics）承认，智者可以避免错误的认识从而摆脱痛苦或愉快，获得内心的宁静。叔本华自然不认同这一观点，既要善的生活而又要摆脱痛苦，这本身就是矛盾的，正确使用理性也不足以解决这种矛盾。体质状态对个人的理性发挥也很重要，一个小小的感冒就可以让科学家失去敏捷的推理能力。随着年龄的增长，人的体能会显著下降，人的记忆力、判断力和分析能力都会显著下降，生理肌体的衰变会导致思维能力的衰变，亚里士多德推崇的沉思的生活变得难以企及。理性的熟练运用受到人的客观生理条件的限制，这是毋庸置疑的，高强度的计算和研究工作对于老年人来讲是不现实的。身体状况对情绪的影响则更加明显。根本上讲，知、情、意三者是有机地结合在一起的，它们与每个人的生理肌体不可分割。既然知、情、意三者并非独立自足的，那么它们之间的关联就值得重视。经验告诉我们，在理性论证与情感述说之间没有不可逾越的界限。最常见的例子发生在论辩场合。对于公共空间里（如议会等）的辩论，它们都是在罗尔斯式的公共理性指导下有理有序地进行吗？显然不是。很多公共论辩，一开始

---

① 〔德〕叔本华：《作为意志和表象的世界》，石冲白译，杨一之校，商务印书馆，2016，第136页。

还维持着相互说理的局面，到最后会逐渐演变成单纯情绪的发泄、隐私的互相揭发，直至肢体上的冲突。在无法做到以理服人时，很多人会想用气势压人，大声地叫嚷、吵闹经常发生。立场和观念的日益分化使理性的沟通面临极大的挑战。每当意见对立出现的时候，激烈的情绪表达部分或完全压倒了理性的证明。利益上的不一致固然能够招致激烈的对抗，在不掺杂利益纠葛的前提下，单纯的观念和立场的分歧照样可以引发激烈的交锋。观念上的冒犯可以产生深刻的敌意和紧张，从而让持不同意见的双方产生极大的对立和愤恨的情绪，攻击性的言行由此爆发。攻击性爆发的时候，情绪的激烈足以掩盖住理性的讨论。与理性主义传统的立场相反，英国经验主义思想家休谟（David Hume）直截了当地声称："理性是并且也应该是情感的奴隶，除了服务和服从情感之外，再不能有任何其他的职务。"① 他认为，单独的理性决不能成为任何意志活动的动机。休谟的基本思路是，我们由于预料到痛苦或快乐才对对象发生厌恶或爱好，从而避免引起痛苦的对象，而接受引起快乐的东西。在如何从对象对我们的刺激到实现避免痛苦或实现获得快乐这一链条中就存在因果关系，发现因果关系需要理性的推理，而采取何种手段才能更好地实现从因到果同样需要分析和推理，因此，因果关系的推理与实现需要理性的指导，触发我们行为的冲动却不是理性。休谟坚持这一观点的基本理由影响到后世的功利主义者。此处我们无意评判经验主义立场与理性主义立场的利弊得失，我们只是想指出，保持良好的身体、情绪和精神状态有助于发挥个体理性的功能，而个人的行为也并非仅仅受制于理性的原则。无论是理智多么成熟健全的个人，在其一生当中，清晰冷静的理智完全主导自己所有的行为，这是不可想象的，即便有人能够做到，这样的人生也未必值得树立为榜样。完全的逻辑控制正像一台程序严谨、按部就班的机器人一样，我们都是有血有肉的人类，有七情六欲、喜怒哀乐，机器人的运作形态不是我们人类向往的高质量的生活。

有限理性的认定对理性主体自主选择的能力和意志进行了重新筛查，检视了完备理性假设的不足之处。检视主要从两方面进行。第一，对理性自身的有限性进行剖析，理性的有限性反映的其实是人类自身的有限

---

① 〔英〕休谟：《人性论》（下册），关文运译，郑之骧校，商务印书馆，2016，第449页。

性。我们所有人都不是上帝,都不可能拥有全知、全能、全善的视角。面对各种自然和社会科学领域,没有人能够做到全部透彻的了解。在专业分工日益深化的今天,穷尽一生的精力,研究者才能够对某个相对较小的领域有所贡献。具体到某一个需要实现的目标的时候,由于客观因素的复杂性,理性也并不总能实现最优化的效果。自主选择既非全能,也未必最优。第二,对理性的单一性进行反思。完备理性假定单一地运用理性就可以解决个人和社会的问题,实现既定的目标,就可以筹划属于自己的美好的生活方式。有限理性不认同这种单一性的假设。理性的自主选择在个性的培育、生活方式的养成和人生目标的实现等方面确实发挥着举足轻重的作用,但并不是全覆盖和唯一的。体能、激情、直觉、灵感乃至运气在个人的发展上都扮演着不可忽视的角色。

更关键的是,完备理性假设在很大程度上忽略了理性本身的动态生成过程。个体的理性是需要不断完善的,青少年显然不具备理性的、成熟的自主选择能力。所谓"活到老,学到老",理性的完满是无止境的,完备的理性假设仅适用于上帝。自由主义者非常看重一个人自由选择的权利,比如自由选择自己的信仰、自由选择自己的职业、自由选择自己的居住地等,这些选择共同组成了一幅有价值的生活图景,我们都在尽最大的努力实现这些选择。自由选择的本意在于选择的自主性,选择的自主性意味着个人有足够的能力进行自主选择。选择的自主性不是凭空产生的,它要求选择者本身必须具备足够的理性分析能力、判断能力和决策能力,如果所选事项涉及其他人的时候,选择者还必须具备足够的协调、沟通,或者辩论、说服,乃至包容、妥协的能力。所有这些能力都不是从诞生之日起就是既定的,而是有待发展和逐步完善的,需要培养和锻炼的。恰恰是这种有待发展的能力才使得社会本身不可或缺,人们必须在社会化的大环境中才能培养自己的能力,必须在与各式各样的人的接触中才能发展自己的能力,离开了社会,我们根本无法充分获得这些能力。从这个角度讲,理性而自由的道德主体只有在特定的文化传统中才能获得并维持自己的认同。这种认同并不是与生俱来的,它代表着个人对自身的理解,在文化中获得自己的认同必然意味着生活在社会之中。个人主义观念也正是靠着整个近代以来西方社会的文化氛围和历史传统才滋养起来的。

二 个人自由的约束性条件

个人权利与自由的赋予并不代表它们的真正实现。与个体的自由选择密切相关的不仅仅包括"选择的能力",而且还包括"选择的意愿"和"选择的范围"。所谓选择的意愿,指的是一个人在多大程度上能够根据自己的意愿行事,而不受制于他人的意图;所谓选择的范围,指的是一个人在实现自己所追求的目标的时候有多少种方式可供选择。

我们不妨对这三者先进行一番顺位排序。谈到自由选择,首先涉及的是选择的意愿,然后才会运用个人的选择能力来标定出可供实施的选择的范围。不同的思想家会从各自不同的思想立场出发强调三者中的某一个的优先性,而忽略其他两项与自由选择的本质相关性。查尔斯·泰勒出于共同体主义的思想立场而把个人能力的培养和造就放在首位。G. A. 柯亨出于对社会主义平等理念的诚挚信奉而极其看重选择的范围。柯亨相信金钱的缺乏就意味着自由的缺乏,也意味着在做某件事情的时候会受到干涉。假如一位妇女在身体上有能力和意愿从自己居住的 M 市前往 N 市看望自己的妹妹,如果该妇女因为贫穷而缺少足够的车票钱,那么当她在意图登上列车的时候就会自然而然地受到列车员的干涉。自由主义者的反驳是,在这个例子中,金钱(车票费)是实现乘坐列车前往 N 市的手段。列车员可以阻挡妇女乘坐列车,但不能左右她前往 N 市的意愿,从选择的意愿来讲,她并没有受到干涉。自由主义者的反驳立足于对被干涉对象的重新认定——是行动中的人还是行动者头脑中的行为意愿。毫无疑问,乘坐列车也是一种意愿,但是相对于去妹妹家这第一意愿来讲,乘车的意愿就只是实现第一意愿的必要条件。① 事实上,仅仅锁定在没有车票而被拒乘车这一点上,是不足以直接证成第一意愿的被干涉的。实现从家里到目的地的意愿有多种方式,她可以选择步行前往,也可以选择骑自行车前往,当然还可以选择乘坐列车前往。缺少金钱买票就意味着这位妇女不能自由地选择乘坐列车前往目的地,而只能选择步行或骑自行车。所以说,这位妇女被限制的是选择的可能性。

---

① 试想一下这种情况:我有乘车的意愿并花钱购买了车票,但并不是为了去妹妹家,而只是想出去旅游。

因此，当一个人——因为金钱和财富的缺乏即贫穷，实际上还有其他的原因——被限制或切断了某些选择的可能性的时候，他相当于被剥夺了自由选择某些可能性的自由。当所有的可能性都被剥夺的时候，一个人就是再有自由选择的意愿和能力，也是无法实现自由选择的目标的。自由选择的必要条件之一就是要保证可选项的存在，没有可选项的自由很难真正体现出选择的自主性。

与泰勒、柯亨都不同的是，奥地利学派的思想家弗里德里希·哈耶克（Friedrich Hayek）主张，自由选择的本质是自我选择的意愿不受他人的影响和强制。哈耶克特别看重个体选择的真实意愿不受干涉，不同意把自由概念与力量、权力、能力等客观可度量的概念联系在一起。哈耶克认为，把自由等同于力量或能力，必然导致把自由等同于财富。从现实经验的角度看，外在的评价会把一个人财富的多寡与他的个人能力的高低画等号。在这一点上，哈耶克显然不会认同柯亨的主张。如果说金钱的缺乏意味着自由的缺乏的话，那么金钱的充沛是否也意味着自由的增加呢？哈耶克对此辩驳道："宫廷的侍臣尽管生活在奢华环境中，但他必须听从主人差遣，比起一个贫苦的农民或工匠，他的自由可能更少，因为他几乎不能自行安排生活和选择机会。同样，统率一支军队的将军或负责一项工程的主管，也可能大权在握，在某些方面，甚至是不受制约的权力，但比起一个农夫或牧人，他的自由也可能更少，因为只需上司一句话，他便不得不改弦易辙，也不能根据自己的需要来改变生活方式，做出对他来说最重要的抉择。"① 紧接着的结论就是，一位一文不名的流浪汉实际上比科层制内的工作者自由得多。为了得出这一结论，哈耶克明确提出了分析自由概念时的两个误区。第一，不能把自由与善绑定在一起来界定自由本身。法国大革命以降，"自由"逐渐成为西方世界最有力的价值象征之一。很多人自然地会把自由等同于一个值得追求的"好东西"。当哈耶克试图切断自由与善之间的直接关联的时候，他实际上意在指出自由的代价。流浪汉固然可以颇为自得其乐地追逐个人意愿的不受支配，② 正如很多对社会秩序不满的摇滚歌手或嘻哈歌手一

---

① 〔英〕哈耶克：《自由宪章》，杨玉生等译，中国社会科学出版社，1999，第38页。
② 当然，用于行骗或其他不可公开的目的的流浪汉不在此处的讨论范围之内。

样，但是，流浪汉也得为自己的任意选择支付相应的代价：生活的漂泊不定、有些情况下的忍饥挨饿、不被周围的人理解，等等。在更大范围的公共空间当中，自由的代价有时候会更为明显。言论自由被认为是政治自由的重要组成部分，但是如果放任攻击性的自由言论蔓延，则会对他人造成显著的伤害，所谓的"网络暴力"就是互联网时代出现的最明显的例子之一。另外，国家和政府一般都不会放任涉嫌恐怖主义的言论获得随意自由表达的机会。自由是有代价的。第二，不能把诸多不同的自由视作同一类的东西，因此，不同的自由之间不存在经济学意义上的"等价交换"问题。在切断了不同种类的自由之间的可比较性之后，哈耶克实际上相当于把自由置于一个"非此即彼"的境地当中——要么就拥有一种自由，要么就不拥有这种自由。自由不存在整体的数量意义上的增减。经过上述两次划界，哈耶克意在消解所有类似于柯亨式的对自由的理解。如果有学者继续坚持自由与财富之间的直接关联，哈耶克会说，财富自由不等于消极意义上的不受他人干涉与强制的自由，二者不同类。因此，你不能笼统地说，金钱的缺乏等于自由的缺乏，而必须更加明确地说金钱的缺乏等于财富自由的缺乏。当一个人看重财富自由对于自己的重要意义的时候，他可能看重的是金钱所带来的富足感、安全感和支配感，这些感受与真正意义上的自由是不同的。个人当然可以为了前者而抛弃后者，但是，后者一旦被抛弃就不能用其他类型的自由来替代。

哈耶克在自由与善、自由Ⅰ与自由Ⅱ之间的划界使得不同种类的自由之间不可比较。最终，当我们要在诸种自由之中做一选择的话，那么选择的依据就只是我们个人的偏好。不过，偏好与偏好是不一样的。譬如吃水果，我选择的是苹果还是梨，都仅仅关乎我自身的此时此刻的口感享受，自由显然与此不同。回到前面的例子，一位妇女实现从M市去N市的意愿有多种方式，她可以选择徒步50公里，也可以选择骑自行车前往，还可以选择乘坐列车前往。不考虑时间上的代价，在徒步与乘坐列车之间的选择，显然不可能简单地等同于在乘坐列车还是汽车之间的选择。因为我们都知道，选择火车还是汽车，除了时间上和行车路线上的差别之外，最大的区别就是乘车的直接感受（舒适、稳当等）不一样；而选择步行还是乘车，除了上述的差别之外，步行需要额外付出巨大的体力和精力上的代价。假设 50 公里这位妇女还能承受的话，那么当 M 市和 N 市之间的距离逐渐扩大，比如直线距离达到 1000 公里，我相信极少有人会选择徒步而行。所以，纵使摆在我们面前的都是各式各样的选项，但是不同的选项之间绝不只是代表着"口味感"上的差异。在这一点上，以赛亚·伯林的观点更为可取："当我们谈论某人或某个社会所享有的自由的程度时，在我看来，我们指的是：他面前的道路的宽度与广度，有多少扇门敞开着，或者，它们敞开到什么程度。……有些门比别的重要得多——它们所带来的好处对于个体或社会生活更加核心。"①再深入剖析一下哈耶克所列举的流浪汉的例子。一位一文不名、居无定所的流浪汉确实比科层制内的工作者（军人、公务员、白领工人、教师等）更少受体制上和人事上的束缚，没有上级领导的约束和制衡，在这种意义上，他确实"自由"得多。然而假定有这样一种现实的选择摆在我们的眼前：自愿选择做一名流浪汉，还是做一名普通的公务员？我想，很多人会毫不犹豫地选择后者，而选择前者的将寥寥无几（也许应该把为数不多的浪漫主义气息浓厚的歌手、诗人包括在内）。因为毕竟我们大多数人并不愿意一文不名、居无定所，基本的安全和情感上的保证对于我们的人生同样重要。

另外，所谓的"不受强制和阻碍"都是针对具体的事情而言的，我们不能含混地说"我个人不受强制"，而必须具体地指出是在什么事情上或是在哪个方面不受阻碍和强制。对于同一个人而言，我个人可能在事件（x_1、x_2、x_3…）上受到强制，但在事件（y_1、y_2、y_3…）上没有受到阻碍。在我失去了这一部分不被上级主管所约束的自由之外，却得到了另一部分不被他人所管束的自由。流浪汉可以享受没有上级领导的自由，但当他打算在候车室睡觉休息的时候，他可能会面临被强制驱逐的局面。普通的公职人员就不会有这样的担忧。当然，要是有人把日晒雨淋、横卧街头也当作非常惬意和舒适的状态，并以此来证成流浪的可贵，那么我们既不会否认他的免于干涉的自由得到了部分保证，也不会否认这种自由状态只是一种犬儒主义的自由状态。让我们再次假定有这样一种现实的选择摆在我们眼前：自愿选择做一名流浪汉而被饿死，还

---

① 〔英〕以赛亚·伯林：《自由论》（修订版），胡传胜译，译林出版社，2011，第 278 页。

是做一名行动受限制但生活安定的普通公务员？在这种情况下，有谁还会轻易地说流浪汉的自由是真正意义上的自由呢？即便存在些许个案，个案显然不能够被拿来当作通例。在论证自由的时候，哲学家没有权利拿他人的生命做"理论赌注"。

从理论上讲，不被他人强制并不能构成自由的充要条件，仅仅是不被强制还不能充分保证自由选择。自由选择的实现还系于不受阻碍的外在选项的可能性存在（敞开了多少扇门）。现实中，当我在选择去做某件事情的时候，假设有且仅有一种方式或途径能让我完成这件事情，换言之，我不得不选择这唯一的途径，这种情况下的选择不会被认为是个人的自由选择。在毕业求职的场合，某位本科毕业生急于参加工作养家糊口，而他在四处求职的过程中仅仅拿到了一家公司提供的offer，他想要尽快参加工作的唯一可能性就是接受这家公司的offer，他不得不接受。仅就谋求一份工作这件事情而言，该毕业生并不是自由选择了一份工作。在我们选择做某事的时候，自由选择并不是被表述为"选择有还是选择无"，而应该被表述为"选择方式Ⅰ还是选择方式Ⅱ"。在"去做"还是"不去做"之间进行选择，不能体现自由选择的本意。对于一位想要参加工作的毕业生来说，他没有选择不参加工作的自由。必须承认，在很多其他的情况下，选择"不去做"某事同样是自由选择的体现。我正准备吃午饭，我选择不去日式料理店用餐当然是体现了我的自由，因为没有人强迫着我去吃日式料理。因此，选择"不去做"某事的自由的前提是有没有人强迫我必须做某事。当且仅当这一前提存在的时候，选择不去做某事才是自由选择的体现。再回到旅行中的妇女的例子，这个例子虽然是一个非常简单的日常生活中随时有可能发生的事情，其中蕴含着的理论信息却是异常丰富。通过分析，我区分出以下三个层次的截然不同的判断。

（1）从纯粹的个人意愿上看：这位妇女想要从M市去N市看望自己的妹妹，没有人强迫她必须去，她的行为完全是她本人个人意志的选择。在想看望妹妹还是不想看望妹妹这一层面上，她是自由选择。

（2）从实现个人意愿的方式上看：摆在她面前的选项至少有三种——她可以选择徒步50公里，也可以选择骑自行车前往，还可以选择乘坐列车前往。单从外在的实现途径的纯粹形式上看，她的选择也是多种多样的，她可以自由选择，没有人规定她必须选择骑自行车前往。按照伯林的观点，这一点是自由主义的本意之一。

（3）从具体选择何种实现方式的主观感受性上看：对于该妇女而言，选择何种实现方式并不是全部等价的。判定哪一种方式是她最想采用的，需要视个人选择的具体偏好而定。如果这名妇女想要更快地到达目的地，以便更早地见到自己的妹妹，那么她的首选将是乘坐列车；如果这名妇女想要趁机锻炼一下身体，那么骑自行车前往将是一种不错的选择；如果这名妇女的身体并不健康的话，那么徒步或骑自行车都将是很大的负担。当我们面对不同的外在选项的时候，会各自按照自身的偏好对所有的外在选项进行排序，而不会轻易陷入"布里丹的驴子"的困境。① 摆在我们面前的道路，有些更容易走得通，有些对我们来讲更加重要。乘坐列车可以使妇女以最快的速度见到自己的妹妹，因为没有车票而被制止登车，无疑限制了她的自由选择。虽然并不是所有的门都被堵住，但是这位妇女无法以自己最满意的方式和途径来实现自己的目的。在这里，阻碍她实现目的的中介手段并不是决定性的要素。无论是因为金钱（缺钱买车票），还是因为不合理的规章制度（禁止妇女乘坐列车），抑或是他人的无理阻挠，自由选择都是被干预了。

总之，对于个人的自由选择来讲，选择的意愿、选择的能力和可选范围的大小同样重要。固然，单纯依靠自身强大的能力未必获得全部的不被他人干预的自由，但是，仅仅把对个人自由的理解锁定在选择的意愿上也不能全面准确地理解自由。

自由主义的自由观念强调的是免于他人的干涉或强制的自由，一个人是自由的，就在于他能够不受外在的阻挠和约束去做自己想做的事情，在行为上只依赖于自己的意志，康德所说的自由就是服从理性的自我立法典型地体现了这一点。泰勒将这种导源于近代主体性概念的自由界定为"自我依赖"式的自由，并指出这种激进的自主性自由是"以空洞性为代价的"。② 当自我排除一切外在的环境和约束而达到个人自由的时

---

① "布里丹的驴子"是一个古老的哲学问题，用现代话语来讲，布里丹的驴子问题表现的是决策过程中的犹豫不决。面对这种情况，具有支配性的权威反而有利于决策的达成。阿马蒂亚·森对此的解读是，有时候拥有更多的选择自由反而会使人迷惑，甚至使生活恶化。参见〔印度〕阿马蒂亚·森《再论不平等》，王利文、于占杰译，中国人民大学出版社，2016，第67页。

② 〔加拿大〕查尔斯·泰勒：《黑格尔》，张国清、朱进东译，译林出版社，2009，第503页。

候，这种自由是没有什么特点的，也没有任何确定的目标，因为正是具体的社会情境才为我们指定了行动的目标。承认我们的自由活动是某种社会情境对我们的要求，实际上就是承认我们是社会性的存在物，总是处在某些不可避免的任务、职责和计划之中。按照泰勒的观点，生活中必定存在值得追求的种种目标，值得去履行的种种计划和任务，我们必须接受社会情境为我们设定的目标和任务，否则现代自我观念极有可能会导致否定一切文化价值的虚无主义，完全的自由就是一种虚无。泰勒和麦金太尔一样，都把19世纪后半叶德国哲学家尼采所提出的权力意志和重估一切价值的理论视为现代自我观念的激进化的逻辑后果，"自由个人主义社会会时不时地滋生出'超人'"。[①]泰勒对自我依赖式的自由的批判最根本的一点就是认为，存在值得我们追求的某些职责和目标，它们外在于我们的自由选择，并在一定程度上制约着我们的选择。自由正是在对这些职责和目标的寻求中才显示自身的价值。

针对泰勒的批判，加拿大政治哲学家威尔·金里卡（Will Kymlicka）重新解释了个人自由选择的观念。他指出，肯定个人选择的自由是内在地有价值的观点固然是为自由进行辩护的一种最直接的方式，但这种观点确实有待商榷。第一，认为选择的自由是内在地有价值的观点可能会导致这样一种看法，我们越能够行使我们自由选择的能力，我们就越自由，而且因此我们的生活也就越有价值。金里卡认为这种类似于存在主义的观点不能够得到辩护，具有更多自主选择的生活并不一定比少有自主选择的生活来得更好，结过20次婚的人并不比忠贞如一的人过着更有价值的生活。"一种有价值的生活是充满着承诺和联系的生活。正如伯纳德·威廉斯详尽论证的，这些因素赋予我们的生活以深度和特色。"[②]承诺之所以重要，恰恰是因为它的相对固定的特点，我们不可能每天都对自己的承诺进行质疑。第二，认为选择的自由是内在地有价值的观点似乎是在暗示，我们在行动中所要实现的价值是自由，而不是内在于行动本身的价值。实际上，虽然选择的自由对一种有价值的生活是至关重要的，但它似乎并不是在这种生活中被重点追求的价值。例如，我并不是

---

① 〔美〕阿拉斯戴尔·麦金太尔：《追寻美德》，宋继杰译，译林出版社，2008，第293页。
② 〔加拿大〕威尔·金里卡：《自由主义、社群与文化》，应奇、葛水林译，上海译文出版社，2005，第47页。

为了我的自由而从事写作,而是因为我觉得有一些值得去说的东西才从事写作的。在这里,自由本身并不体现最终的价值,它之所以有价值是因为拥有了自由,我就可以把值得去说的东西写出来。因此,自由对于生活中的任务、计划和目标来讲是一种保障,而并非目的本身。

结论就是,自由主义者并不否认我们在生活中需要那些计划和目标,这些计划和目标肯定是我们首要关切的东西,争论的焦点乃在于我们是怎样得到它们以及怎样判断它们的价值的。金里卡认为,我们生活中最重要的东西固然是那些计划和目标,但是正因为它们重要,所以当我们认为它们还没有臻于完善或者不值得做的时候,就应该有修正或拒绝它们的自由。因此,问题的关键并不在于我们在做出选择的时候是否必须承认某些特定的任务、目标和文化实践是给定的,而是在于我们能否有权利、有可能对这些价值进行批判性的反思。给定的任务、目标和计划可以是社群和文化传统的价值,但这些价值依然不能免于批判性的重新审查。

经过金里卡的一番改造之后,现代自我观念从一个理性选择的主体转变为一个批判性的反思主体,也正是在反思的意义上,自我仍然优先于其目的。桑德尔对此做出过一个深刻的批判。不管是在先验自决的意义上还是在批判反思的意义上,自我都并不先于它的目的,相反,自我至少部分地是由它的目的构成的,我们不能简单任意地把"自我"从"自我的目的"中分离出来。这种目的并不是我们自由选择的结果,而是在我们被植入其中的社会情境中发现的,对于自我来讲,这些目的是构成性的,而不是分离性的。如果我们剔除掉构成自我的这些目的,那么我们将无法理解我们自身,更不必说去理解其他事物了。正是这些目的和任务才构成了自我选择过程中的框架或背景。任何人从一生下来就置身于各种价值传统和序列之中,康德式的理性选择主体所承诺的是我们如何制定、计划和修改自己的人生目标,但是这些选择和计划必须在特定的、无法选择的传统框架内进行。① 如果没有各式各样的社会纽带,

---

① 正如贝淡宁教授所说的那样:"社会纽带经常是在对我们的培养中无意形成的,理性选择什么作用也没有发挥。我不是选择去爱我的母亲和父亲,去关心看着我长大的邻里,以及去对我的国家的人民怀有特殊的感情。"参见万俊人主编《清华哲学年鉴(2005)》,当代中国出版社,2007,第47页。

那么任何人类社会都将失去保障和确定性，因而将无法生存。个人固然可以对既有的传统和文化价值进行批判性反思，也可以选择退出某些社会纽带，但是这绝不意味着我们可以打破所有的约束，抛弃所有的价值，任何一个由自由个人组成的社会都要受到社会化过程和政治体制的制约。在退出某些社会纽带的同时，人们往往是加入了其他的社会纽带，或者组建出了新型的社会纽带；在对文化传统进行批判的时候，人们往往援引的是同一个文化传统中的其他的价值，又或是之前不被重视、被边缘化了的价值。重视文化传统并不意味着死守教条，传统本身也并非铁板一块，而是囊括了诸多的论辩，围绕着这些论辩也形成了许多不同的解释流派。传统的生命力和可延续性正是通过这些论辩才得以实现的。

三 马克思主义对现代自我观念的批判

迈克尔·沃尔泽曾经指出，青年马克思的著作代表了共同体主义对自由主义批判的一种早期形态，而麦金太尔对现代道德生活的无序状态和人们叙事能力的丧失的描述不过是重申了马克思早在19世纪40年代便首次提出的观点。① 其实，如果追溯"共同体"②的概念谱系的话，古希腊思想家亚里士多德才是共同体的最早倡导者，马克思在这一点上也受到了亚里士多德的启发。一些当代西方的马克思主义学者也在试图重新发现亚里士多德的重要性。

---

① Michael Walzer, *Thinking Politically: Essays in Political Theory* (New Haven: Yale University Press, 2007), p. 98. 当代共同体主义学者强调的共同体主要是从传统、文化、价值追求等角度来加以界定的，这是他们与马克思的不同之处。马克思对共同体的界定主要是从经济基础的角度出发的，在马克思那里，存在阶级剥削和阶级对立的地方是不会有真正的共同体的。但是，当代共同体主义者认为，共同体一直存在于共同的社会习俗、文化传统之中，"共同体不必重新建构，相反，共同体需要被尊重和保护"（〔加拿大〕威尔·金里卡：《当代政治哲学》，刘莘译，上海译文出版社，2011，第220页）。

② 国内学术界习惯把"communitarianism"一词翻译为"共同体主义"（当然也有翻译为"社群主义"的），又在大多数情况下将"community"一词翻译为"共同体"，也有学者翻译为"社群"的。仅就"共同体"和"社群"这两个词而言，共同体一词更富有内涵，即共同的语言文化、宗教信仰和历史传统所具有的不可替代的重要作用，比如文化共同体；而"社群"一词容易让人联想到小型的、地域性的群居团体，这些群体拥有相同或相近的价值观念。在本书中，我对共同体和社群这两个概念不做严格的区分，在没有特别说明的情况下，二者之间可以互用。

早在古希腊城邦政治的时代，亚里士多德就指出人类在本性上是一个政治动物。亚里士多德对人的社会性和政治性的论证是沿着三条思路同时进行的。其一就是整体论的观点，即认为全体先于部分、整体大于个人。他认为，就本性来讲，全体必然先于部分，以人的身体为例，离开了身体，手足也就不成其为手足了。从这一角度来讲，个人必须处于共同体之中。其二，个人的非自足性。在亚里士多德看来，每一个单个的个人都不是自足的，单凭自身的力量都难以满足自我生存的全部需要，唯有共同集合在城邦中，每个人的需要才能彼此得到最大限度的满足。一个孤独的人过孤独的生活并不是自足的，自足是指一个人有父母、儿女、妻子以及朋友和同邦人。基于此，亚里士多德得出结论，人类生来就有合群的天性，因而必然要组成城邦（社会），人在本性上是社会性的。应该说，个人的非自足性的观点是亚里士多德论证人的社会性的最为有力的一个重要观点。其三，对良善生活的追求。承接着对个人的非自足性的分析，亚里士多德指出，城邦的出现是出于人类生活的自然发展，在城邦之中，每个人的生活都可以获得完全的自给自足；但是，城邦的存在绝不仅仅只是为了满足人的生存，而是为了优良的生活。政治共同体（城邦）的存在不能只顾及人们的生活利益，一个真正的政治共同体必须以促进善德为目的，否则的话，一个政治共同体就无异于一个军事同盟。

承接着亚里士多德的思路，黑格尔明确倡导一种伦理实体的概念。黑格尔认为，如果把国家和市民社会混同起来，认为国家存在的目的只是为了保护和捍卫个人权利与个人自由，那么单个人的个人利益就成为联合的最后目的。黑格尔肯定卢梭将意志作为国家的原则，认为这比亚里士多德所强调的人的合群本能以及中世纪基督教思想家所提出的神的权威要准确得多。但是，黑格尔批评卢梭把意志仅仅看作单个人的意志，因为这样做的结果就是把国家的产生归结为在一项契约的签订——社会契约——的基础之上的。当这种理性建构主义的观点得势的时候，在现实的国家中，一切现成存在的东西都被推翻，人们根据自己的意志从头开始建立国家。但是，如此建立起来的国家是缺乏理念的，此处的理念就是黑格尔所说的伦理理念。黑格尔主张，国家是伦理理念的现实，而伦理理念被界定为风尚，麦金太尔称之为"每一个特殊社会的合乎习俗的道德"。① 而作为一种伦理理念的现实的国家就是一个伦理实体，就是一个黑格尔意义上的共同体，"单个人是次要的，他必须献身于伦理整体"。② 泰勒认为，在把伦理置于最高的位置方面，黑格尔有意识地步了亚里士多德的后尘，并且因此而步了古希腊城邦共同体的后尘。"把 Sittlichkeit（伦理）置于道德生活之巅的学说必须要有一个作为较广大的共同体生活的社会观念"，③ 个人作为共同体当中的一个成员参与其中。因为伦理本身指的就是个人对自己作为其中一部分的现实社会所应该承担起来的道德职责，所以伦理具有一个重要的特征，那就是责成我们持续造就出本来已经存在的东西（习俗、风尚）。据此，黑格尔超越了将国家与社会看作实现个人利益的工具的功利主义式的社会观，把关注的重心从个体转移到了共同体身上，而且个体只有在共同体之中才能获得最完备的道德存在，个体是内在于共同体之中的。

在亚里士多德和黑格尔的论证基础上，马克思进一步完善和发展了共同体的思路。他指出："只有在共同体中，个人才能获得全面发展其才能的手段，也就是说，只有在共同体中才可能有个人自由。"④ 与之前的思想家不同的是，马克思和恩格斯区分了两种类型的共同体：虚假的共同体和真正的共同体。所谓虚假的共同体是指在该共同体中存在一个阶级对另一个阶级的剥削与压迫，因而存在一个阶级反对另一个阶级的统治的斗争——阶级斗争，对被统治的阶级来讲，他们生活于其中的共同体完全是一种桎梏，只有联合起来打破它，被统治阶级才能获得自由。这种虚假的共同体实际上被阶级划分、阶级统治以及相伴而来的阶级斗争给割裂开了，并不是一个共享着相同的价值诉求的完整的共同体。据此推断，不管是古希腊城邦、古罗马共和国，还是中世纪的基督教王国和封建邦国，都不是真正的共同体。马克思称这些共同体为"原始共同体"，⑤ 并将亚细亚的共同体、古典古代共同体和日耳曼共同体作为原始共同体的三种主要模式。显然，资本主义社会也不可能成为真正的共同

---

① Thomas Pogge and Keith Horton (eds.), *Global Ethics: Seminal Essays* (St. Paul: Paragon House, 2008), p. 137.
② 〔德〕黑格尔：《法哲学原理》，范扬、张企泰译，商务印书馆，2009，第79页。
③ 〔加拿大〕查尔斯·泰勒：《黑格尔》，张国清、朱进东译，译林出版社，2009，第515页。
④ 《马克思恩格斯文集》第1卷，人民出版社，2009，第571页。
⑤ 《马克思恩格斯文集》第8卷，人民出版社，2009，第123页。

体，因为在资本主义社会中，社会日益分裂为两大对立的阶级——无产阶级和资产阶级，对于无产阶级而言，资本主义社会及其各种制度同样是一种桎梏。因此，未来的真正的共同体是马克思、恩格斯所设想的共产主义社会，他们将其界定为自由人的联合体。无产阶级在反对资产阶级的斗争中通过革命运动夺取政权，使自己成为统治阶级，然后利用自身的政治统治消灭旧的生产关系，建立起一个新的世界。在这个过程中，阶级划分会慢慢消失，全部的生产工具和生产资料也会逐渐地集中到联合起来的个人——巨大的全国联合体——手里。无产阶级在消灭生产资料资本主义所有制的同时，实际上也就消灭了阶级对立的存在条件，消灭了阶级本身，从而也消灭了无产阶级自身的政治统治，最终步入美好的共产主义社会。代替资本主义旧社会的就是自由人的联合体，在该联合体中，"每个人的自由发展是一切人的自由发展的条件"。[①] 所以说，真正的共同体才是个人自由的前提。

在马克思看来，西方资本主义社会是一个倡导个人主义的社会，该社会聚集的是一个个理性的自我中心主义者，他们强调并关注自己的不可剥夺的权利。资产阶级宪法所推崇的个人权利说到底只是"利己的人的权利、同其他人并同共同体分离开来的人的权利"。[②] 马克思将这种局限于自身的利己的人称为"孤立的、自我封闭的单子"，据此，资产阶级对自由、平等和私有财产的强调不是建立在人与人之间互相联合的基础之上的，而是建立在人与人之间互相分离的基础之上的，国家与整个社会的存在都只是为了保障每个人的人身、财产安全和各种权利的实现，"把他们连接起来的唯一纽带是自然的必然性，是需要和私人利益，是对他们的财产和他们的利己的人身的保护"。[③] 在这种意义上，政治共同体的存在只不过是一种手段，而这种手段的目的就是维系封闭的、利己的市民社会生活。个人主义的逻辑基础是抽象的、孤立的人，通过社会契约，个人摆脱了孤立的自然状态，进入社会。这种观点的错误之处就在于剥离了个人发展的历史性，而纯粹是从人性的、自然的角度出发来理解个人。抽象的个人成为社会历史的起点，而不是历史发展的结果。征

---

① 《马克思恩格斯文集》第 2 卷，人民出版社，2009，第 53 页。
② 《马克思恩格斯文集》第 1 卷，人民出版社，2009，第 40 页。
③ 《马克思恩格斯文集》第 1 卷，人民出版社，2009，第 42 页。

诸历史，人最初是一种类存在物或者说群居动物，生存于部落之中，越是往前追溯的话，个人就越不独立，越从属于一个较大的整体，比如部落、氏族、公社等。只有到了18世纪市民社会大规模兴起之时，社会联系的各种形式才表现为个人达到自己的私人目的的手段。据此，马克思得出了一个非常重要的结论：人是最名副其实的政治动物，只有身处社会之中，个人才能获得真正意义上的独立。社会是抽象的、孤立的个人的基础，个人只是在漫长的历史发展过程中才逐渐孤立化的。古典社会契约论所呈现的一个重要的特征便是"自由主义实践看起来似乎没有历史"。① 在自然状态中，人是自由的、独立的、自足的；进入社会之后，人依然是自由的、独立的，保障个人权利及其自由成为民主政治合法存在的道德基础。只是按照个人本身的利益计算，国家与政府才有了存在的必要，它们似乎也变成了人们理性计算与规划的结果，这显然与人类真实的历史演进过程不相符合，因而纯属哲学理论上的虚构，没有事实依据。

通过将个人放置在共同体之中，我们对自我的理解也随之发生了实质性的变化，自我由"孤岛上的鲁滨逊"② 变成了"处于既有的历史条件和关系范围之内"③ 的人。进而，人的本质被理解为一切社会关系的总和。经过这样一番转变之后，在如何正确看待人类自身的问题上，个人主义的视角就不是第一位的了，共同体成为我们理解个人的权利和自由的大前提。从这种意义上讲，我们既难以设想一种"真空式"的自我，也难以设想一种"绝对精神式"的无所不包的自我，自我只可能是一种处于社会生活中的、继承着各式各样的文化思想观念的能动性的存在。这也就决定了，从现实性上讲，我们每个人都是一个社会化的个体，从属于不同的社会与国家。即使说我们对政治身份的认同并不构成自我认同的首要因素，那也是自我认同的核心因素之一。我们每个人都是组成整个社会的有机要素之一。作为"社会化的自我"，个人身处于社会当中，他所感受到的不必一定是社会带给他的强制感与压迫感，他同样也会感受到社会组织带给他的团结感与力量感。不论是从逻辑的角度还

---

① Michael Walzer, *Thinking Politically: Essays in Political Theory* (New Haven: Yale University Press, 2007), p. 97.
② 《马克思恩格斯文集》第5卷，人民出版社，2009，第94页。
③ 《马克思恩格斯文集》第1卷，人民出版社，2009，第571页。

是从经验的角度来看，认同于一个团体或组织并不等同于自我在精神乃至行为上都受其控制，一个不能排除的可能性是：作为理性个体的自我在经过深思熟虑之后，自觉认同一个团体或组织所追求的价值和目标。自我在团体中间感受到了"志同道合""同舟共济"的氛围与力量，并愿意为实现这一价值和目标而奋斗。尤其是，当一个人自愿投身于时代变革的社会运动的时候，他会发现单凭自己一人之力是不足以推动社会变革的，一个人必须与其他拥有同样的价值追求的人联合起来，共同奋斗，才有希望实现自己的价值追求。在这个时候，团体或组织的领导者与普通的成员之间是一种互相促进、互相支持的关系。从这样的政治实体中，我们看到的是团结、合作、友爱等精神美德，而且也只有在这种精神美德的促进下，才有可能实现自己的既定目标。为了实现这一点，我们并不需要在现代化的大背景之中接受这样一种观点：强调张扬个性与独立性的现代理性个体一定会把自我完全融入并淹没在社群、组织等政治实体当中。在一个富有团结感和友爱精神的社会中，我们所需要的只是人们在追求某些价值与目标上的一致性，而不是个人筹划上的单调的同一性，不同的成员之间依然可以就很多问题进行争论、交锋，只要这些论辩不会妨碍到大家对共同价值与目标的追求即可。对抽象的个人的反对，对人的具体的社会关系的考察，构成了马克思主义不同于近代西方个人主义的一个显著特点。

第三节 个人主义与社会契约之间的矛盾

今天，整个西方世界的民主理念基本上都是由17世纪的社会契约论传统所框定的。这一传统的要点是对个人权利和自由的强调，认为归属于个人的权利和自由是无条件的优先的，正是对个人权利的维护和尊重在证明政治权威和政治行动的正当性的过程中发挥了关键的作用。卢梭在《社会契约论》中提出人民主权原则，人民通过订立社会公约而建立了国家，在这个过程中，"我们每个人都以其自身及其全部的力量共同置于公意的最高指导之下"，[1] 主权的本质就在于它是由公意构成的，而公

---

[1] 〔法〕卢梭：《社会契约论》，何兆武译，商务印书馆，2005，第20页。

意体现的则是共同体中全体人民的共同意志，因此它着眼于维护与全体人民都息息相关的公共利益。1789年爆发的法国大革命践行了卢梭的人民主权原则，"自由、平等、博爱"的口号迅速席卷西方世界，进而席卷全球，最终成为现代民主政治的一种理念上的追求与象征。

在近现代民主制度的辩护者看来，作为自由而独立的理性存在者，个人既是自身需求和偏好的唯一承载者，也是自身利益的最佳判断者。为了维系和捍卫自身的利益与追求，造物者赋予了每个人不可剥夺的权利，共同体不过是人们相互之间联合起来的一种或紧或松的联盟，其目的正是保障个人的权利，以便最大限度地实现个人的利益与追求。政府与个人之间是一种委托关系，政府的任何决策都必须得到公民个人的同意，政府的任何行为都必须取得公民的授权。政府的合法性就来自公民的同意。由此可知，社会契约论包含两方面的实质性内容：权利的"让渡"和人们"同意"基础之上的社会结合。抛开具体的政府机构设置和行政决策程序不论，不难发现，隐藏在普选、代议和多党竞争等政治操作背后的是这样一种政治理念：一个好的政府必定是一个其合法权力来源被被统治者同意的政府。这其中，"自愿"和"同意"构成近代社会契约理论的核心概念。西方民主政治的根本内涵都体现在这一理论中。

从逻辑上讲，在一个社会中，"同意"可以分为三种情况：全体一致的同意、多数人的同意和少数人的同意。与其他两者相比，全体一致的同意无疑最符合卢梭对公意的构想，也最能代表人民主权原则的真正内涵。但是，同样是社会契约论的理论重要奠基者，约翰·洛克（John Locke）很早就意识到了近代议会民主政治的一个逻辑上的难题：全体一致的同意几乎是不可能的。有些人会因为生病或有事而不能去投票，更重要的是，意见上的分歧和利益上的冲突不可避免，寻求全体一致的同意不具有现实可能性。因此，如果我们一定要坚持全体一致的同意才能做出决策的话，那么基于社会契约构建起的政府和国家只会立即解体。因此，洛克认为："根据自然和理性的法则，大多数具有全体的权力，因而大多数的行为被认为是全体的行为，也当然有决定权了。"[1]

直至20世纪，约翰·罗尔斯在写作《正义论》的时候依然回避不了

---

[1] 〔英〕洛克：《政府论》（下篇），叶启芳、瞿菊农译，商务印书馆，2008，第60页。

这一问题：既然全体一致的同意难以实现，那么多数的意志完全取代和覆盖少数人的意志，它的合理性究竟是什么。他将其概括为："契约论自然地把我们引导到这样一个问题：即我们先前是怎样同意一种将要求我们服从那些我们认为是不正义的法律的立宪规则的？"① 罗尔斯的解释是：首先，不管是何种行之有效的民主程序，都不会总是做出有利于我们自己的决定。其次，如果任何一次的公共决策，哪怕是有一人不同意就不能做出决定，那么正常运作的政治秩序是无法建立起来的。很明显，虽然相隔将近300年，但是罗尔斯继承了洛克对这一问题的核心解释。他们的解释都是从决策的现实可行性的角度出发进行的，其着眼点是适用规则的后果，而非规则本身。换言之，无论是洛克还是罗尔斯，他们的上述解释都不构成对简单多数原则本身的正当性证明（jusyification），他们主要是强调，如果不采取简单多数原则，那会有什么糟糕的后果。借用柯亨的一个概念，他们为简单多数原则提出的是一种辩解（excuse）。② 社会契约论的"签约"需要全体一致的同意，但是一转眼，基于社会契约所构建起的政府和国家不能执行全体一致的同意。从中我们可以看出两点。

第一，社会契约论是一种哲学理论化的建构，在现实世界中并不存在。古典社会契约理论的一个重大的缺陷就是："从来就不存在这样一个契约，而一旦不存在这样一个实际的契约，无论是公民还是政府都将不受其承诺的约束。"③ 历史主义思潮的兴起从根本上撼动了社会契约论的合理性，所谓的人民自由地选择和创造政府只是一个哲学虚构。

第二，多数人的意志很可能并不符合全体人的根本利益，因而其决策也可能并不是可选方案中最好的方案。这也符合我们的直观判断——多数选择的结果实际上未必就是好的结果。问题是，在这种情况下，约翰·洛克所主张的"大多数具有全体的权力"，其合法性究竟何在？如果少数并不同意多数人的意志，那么既然政府的合法性就来自公民的同

---

① 〔美〕约翰·罗尔斯：《正义论》（修订版），何怀宏等译，中国社会科学出版社，2009，第277页。
② 〔英〕G. A. 柯亨：《如果你是平等主义者，为何如此富有？》，霍政欣译，北京大学出版社，2009，第204页。柯亨认为，当你为没有做 X 找到"辩解"时，X 仍然是你本应该做的事情，换言之，做 X 是正确的。
③ 〔英〕迈克尔·莱斯诺夫等：《社会契约论》，刘训练等译，江苏人民出版社，2010，第319页。

意，我们又如何才能合情合理地得出多数的意志代表全体的权力呢？因此，民主政治若要正常运转，它就必须解决多数意志的运作的动力性问题——"（作为少数的）我同意执行我实际上并不同意的决定。"换言之，在实行民主制之前，需要一种强有力的中央权力让人们在思想上感受到人们相互之间的凝聚感和共同利益的存在，这才能够为社会契约论所推崇的自愿联合奠定基础。君主制为民主制的实行准备了文化心理上的前提，这一点其实也符合西方近代历史的演变轨迹。

洛克、密尔（John Stuart Mill）和罗尔斯从效果论的角度出发强调了坚持多数人的同意的必要性。作为社会契约论的主要奠基人之一，卢梭却在契约论的基础上给出了另外一种差异明显的证成方式，我们把这种证成方式称为"根本利益相一致"基础上的证成。卢梭认为，唯有社会公约才必须要有全体一致的同意，除去社会公约之外，我们就要遵循多数的同意。他给出的理由是，如果在投票表决时，与我相反的意见获得了大多数投票者的支持，那么这只是证明我错了。当发生这种情况的时候，虽然我也表达了自己的意见，但其实我并不知道我自己真正应该做的事情是什么。

问题是，这种情况是如何发生的？卢梭区分了两种不同的利益——公共利益和私人利益。公意永远是以公共利益为依归，而对单个的个体而言，个人利益却完全有可能违背公共利益；但是，即使每个人都有着自己的特殊的个人利益，我们总还是可以找到这些不同的个人利益的共同之处，否则就不可能形成最广泛的社会联系。如何理解卢梭的这两句看似相互矛盾的表述？我们不妨用字符化的语言来解释一下。假定一个小型社会组织中有三个人，记为A、B、C，他们分别拥有不同的个人利益——$\{A_1、I\}$，$\{B_1、I\}$，$\{C_1、I\}$。此处的I就代表着公共利益。公共利益也是为个人所有的，只不过，它不是为单个人所独有，而是所有人都共同拥有的利益。罗尔斯准确地意识到了这一点："普遍意志肯定不是以某种方式凌驾于社会成员之上的某个实体的意志。"[①] 此处的"普遍意志"（general will）即"公意"。我们可以罗列出很多不同的公共利益，

---

① 〔美〕约翰·罗尔斯：《政治哲学史讲义》，杨通进等译，中国社会科学出版社，2011，第229页。

而每个人也会拥有各自不同的私人利益，其中有些私人利益有可能和公共利益完全相反，比如在 A1 与 I 之间，这时候公共利益会受到私人利益的干扰；当然，有些私人利益也会和公共利益毫不相关、并行不悖。人民集合起来进行立法，其投票表决的对象是与公共利益有关的公共政策，除非与公共利益有或明或暗的联系，否则我们不会为了某个人的单纯的私人利益进行投票。比如个人 A 是否结婚，这与公共利益无关，人们也不会就 A 是否结婚而投票通过一项法律；但是个人 A 是否纳税则与公共利益相关，每个人应该缴纳的税收比重就是需要投票表决的公共政策了。在卢梭看来，公共利益是与每个人都相关的，它关系每一个社会成员的根本利益。因此，如果一项政策的实施事关公共利益，而有的人投票反对的话，那只能说明这个人要么不清楚与自身相关的公共利益到底是什么，要么就是他的个人私利阻碍了公共利益的贯彻。既然社会公共利益是与每个人的根本利益相一致的，也是为每个人所共同拥有的，那么不管是出于什么样的私人理由，只要谁违反了公共利益，其他社会成员就有必要迫使他遵循，因为这样做从根本上讲并不违反他本人的根本利益。

此处需要进一步解释的是，既然每个人的根本利益相一致，那么我们的根本利益都包括哪些？卢梭在阐明社会契约的结果的时候说得很清楚，那就是：一种更美好的、更稳定的生活方式代替了不可靠的、不安定的生活方式，自由代替了天然的独立，自身的安全代替了不可避免的生存搏斗。在社会契约的规范下，我们每个人都应该且能够得到更安全的生存保障、更美好的生活方式，在其中，人人都活得更自由、更有尊严。所以说，身处社会中的每个人在根本利益上具有一致性，正是这种一致性赋予多数裁决原则以正当性与公平性。为了达成这一正当性，根本利益不但要满足一致性的要求，而且更重要的是，根本利益要满足公开性的要求。根本利益不是深藏不露的，而是我们每个人通过理性的慎思都能够清楚明白地看到的。如果有人违反了公意，那只能证明他自己错了。

举个简单的例子，我们设想一个场景，在某小型社会组织（有 A、B、C 三个人）中有一条泥土路，在下了几天的大雨之后，道路变得泥泞不堪，难以通行。现在 I 代表的是筹集修路的资金，用于改善所有人的出行体验。现在 A、B、C 三个人手中都有一笔可以自主支配的钱，他们可以拿出这笔钱来修缮道路，及时解决出行的问题。当然，他们每个人原本也都有着自己的消费计划：A 打算用手中的这笔钱来完成自己的一次愉快的海岛度假；B 计划用这笔钱购买若干盆景，来装饰自家的花园；C 正筹划用这笔钱报名参加一个电器维修技能培训班。毫无疑问，I 涉及的是与每个人都密切相关的公共福利，而且满足透明性的要求，他们三个人都能清楚明白地意识到这个问题。虽然这三个人都各自拥有自己的个人利益，但是如果让他们投票表决是否应该为修路而募款的话，多数裁决原则就会发生效力。因为即便假定 A 不同意修路，投了反对票，那么遵循多数原则，最终道路被修缮好之后方便了大家的出行，也符合 A 的根本利益。A、B、C 三人的生活都可以变得更加美好起来。

我们把前面例子中所设想的场景稍微改变一下，看看会发生什么样的变化。依然是那个小型的社会组织（A、B、C 三个人）。现在 I 代表的是修建一座小型娱乐健身场所，用于提高所有人的身体健康水平。但是，娱乐健身场所的修建需要占用一定面积的土地，而约翰·洛克眼中的原始而荒芜的无主之地早已难觅踪影。前文讲过，B 原本计划用自己可支配的一笔钱购买若干盆景，来装饰自家的花园。现在讨论的焦点就在于是否把 B 所拥有的花园改变为娱乐健身场所，我们可以假定这个花园的所在区域特别适合于建造健身场所。面对这一情况，每个人都有机会表达自己的意见：A 和 C 都同意对该花园加以改造；而 B 反对。B 反对的原因是他对自己的花园投入了太多的精力、感情乃至金钱。如果单就金钱而言，B 的损失可以通过显性补偿或隐性补偿的方式获得对冲（此处所说的隐性补偿是指修建娱乐健身场所也需要集资，在分配给每个人的集资份额中要扣除 B 之前已经花费的成本），但是，B 所投入的精力和感情是无法通过实体的物质来加以补偿的。① 如果说无论给予 B 多少显、隐性补偿，B 都不接受的话，那么我们要思考的是，这种情况是否属于"B 所估计是公意的并不是公意"呢？

毫无疑问，政策 I 满足公开透明性的要求，A、B、C 三人也都能清

---

① A 和 C 还可以给予 B 以高度赞扬的荣誉，不过荣誉是属于精神层面的反馈，而花园是实实在在地摆在那里的。公共政策的顺利推行不能过多依赖个体的无私觉悟，这相当于把政策实施的基础放置在高水准的主观道德层次上，一旦这一高水准的道德层次落空，公共政策就只能被迫停摆。

楚明白地意识到这个问题，而且 I 确实涉及的是与每个人都密切相关的公共福利。B 会认为，他精心培护的花园甚至可以说已经与自身的生命融为一体了，它寄托着自己的情感、心血、人生经历和兴趣爱好，花园中的一草一木正如同自己的孩子一般，这种亲身参与之后的情感是外人难以体会的。正是花园的存在，才使他的生活美好且富有意义。A 和 C 则更需要一个健身娱乐场所，以使自己的身体变得更加健康，生活变得更加充实。我们不能否认 A 和 C 的诉求的正当性，因为那确实承载着他们对美好生活的理解和向往；但是，我们同时也必须承认 B 的诉求的正当性，因为那也承载着他对有意义的美好生活的理解。因此，我们不能引用卢梭式的辩护策略来排斥 B 的诉求，因为在这里，B 的个人利益和他的根本利益是协调的。卢梭赋予社会契约的规范化利益包括我们每个人都应该且能够得到更安全的生存保障，更美好的生活方式。我们无法否认 B 对花园的爱护不符合他对更美好的生活方式的期许。现在，A 和 C 的根本利益与 B 完全相反。在这种情况下，如果遵循多数原则的话，那么 B 的根本利益就难以得到保证了。

从表面上看，B 的"个人—根本"利益与公意是相违背了，但如是这般的多数裁决又有一个相当脆弱的基础：公意与 A 和 C 的"个人—根本"利益不相关。假定这个花园是 A 的，那么很可能 A 也会表示不同意；同理，假定这个花园是属于 C 的，C 大概也不会愉快地接受。由此我们得出，多数之所以会表态接受一种意见，有时候是因为决策的直接标的并不触及自身的"个人—根本"利益。从这个角度讲，我们无法公正地评判 A、B、C 三人到底谁是出于公心，在道德层面上，B 未必是更自私的人。因此，根本利益一致式的理论辩护要想在逻辑上成立，还必须经过另外两种标准的权衡才会更有说服力。

第一个就是"相互性"（reciprocity）的标准。我把相互性标准界定为对任意社会成员 P1 和 P2 而言，二人位置的互换并不影响各自的选项，社会成员 P 的选择并不受客观环境或情势的变化所左右。比如现在让 B 和 C 互换位置，这所花园归 C 所有，B 成为"个人—根本"利益无关者，但是遵循相互性标准的结果就是，C 仍然投票赞成，他并不因为花园是自己的就改投反对票。反之，如果 C 认为当花园归自己所有时，他会对政策 I 投下反对票，那么，相互性的标准要求他即使花园不归他所有，他也应该投下反对票。相互性标准满足的是传统儒家意义上的规范要求——"己所不欲，勿施于人"（《论语·卫灵公》），它从理论上保证了个人选择的一贯性。罗尔斯曾经谈到过相互性标准的这一要求，他说："双方必须相信，不管他们的正义观多么不同，他们的观点仍然支持着对目前形势的相同判断；甚至当各自的地位互相交换时他们也仍然这样做。"① 罗尔斯举例，假设有些人秉持的是不宽容的行为理念，而且他们一旦掌握权力就不会宽容其他人，但他们不掌握权力的时候就要求坚持自由平等原则的人们给予他们更多的自由和宽容。社会位置互换，导致人们的个人选择和态度发生变化，这就与相互性标准不一致。罗尔斯把这样的人看作"搭便车者"，他们只看中制度所带来的利益，却不为制度的维持承担自己的责任。

除了相互性标准之外，第二个原则就是"匿名性"的标准。所谓匿名性的标准，指的是社会选择不必依赖于清楚了解社会成员的具体信息。这一标准保证每个人在投票表决时既不受别人的裹挟，也不受别人的煽动，独立自主地发表自己的意见。此时，每个公民都被预先视为具备慎思理性（deliberative reason）②的能力。最终，决策结果的呈现也不能依赖于A、B、C三个人中的任何一位的具体的社会信息，就如同他们三个人被匿名一样。现在A、B、C三个人是互相熟识的，假定A是某企业的总经理，而B和C又都在该企业中工作。很显然，A与B、C之间构成了工作中的"上一下"级关系。在企业的规范制度的约束之内，B和C需要听从A的命令与安排，但是，在公共选择领域，一种能够得到辩护的政策决议不能基于A的总经理的身份。即是说，不能仅仅因为A是总经理，而使得A的意见影响甚至是决定B和C的意愿选择。匿名投票表决本身就是为了避免过多的社会信息对决策过程的干预。

与相互性标准不同的是，匿名性本身并不是一条恒定不变的标准。有些场合需要匿名，有些场合则不需要匿名甚至是不可以匿名。以美国

---

① 〔美〕约翰·罗尔斯：《正义论》（修订版），何怀宏等译，中国社会科学出版社，2009，第304页。
② 此处我借用了罗尔斯所提出的一个概念。罗尔斯认为，卢梭通过"意志"这个概念表达出一种慎思理性的能力，它体现在我们根据那些与我们的利益有关的理由而做出决策的过程中。参见〔美〕约翰·罗尔斯《政治哲学史讲义》，杨通进等译，中国社会科学出版社，2011，第228页。

为例，在总统大选的时候，各州居民的投票都是匿名的，国会议员在就某一法案进行表决的时候却是实名的，因为他们在特定议题上的代表性需要接受支持他们的选民的检验。设定匿名性标准的意义在于保证个人可以无所顾忌地表达自己的真实意见和选择，而不是迫于外界的压力而做出的虚假叙述。值得深思的是，匿名制在遮掩住个人的真实身份的同时未必会同时释放出真实的意见和观点，我们不能轻易在"匿名"与"真实"之间画等号。个人也可以借着掩盖真实身份的便利而故意编造谣言或对他人进行恶意攻击。置身于互联网时代，我们更能够真切地感受到匿名与网络人身攻击之间的正相关关系。因此，即使是匿名性标准在选举领域拥有合理性，这也不能证明它在所有的领域（包括政治领域）都拥有无可置疑的合理性。匿名性标准属于限制性的适用标准。

让我们再次回到那个小型的社会组织（A、B、C 三个人）。现在 I 还是代表修建一座小型的娱乐健身场所，而 B 所拥有的花园的地理位置最为合适。很显然，决策 I 一旦实施，B 将无法继续拥有装饰自家花园的乐趣。现在让我们把相互性和匿名性这两条标准运用到这一情境当中去。首先我们会发现，此处有没有匿名性标准无关宏旨，因为 A、B、C 三人的选择都没有受到对方的具体的社会身份信息的影响，他们三个人只是普通的邻里关系，其中并不包括上下级之间的从属关系或者阵线分明的敌对关系。我们甚至可以进一步设想，这是一个民风淳朴又不失人情味的小型社会组织。不过，同样不难发现的是，当我们引入相互性标准的时候，卢梭式的根本利益一致基础上的证成就出现了很大的问题。当我们既无法否定 A 和 C 的诉求的正当性，又无法否定 B 的诉求的正当性的时候，争论就不可避免。在这一情境中，公意是无法实现的。

问题的关键在于，我们每个人对规范化利益的内涵和外延的理解不能保证完全一致，正如这三个人各自所理解的根本利益并不一致一样。固然，公共事务关乎每个人的切身利益，但是，往往只有个人才最深知个人利益之所在，也只有个人才最有动力去捍卫个人利益。"安全""美好""尊严""自由"等都是抽象的概念，在现实世界中，什么样的情形或方式是"安全的""美好的""有尊严的"，每个人添加在这些概念上的内容会有很大区别。有些人把不断地攒钱当作是安全而美好的人生，类似巴尔扎克（Balzac）笔下的葛朗台，而另外一些人则把购买和穿戴配饰高档的奢侈品看作美好的人生追求；有些人追求古寺青灯的修行生活，有些人立志要走遍全世界。在别人眼中是没有意义的事物或事情，在我的眼中可能意义重大。印度人对牛的理解和尊崇是美国人所不能理解的，中国人对黄河长江所寄托的情思是巴西人所无法感同身受的。"民主社会的政治文化总是具有诸宗教学说、哲学学说和道德学说相互对峙而又无法调和的多样性特征。"① 对罗尔斯的正义理论持批评态度的麦金太尔同样注意到当代西方道德话语最显著的特征便是它被如此多地用于表达分歧。分属于自由主义阵营和社群主义阵营的罗尔斯和麦金太尔均表达了对多元论事实的关切。实际上，当马克斯·韦伯（Max Weber）在1919年的演讲中提出著名的"诸神之争"的论断时，就已经揭橥了价值领域中多元论的事实。在此，我们需要提及以赛亚·伯林的多元论思想。伯林说过："我有一种深信不疑的看法，有些道德的、社会的和政治的价值是相互抵触的，任何一个社会总有些价值是不能彼此调和的。换句话说，人们赖以生存的某些最终的价值，不光在实践上而且在原则上、在概念上都是不可兼得的，或者说不可彼此结合。""你不能把充分的自由跟充分的平等结合起来。给狼有充分自由就不能同时也给羊有充分自由。"②他认为，存在许多客观的、终极性的价值，其中的一些价值和另一些不可兼容，这些价值包括自由、平等、正义等。伯林的观点阐明了多元主义的一个重要的维度——价值的不可通约性。理性的个体都可以拥有正当的价值和利益诉求，他们相互之间无法达成一致的共识。不可通约的多元价值的存在使得公意的实现虚幻化了，从而挑战了奠定在个人主义基础上的民主政治的合理性。

---

① 〔美〕约翰·罗尔斯：《政治自由主义》，万俊人译，译林出版社，2011，第3页。
② 〔伊朗〕拉明·贾汉贝格鲁：《伯林谈话录》，杨祯钦译，译林出版社，2011，第131页。

第三章　经济问题：自由主义民主下的不平等

"平等趋势是我们这个世纪所特有的。"① 马克思言简意赅地描述了现代西方社会的一个重要特征。自从封建等级制度崩溃之后，身份认同上的平等成为欧洲社会基本的规范性要求。平等的理念通过各种文献或法律文件固定下来，国家中的公民都逐渐拥有了形式上的平等权利。这里所说的"身份平等"主要是针对贵族与平民之间的地位关系而谈的，即贵族地位的下降和平民地位的上升，20世纪德国社会学家马克斯·韦伯称之为现代社会的"扯平"效应。② 身份平等观念的产生和不断发展是近现代西方社会所发生的显著变化之一。韦伯认为，人与人之间身份上的平等趋势预示着大规模民主制的出现。

从身份平等出发，人们可以相继推出政治权利、社会权利和其他一切权利上的平等。世界现代化的进程在打破各种区域间的、阶层间的、文化间的界限和树立个人自主化的权威的同时，把追求平等的激情注入了不同国家、不同人群的认知当中。男女平等、种族平等、财富平等、机会平等、福利平等，各种代表着不同价值诉求的平等观念不断地涌现出来。其实，无论是何种形式的平等主义原则，它们都做不到在所有社会善的分配上适用完全一致的平等化标准，但是，作为一种强势的理论话语，平等的理念可以激发起最富想象力的社会变革图景。平等主义原则的推广范围有多大和推进程度有多深，这是划分西方思想界左翼与右翼思想家的重要标志，最激进的平等主义者甚至会主张社会基本善的无差别的同质化平等。

对于近代西方所推崇的平等理念，马克思一方面指出它是历史发展的产物，另一方面则揭示，形式上所赋予每个人的平等权利有可能掩盖

---

① 《马克思恩格斯文集》第1卷，人民出版社，2009，第611页。
② 〔德〕马克斯·韦伯：《经济与社会》第1卷，阎克文译，上海世纪出版集团，2010，第332页。

人们相互之间实质上的不平等。2008年以来，美国的次贷危机和欧债危机相继爆发，全球经济的平稳发展遭遇了很大的挑战，公平与正义问题又一次成为西方社会关注的焦点。哈贝马斯在接受《时代》周刊记者的采访时表示，最让他感到不安的是日益严峻的社会不公问题。西方左翼学者主张，收入与财富的不平等最终会导致政治和社会地位上的不平等，而要解决此问题就必须倡导社会主义的平等主义立场，也只有社会主义思想才能指引我们真正解决社会公平问题。从思想发展脉络的角度讲，马克思对资本主义制度的有力批判在很大程度上支配着后世西方左翼学者对平等问题的讨论。

第一节 平等的规范性基础

平等首先也必然是一个主体间性的概念，它的提出本身就设定了行为主体之间的关联。不同主体之间的平等涉及很多层次，在目前所有的关于平等的规范性话语体系中，平等大概有以下几种含义：人格平等、公民身份平等、经济平等（包括收入分配和福利待遇）。这其中，人格和公民身份意义上的平等是处在强势地位上的，自由平等主义者尤其坚信这一点。我们很难想象基于哪一种理由能够否定掉他人的人格特征，不过，在某些宗教偏执者和狭隘种族主义者眼中，这一点可能并不成立。至于分配领域中的经济收入意义上的平等，争议就更大了，围绕这一问题，哲学社会学界被划分为壁垒分明的两派，政治领域中的左右翼之争也与此紧密相关。

为了讨论的简易起见，我将把所有类型的平等价值分为两个大类：实体性的平等和附属性的平等。所谓实体性的平等，只关乎人本身，因此，它的表现形式只有一样——人格平等。人格意义上的平等，它不关乎任何附加的个人身份信息，举凡财富状况、家庭出身、国籍国别、信仰形态、性别肤色等，都不在考虑的范围之内。只要具有人格，都应该被平等对待。所谓附属性的平等，指的是对附属于人格上的具体的外在特质寻求平等对待，这些特质并不构成"人之为人"的本质要素。附属性的平等又可分为两大类：先天附属性的平等和后天附属性的平等。人在一出生的时候就必定被赋予了某种性别、国籍、家庭出身等因素，因而性别平等、公民身份平等和出身平等（比如在受教育的问题上）都可视为先天附属性的平等。此处所说的先天性因素并非终其一生，不可更改。在现代社会中，性别、国籍、家庭状况等都是可以通过后天的付出而加以改变的。但是有些先天属性是难以改变的，比如个人的亲缘关系、民族归属等。在现实生活中，出于各种各样的理由，子女可能会与父母"断绝关系"，但外人依然会认定谁是谁的父母，谁是谁的子女。可见，亲缘关系、民族归属等先天属性不可更改，关键就在于它们不仅涉及自我认同，还与"他者"对自我的认同有关。此类属性的确立有赖于自我与他者之间的交流互动，单个主体无法独自确立这些归属关系。最典型的后天附属性的平等就是财富分配上的平等。个人工作之后收入无须多谈，即便对于个人可以从家庭中继承的财产而言，其一，继承关系往往发生在长辈去世前后，少数刚一出生就继承了某些财产的个体，他本人在年幼的时候也无法支配这些财产，父母或他人需要行使监护人的职能。其二，对于被继承的财产而言，无论多寡，都是前一代人奋斗或幸运的结果。对于被继承人来说，手中的财产不具备先天性的特征，因为归根到底，在绵延的历史长河中，没有任何个人或家族是命定应当富裕或贫穷的，即使是"上帝的选民"也不例外，何况在"上帝的选民"中，也有贫富之差。

还有一些类型的平等，比如人们常说的机会平等，它们并不指向某一具体的外在特质，而是带有程序性的色彩。不同于国籍、性别、财富等要素，"机会"并不是自主式的概念，而是复合式的概念，单独谈论"机会"，实际上没有太大的意义，我们必须更准确地界定是何种"机会"。一般情况下，机会指向的是获得某物或做某事的机会。每位适龄儿童都有接受免费的义务教育的机会，这是机会平等的一种表现形式；符合企业招聘条件的大学毕业生都有获得面试资格的机会，这是机会平等的另一种表现形式。对比这两种形式，不难发现，机会平等涵盖的人群范围并不一样。义务教育的机会平等，涵盖的是全部的适龄儿童；招聘过程中的机会平等，涵盖的是部分符合条件要求的大学毕业生。对于后者，不可能向所有的大学毕业生开放。企业在招聘的时候寻找的是专业方向基本对口的毕业生，专司外贸的企业通常不会向毕业于考古系的学生提供适合的岗位，而文学院毕业的学生也不会应聘航天工程领域的专业技术工作。正如不可能所有的田径短跑运动员都有资格站在奥运会百米奖牌争夺战的起跑线上一样。因此，在很多情况下，机会平等针对的是具备既定的或潜在的能力指标的某一类人。不能笼统地说，机会平等是面向所有的人。

在上述所有类型的平等当中，毋庸置疑，实体性的人格平等是其他一切平等的基础，它指的是人与人之间无差别的平等，无差别的意思是排除掉其他一切先天的和后天的附属性因素。只有在确立起无差别的人格平等的前提下，附属性的平等价值才会有着落。我们无法想象，在人格平等尚未得到确立和遵从的时候，其他类型的平等价值能够得到有力的正当性辩护。因此，在古代社会史中，君主、贵族、平民甚至奴隶、贱民之间的等级区分被世世代代接受并承袭下来，那么财富、出身、社会地位、政治权利等一系列的不平等都被认为是合理的。

一 道德人格的平等

平等最有力的规范性基础是道德人格。在西方思想史中，人格意义上的平等首先是由斯多葛学派加以提倡并经由基督教发扬光大的。所有主张这一观点的思想家都面临如下的问题：在现实世界中，我们究竟是如何界定这种平等的呢？最常见的思路是——因为"同样"，所以应该"平等"。例如，因为我们每个人都有同样的欲望，所以分不出谁高谁低，在强烈的生存和繁衍的欲望面前，我们都是人。哲学家不满足于把人格与自然的欲望画等号，形而上学传统经由理性来认定人的本质，因为个体都是理性的存在者，所以从本质上讲，他们都应该受到同等的尊重与对待。不难看出，从"同样"到"平等"，这一思路的基本要义是赋予人以相同的本质，因此，它们都是从本质主义的角度出发论证人人平等的。本质主义的思路有着明显的理论缺点。首先，关于人的本质到底是什么，哲学家们从来没有停止过争论，换言之，在什么是"同样"的这一问题上，从来没有过一致的意见，不同的思想家甚至会给出截然相反的结论。"欲望""理性"等类似的概念本身是抽象的，欲望的强度有大小之分，每个人对待欲望的态度也不一样，有些思想流派将欲望作为基本的分析范畴，而另一些流派则主张禁欲主义。理性面临的处境也一样，有理性主义的思想家，也有非理性主义的思想家。在有关本质的问题上，哲学史呈现的恰恰是多元而复杂的局面，对于什么才被认为是"同样"的，人们所拥有的恰恰是"不同样"的结论。更为重要的是，当我们在人的本质这一问题上没有共识的时候，从"同样"到"平等"将很容易被颠覆。如果"同样"可以推导出"平等"的话，那么"不一样"是否可以推导出"不平等"呢？历史上，这种推论是广泛存在的。人的智力水平很不一样，差异极大，智力高的人有资格统治和管理智力低的人，意志力强大的人应该领导意志力薄弱的人，乃至于某种种族、性别的人是优越的。类似这样的观点并不鲜见。其基本的论证思路是——因为"不一样"，所以应该"不平等"。对比上述两种相反的思路，它们的思维特征是高度一致的：从客观的、描述性的概念推导出规范性的结论，看似简单无奇的过程实际上跨越了巨大的理论界限。这一过程的最大问题在于，对何者为可普遍接受的客观性描述，不可能形成统一的认识。在一个日趋多元化的时代和社会中，这一点更加难以达成。二者之间的不同点在于，前一推导的前提更加抽象，并且拒绝量化处理客观性的概念（因为一旦量化处理就会显示不一样）。在人类早先的历史进程中，无疑后者的推导被实践的时间和范围更久、更广泛。一种解释的理由可能是，后者因为可判别，所以更易执行。这就给我们提出另外一个无法忽视的问题，既然现实的差异不可避免，那么我们如何才能确立同一的特质？无论是斯多葛学派还是基督教，他们给出的答案是借助神的概念，人人生而平等的观念都是人和神的关系映衬下的结果，所谓"上帝面前，人人平等"。无须通过人与人之间的比较而得出平等或不平等的结论，在"神—人"关系的对照下，所有人与神都是不可比的，因而任何人都是没有优越性的。相对于全知全能、至高无上的上帝，作为个体的人都有原罪，都有待被审判和救赎。

我们从确证无差别的人格平等开始探讨平等的基础问题。哲学家给出的重要理由是人是有理性的存在者，理性构成了人之为人的基础，进而秉持理性的个体之间也应当是平等的。之所以有那么多哲学家选择理性作为人之为人的特质，他们的出发点是阐明人与动物之间的区别，以至于作为唯意志论者的德国思想家叔本华，都把理性作为人超越其他动物最显著的地方。对于这一证成方式，它的副作用也是很明显的，那就是在理性与非理性、强理性与弱理性之间进行人为的划界，而划界的标准又往往非常模糊,归根结底,政治生活和社会生活中所运用的理性与科学领域中的加减乘除运算并不完全一样,实际上会更加复杂。至于人是欲望的集合体这一经验主义的证成方式,理性主义的哲学传统本身就不能认可,遑论用来确证平等价值的基础。即便承认它的立论,理性主义的证成方式所面临的问题,经验主义者同样会遇到。如果我们从其他方面来确认人之为人的本质属性的话,理性主义者和经验主义者遇到的问题同样会再次出现,因为无论你怎样去界定人的本质,你都无法做到完完全全地逐一验证。这种情形是由两方面促成的:一是在横向上,想要在全世界范围内考查清楚所有人是件很困难的事情;二是在纵向上,想要在从古至今的范围内考查存在过的所有人是件不可能的事情。理性主义追求普遍适用性,非如此则不能证成平等价值的普遍性。但是,从方法论的角度讲,通过无穷枚举的归纳方法来论证理性主义的观点是无法实现的。有鉴于此,为了从根本上保证规范的普遍有效性,理性主义者势必依赖无须经验验证的"第一因"之类的概念,柏拉图的理念、康德的物自体、黑格尔的绝对精神都是类似的哲学范畴。在形而上学传统被解构后的今天,普遍主义的诉求必然遭遇危机。

不过,另有一种对平等的论证思路值得重视,它也是针对实体性的人格平等出发的。与理性主义的思路稍有不同的是,它并不是从单纯的理性主体的概念出发来论证一切,而是试图赋予人格以道德主体的含义——基于尊严的论证思路。"很多平等主义者都把平等建立在人类尊严的基础上",[1] 他们强调人类的道德能力的重要性。姚大志教授准确地指出,采用这种思路的平等主义者都是从康德的道德哲学中引申出尊严观念的。哈贝马斯就认为:"人的尊严这个哲学概念早在古典时期就已出现,并在康德那里获得了它今日仍然有效的表述。"[2] 在康德的伦理体系当中,尊严是从自律公式中引出来的。"自律就是人的本性和任何有理性的本性的尊严的根据。"[3] 自律意即实践理性的自我立法、自我遵守。理性的自我

---

[1] 姚大志:《平等如何能够加以证明?》,《中国人民大学学报》2014年第3期,第39页。
[2] 〔德〕尤尔根·哈贝马斯:《人的尊严的观念和现实主义的人权乌托邦》,鲍永玲译,《哲学分析》2010年第3期,第2页。
[3] 〔德〕康德:《道德形而上学的奠基》,李秋零译注,中国人民大学出版社,2016,第58页。

立法之所以具有尊严就在于这种自我立法同时也是普遍的立法，法则本身适用于所有的理性存在者，绝不仅仅是适用于自身。理性的普遍立法保证了意志在行动的时候能够把其他的理性存在者当作目的本身来对待，而不仅仅是手段。法则的普遍性排除了个人的利益、趣味、荣誉等因素对行为动机的诱导，也排除了将他人作为纯粹的工具性存在来加以利用的动机，更排除了道德领域中的市场行为——讨价还价，尊严是具有内在价值的，它超越了一切的价格。泰勒认为，现代的尊严概念与传统的荣誉观念不同，传统的荣誉观念是建立在等级制的社会结构之上的，古老的荣誉观与社会地位的不平等有内在的联系。现代的尊严概念是建立在平等主义和普遍主义之上的，人人都享有尊严。对于民主社会来说，平等的承认与尊重不可或缺。

道德主体意义上的人格平等比单纯的理性主体意义上的人格平等更有说服力，虽然在康德那里，自律的理念是与理性的纯粹的自动性密不可分的。如前所述，作为一种自然禀赋，人的体力、智力差异很大，这是事实，乃至于数量化的智商测验也很流行。你不得不承认，很少有人能做出爱因斯坦、玻尔、薛定谔等大科学家那样巨大的理论贡献，你也不得不承认，很少有人能写得出像福克纳、马尔克斯、乔伊斯等大作家笔下那样优秀的文学作品。因此，仅仅依靠纯粹的理性概念是不足以让人产生对平等的全然投入的信任感的。尊严则与此不同。即便我们都承认分析能力、判断能力和推理能力有高低强弱之分，而这并不导致我们应该轻视他者的人格尊严。大科学家、大文学家固然因为他们的贡献而令人尊敬，但是他们与普通的技术工作者、服务生乃至于流浪者拥有同样的人格尊严。智识贡献有大小，社会地位有高低，工作性质有区分，所有这些差别都不能挑战尊严的底线。关键在于，智力突出者当然可以评判他者的优劣，别人也可以做到，这种评判并不会反过来影响到评判者本身的智力水平。尊严不一样。如果有人享有尊严，而他却毫不在乎地蔑视和侮辱别人的人格，这种行为反过来会让他失去享有尊严的资格。尊严的享有必须满足罗尔斯式的互惠原则。这正是康德式的普遍立法的具体体现。

二　分配领域中的平等问题

现在的问题是，道德人格的平等并不直接等同于财富分配的平等，那么，我们如何从道德人格的平等过渡到财富分配的平等？

关于平等的基础，罗尔斯的核心论点是："道德人格能力是有权获得平等的正义的一个充分条件。"① 因此，罗尔斯对平等的基础的总体认知是"能力指向"的。道德人格的能力包括两层含义：其一，他们有能力持有一种关于自身的合理生活计划的善的观念；其二，他们有能力持有一种正义感，一种能够在哪怕是最小的程度上实行正义原则的欲望。罗尔斯在表述道德能力的时候用词相当谨慎，说道德人格"有能力持有××"，既表明能力发展成熟之后的真正持有，又没有排除能力尚未完全具备时的潜在可能，所以，罗尔斯明确地将道德人格规定为一种在一定阶段上通常能实现的潜在性。如此规定就把幼年时期的发展中的人格囊括在内，赋予青少年以同样的道德人格地位。潜在性规定下的人格是一种动态的人格观念。罗尔斯特别强调，他所说的道德人格能力"完全不是严格的"。② 我想给罗尔斯的话附加上更"严格"的表述：道德人格能力没有公认的标量刻度。指称某个人具备道德人格能力，并不是指达到能力刻度数 X 之上的人就符合完全意义的描述，道德人格能力没有类似数学计量式的测度尺寸。罗尔斯强调的非严格性主要针对的是以下两种情况。第一，有人天生地或者遭遇后天事故而丧失了道德能力，我们是否可以剥夺他们的道德人格认定？第二，每一个人的能力都有差异，我们是否可以给予能力低的人以低层次的平等对待？罗尔斯的回答都是否定的。设定一种非严格的道德人格能力实际上是接受了我们此前讨论过的有限理性的假设，承认人的理性是有局限的，这也就同时避免了理性主义遭遇到的一般性质疑。但是，罗尔斯在此陷入了无法摆脱的理论困局：为了避免按照能力的大小来区分人群，罗尔斯主张无差异的道德人格平等。但不可否认的是，现实世界中，有大量的人故意为恶，此时的能力指向的不是善观念和正义原则，而是侵犯他人的恶意。显然，无端作恶者不能被轻易宽恕，于是，"道德人格的最低要求"③ 的观念便被提了出

---

① 〔美〕约翰·罗尔斯：《正义论》（修订版），何怀宏等译，中国社会科学出版社，2009，第399页。
② 〔美〕约翰·罗尔斯：《正义论》（修订版），何怀宏等译，中国社会科学出版社，2009，第400页。
③ 〔美〕约翰·罗尔斯：《正义论》（修订版），何怀宏等译，中国社会科学出版社，2009，第402页。

来。最低限度显然是一个标量的概念。既然罗尔斯并不想对能力的大小进行区分,那么"最低限度"的能力又能落于何处?罗尔斯自己的回答模棱两可,他首先承认作为平等的基础的道德人格的概念是自然事实,但非常含糊。至于到底应该如何确定这个最低限度的要求,罗尔斯的回答是最好把它放到具体的道德问题中去讨论,具体问题具体解决。这一回答对整个建构主义的理论体系来讲实在不是一种美妙的答案。不过,透过这种不设恒定标准的回答,罗尔斯实际上认可了道德问题的复杂性,并让自己的理论体系保持着一种开放性的姿态。罗尔斯无意构建了一套道德形而上学体系,因此他放弃了对理论体系的整全性诉求。

能力指向型的人格平等要求社会给予每个人以满足最低能力发展需要的客观支持条件。潜在性的道德能力需要后天的积极培养,教育的意义正在于此。教育培养分为家庭教育、学校教育和每个人都身处其中的社会环境教育。无论是哪种类型的教育,充裕的物质财富都是一项重要的基础性保证。在暂不考虑其他变量的前提下,拥有更多财富的个人、家庭和社会能够提供更加优越的受教育条件。为了平等的道德人格,就需要相应的平等的财富分配,前提是财富之间的补偿原则能够有效地发挥作用。财富分配上的平等是典型的后天附属性的平等,人的自然出生并不能天然地决定其后天的财富状况。在讨论财富分配领域的不平等问题的时候,我们必须审视分配问题的逻辑起点,那就是预先假定财富分配的多寡决定一个人的生活状态的优劣,二者之间呈正相关的关系。如果财富越多生活越不幸的话,有关分配问题的讨论不会以目前这样的方式呈现。历史上,虽然不乏视金钱如粪土的隐士、高士,他们或基于信仰,或基于教训,选择非一般的人生视角,"安贫乐道""富贵于我如浮云"向来是被中国传统知识分子所称道的高洁性情。类似高洁的性情需要极高的修养,而不能作为普遍性的道德原则要求于所有人。尤其是,像 G.A. 柯亨所主张的那样,当金钱匮乏的时候,"与金钱的缺乏即贫穷相伴而来的是自由的缺乏"。① 将个人自由、发展与金钱关联起来,金钱变得至关重要。最近几年,美国学者研究指出,贫穷甚至可以影响人们

---

① 〔英〕G.A. 柯亨:《马克思与诺齐克之间》,吕增奎译,江苏人民出版社,2008,第373 页。

的思维方式，拉低他们的智商，它让稀缺者把精力都集中在短期的利益安排上，为基本的生计需求忙碌操劳，无法思考关乎长远利益的问题。无论在哪个方面，财富在当今世界都强有力地支配着人们的日常生活，良好的受教育机会、体面的衣食住行、个人职业爱好的拓展，都离不开不同程度的财富投入。

另一种论证财富平等的思路是从道德心理学的角度出发进行的。人人都拥有自尊，我们一般不会区分自尊的大小，一个人有着强烈的自尊心，这不代表他的自尊心更大、别人的更小，而只是说他对有关自己的评价和认同度更加敏感。自尊不是一个可以用来量化的概念，就如同"生""死"一样，要么得到自尊，要么失去自尊，对于个人而言，自尊是一个近似于"零和博弈"的概念。如前所述，自尊的得与失遵循的是互惠原则，因而它本身又是一个社交性的概念，自我的认同对尊严的获得非常重要，他者对自我的尊重与认同至少是同等重要的。由此，支持平等主义的哲学家得出了如下论证思路：许多人都羡慕富人的生活，因此，财富赋予了富人更多的声望、尊严和无形的社会影响力，穷人则会因为现实的比较而陷入强烈的自卑和失落感。① 人类的心理和行为动机是复杂而微妙的，毋庸置疑的是，复杂的心理动机一定会对个人的思想和行为产生影响。既然严格的理性分析和推理不能主导一切，那么探求事物背后的心理和情感因素就是必需的，很多情况下甚至是极为关键的。在学术界，一直存在从人的心理角度探究平等的基础的思想脉络。在20世纪后半叶的西方政治哲学界，罗尔斯和诺齐克（Robert Nozick）都对此有着明确的论述，与平等的问题相关，他们将论述的重点指向"嫉妒"（envy）。② 把嫉妒心理引入政治哲学的讨论，并非始自罗尔斯和诺齐克，启蒙时代的哲学家就对此有过简单的探讨。卢梭在《论不平等》的论文中给出了一种很独特的观点，他认为嫉妒心是随着爱情的产生而产生的。在男男女女的交往中，每个人都会注视他人，也被他人所注视。

---

① 〔英〕G. A. 柯亨：《马克思与诺齐克之间》，吕增奎译，江苏人民出版社，2008，第385页。
② 需要指出的是，罗尔斯和诺齐克都区分过与"嫉妒"一词相关的略有不同的心理情绪表达。罗尔斯区分过"妒忌""嫉妒""悭吝""幸灾乐祸"，诺齐克区分过"嫉妒的""猜忌的""争强好胜的"。此处我们不打算对所有这些情绪进行全面的分析，而只选取思想家考虑过的一般性的论述。

在相互的注视之中，有的人得到的关注较多，有的人会被轻视，嫉妒、虚荣、羡慕、羞耻等一系列复杂多变的心绪都会随着人们彼此间联系的增多而发生。"唱歌或跳舞最棒的人，最美、最壮、最灵巧或最善言辞的人，就成了最受尊敬的人：走向人与人之间的不平等的开头第一步，就是从这里踏出的。"① 可见，卢梭倾向于把嫉妒、尊重等概念作为不平等的起源的因素之一。与卢梭不同的是，在大方向上，诺齐克倾向于同意把嫉妒作为平等主义的潜在心理基础，对于有学者主张的平等主义体现的是原则的贯彻与运用，诺齐克的回答是，人类能够创造性地虚构原则来使自己的情绪得到合理化的证明。换言之，思想家所主张的平等主义原则不过是笼罩在嫉妒心理上的一件罩袍。应该说，诺齐克的这一观点并不鲜见，很多有关文明的性质的讨论就涉及这一点。罗尔斯明确反对诺齐克所代表的这种学术倾向，把它归类于保守派作者的观点，② 并指出，保守派思想家这么做的意图是使平等与简单的、有害的心理冲动联系在一起，从而使平等名誉扫地。看得出，当罗尔斯如此表态的时候，他的语言本身也暗含冲动。罗尔斯认为，肯定正义原则的人们之所以支持平等，其道德情感产生于对受到不公正对待的"不满"而非嫉妒，不公正的对待有可能来自不公正的制度，也可能来自不公正的行为。在此，罗尔斯清楚地界定了不满和嫉妒二者之间的差别：表达不满的人们有意愿去证明为什么某些制度和行为是不公正的，从而引发他们的"不满"；嫉妒本身不是一种道德情感，不需要援引任何道德原则来支持自我的情感表达。罗尔斯是一位行文相当审慎的思想家，正义的两个原则拒绝把嫉妒作为证成平等主义的合理性的资源，但是，罗尔斯又给嫉妒情绪留下了一席之地，他认为，平等主义的一种特别的表现形式却是以嫉妒作

---

① 〔法〕卢梭：《论人与人之间不平等的起因和基础》，李平沤译，商务印书馆，2015，第94页。
② 在美国的政治光谱中，诺齐克所代表的自由至上主义确实在一定意义上可以被归在"保守主义"的名下。在美国，共和党是市场自由主义的坚定支持者，而共和党的很多理念确实彰显保守主义的色彩。但是需要特别一提的是，罗尔斯在阐述自己的思想时非常注意审慎和节制，他虽然不能同意诺齐克的观点，但是他又保留了进一步探讨的余地，他承认，诉诸正义常常会成为嫉妒的一种假面具，但是，罗尔斯认为，分析语言的合理遮掩现象会引出更为困难而难以证明清楚的问题。参见〔美〕约翰·罗尔斯《正义论》（修订版），何怀宏等译，中国社会科学出版社，2009，第427页。

为基础的:"严格的平等主义,即坚持对所有的基本善做平等分配的学说,产生于这种倾向。"[①] 严格的平等主义即人们通常所说的平均主义。更引人注目的是,罗尔斯还试图为这种心理动机寻找到物质基础——嫉妒是贫穷的农业社会中的普遍倾向。在这样的社会中,人们普遍认为社会的财富总量是固定不变的,由此达到一种比较严格的利益对立,不同的利益诉求处于零和博弈的状态,一个人的所得必然对应于另一个人的所失。在这种情况下,要求完全平等的分配份额就会被普遍接受。引申罗尔斯的分析,我们可得出更加深层的含义:当一个社会中的财富积累总量处于下降的趋势时,嫉妒心理的产生和蔓延将拥有深厚的社会土壤。这一点似乎为资本主义经济危机引发广泛的社会问题提供了社会心理学的一种解释。

可见,无论是秉持自由至上主义的诺齐克,还是秉持自由平等主义的罗尔斯,虽然他们在许多哲学问题上尖锐对立,但是他们都部分或全部地承认,嫉妒在平等主义的哲学基础上扮演着重要的社会心理角色。现在需要仔细讨论的是,作为一种特殊的心理情绪的嫉妒,它是如何与分配领域的平等主义存在密切的递推关系的。解决这一问题的关键在于厘清"别人的行为或性格如何能够影响一个人自己的自尊"。[②] 设定一个小型社会,当社会成员 A 的境况比成员 B 的境况好的时候,B 为何会希望 A 的境况变坏,而不是对 A 的境况表达由衷的羡慕?按照罗尔斯的划分与定义,嫉妒是带着敌意去看待他人的较大的善的倾向,即使是别人的较大的善并没有减损我们自身的利益。诺齐克注意到嫉妒心理的另一个重要方面,嫉妒心理的发生不依赖于"应得"的概念,别人是否有资格配享通过自身努力而应得的优越境况不影响嫉妒心理的发生。一个人在工作中无所事事、收入平平,当他看到自己的同事通过出色的业绩而获得提升的时候,虽然同事在职务的提升上是应得的,而他也明白无误地知道这一点,但仍不能完全免除他的嫉妒。这种例子很常见,它包含了嫉妒心理产生的所有主客观要素。首先,较好的善必须是集中在同一

[①] 〔美〕约翰·罗尔斯:《正义论》(修订版),何怀宏等译,中国社会科学出版社,2009,第 426 页。

[②] 〔美〕罗伯特·诺齐克:《无政府、国家和乌托邦》,姚大志译,中国社会科学出版社,2015,第 289 页。

个事件领域中,正如休谟观察到的那样:"一个诗人不易妒忌一个哲学家,或另一类的、另一国的、另一时代的诗人。"① 因此,嫉妒的直接对象需要满足"同类且接近"的原则,既是针对同一事物,而且对象与对象之间不能相隔太远。同样是个人财富的多寡问题,一位印度底层的穷人会更嫉妒孟买的富豪,而非美国的比尔·盖茨。人们嫉妒的对象往往是熟悉的或更容易认识的人,而非不认识的或距离太过遥远的人。同类且接近原则的作用机理是便于人们相互之间的横向比较,当目光聚焦在财富的分配问题上时,我们内心会对参与比较的人进行财富占有上的大小排序,这会用到简单的理性计算能力。如果仅止于此,那么一切都无须再讨论,关键是,在完成数量大小的排序之后,我们还会在理性的引导下结合其他的主客观因素进行评价,并得到一份关乎自我的价值评价排序。正是这份对比性的评价排序会引发我们的嫉妒情绪。这类似于我们经历过的对期末考试成绩进行排序,每位学生都得到一个属于自己的分数,分数或大或小。依据分数,我们也可以对学生进行评价排序,常用的是优、良、中、差。假定满分是 100 分,90 分以上为优,80~90 分为良,60~80 分为中,60 分以下为差,那么评价为优的学生会获得强烈的自我满足和优越感,高分数可能证明了他智力上的卓越,可能给他一份通向未来美好职业的信心,也可能使他赢得女孩子的欢心。仅仅作为数字的分数,经过价值评价排序之后,被赋予了丰富的社会信息。正是这些社会信息才引起人们的嫉妒。当一个人坐拥数十亿美元资产的时候,这份资产绝不仅仅是代表着一个巨大的数字,我们都知道,在现实的社会生活中,这个巨大的数字还可以或者已经是代表着高档的住宅、优质的教育条件、良好的医疗服务、名胜地的度假旅游,甚至是身为明星的妻子和可资利用的政治资源。后续的所有这些社会信息都可以按照通行的社会标准标定某个人是不是所谓的"成功人士",成功人士的活动圈子交织成上流社会的社交空间。在普通人看来,成功人士的各种身份标准为我们圈定了美好生活的必要组成要素,而这些标准可以是继承自前人,也可以是来自当下广为流传的社会意见,它们深刻地影响着社会中的每一个人。毕竟,我们不能预计人们都喜欢过第欧根尼式的哲学家生

---

① 〔英〕休谟:《人性论》(下册),关文运译、郑之骧校,商务印书馆,2016,第412页。

活。当他人对我的评价和我的自身评价达不到优或良的时候，相较之下，他人的优越使我感到失落，而我自身所拥有的东西也变得不再那么有价值，我会陷入挥之不去的自卑感当中，丧失自信，这种失落感和自卑感导致我对他人的嫉妒。

稍停一下，失落感和自卑感作为一种个人体验的心理，完全有可能封锁在个人内心的某个角落，独自承受。从失落感和自卑感走向对他人的一般性的嫉妒，必定要有社会性的诱导因素。同样是坐拥数十亿美元资产的某位富豪，当这份资产外化为高档的住宅、高价的豪车、奢侈的宴会、豪华的私人游艇等可见的形式的时候，人们很容易把这些形式用作自身的参照。但假定这数十亿美元的资产仅仅作为货币储存在银行里的时候，由于客户隐私保护的规则，别人并没有可能探知这位富豪的真实财富状况，他有可能就是作为普通公众的身份出现在别人的视野当中。由此我们可以顺便指出，经济学家经常谈论的"炫耀性消费"或"炫富"，在消费者本身可能是张扬个性、展示社会地位或吸引眼球的一种手段，但从社会心理角度讲，它也是引爆很多人的嫉妒心理（乃至更极端的仇富心理）的一种后果明显的催化剂。这就启发我们得出嫉妒心理爆发的第一项社会条件：社会结构和制度的设置让人们之间的物质差别昭然可见，而且这些可见性的差别被不断地重复。譬如在一所中学当中，如果通过外在的装扮、随身器物和日常饮食等形式能够轻松地辨别出家境贫富的话，那么我们就无法防止因为这些外在的差别而对年幼的学生所有可能造成的内心伤害，以及嫉妒心理在部分学生心中的滋生，这对于保持学校良好的教育氛围和秩序是不利的。罗尔斯还总结了嫉妒心理爆发所需要的第二项社会条件：处在较差的经济和社会境况的人们，即便他们有能力通过努力实现自己的生活计划，但是他们相信，除了反对境况较好者之外没有其他建设性的选择。这一社会条件针对的是各社会阶层之间的流动情况。当社会阶层之间向上的流通渠道变窄的时候，底层的人们会倾向于把上层的人们看作自身进阶的障碍。一个社会要维系稳定的基础，阶层之间的晋升途径必须是畅通的。反之，带有怨恨和敌意的嫉妒心理将无法避免。社会的管理者需要营造这样的社会氛围：无论真实的家庭出身如何，通过社会的关怀和个人的奋斗，你都可以期望最终改变个人的命运，实现自己的梦想。一方面，我们不能人为地在社会阶层之间设置障碍，让原本的流通渠道扭曲变形；另一方面，流通渠道的多元化和系统化是改善流通状况的必不可少的重要方式。对应于尊崇内在独特性的异质化的个性思路，社会的分工越多元，人们向上流通的渠道就会越多元，于是，人们获得提升个人自我评价的机会就会越多。渠道的单一必然导致在具体的竞争中涌现出许许多多的失败者。在现代化的大背景下，保持渠道多元化的有效手段就是对所有的正当职业必须一视同仁，我们尽量不应在职业的大类别之间进行价值的高低区分。如果某一种或几种职业被认为更能获得自我实现的满足感和社会公众的高度认同，人们的职业选择自然会向这些领域靠拢。当个人无法成功地谋求到这种职业的时候，即便他获得了一份其他的职业，挫败感和失落感短期内也很难消除，更谈不上自我实现的满足感。由于每一种职业都会要求特定类型的职业能力，个人的职业技能千差万别，并不是所有适龄的个人都会符合某一单项职业的技能要求，这就决定了即便程序性的机会平等得到严格的施行，也只有少数人才会得到工作职位。职业价值的高低划分将导致未从事高阶职业的人群被社会性地标记为"非成功人士"，进而广泛地影响他们的婚姻、发展前景、社会地位等，成为自我实现的障碍。真正保持阶层流通渠道的多元化可以为个人的成功提供更多的选择权。

为了避免境况较差者的自尊心连续受到实质性的损失，这构成了在分配领域中适用平等主义原则的又一重要理由。有些学者主张绝对平均主义，其他学者主张市场社会主义，还有学者主张自由平等主义，等等。在平等主义的条目下，集合了许多内容不尽相同的理论学说。当我们把平等主义的基础与"自尊的损失"（嫉妒）心理联系在一起的时候，有一个问题就需要进一步解释：假设平等主义要消弭嫉妒心理的爆发，那么我们是否可以拒绝对一切善进行高低排序。我之所以提出这个问题，是因为一旦讨论到分配领域中的平等主义的时候，人们通常想到的就是物质财富（包括动产和不动产带来的个人收入、遗产继承、捐赠等）的分配，这实际上大大压缩了"分配领域"的范围。须知，即便在社会福利制度得到良好实施的社会中，作为基本善的尊严也不仅与财富的多寡有关，还与其他重要的善有关，比如荣誉。依然以期末考试成绩为例，每位学生都得到一个数值不等的分数。根据数值，学生们可以被评价为优、良、中或差。当我们把评优与物质奖励制度（如奖学金）分离之后，优秀仅代表着荣誉或好名声。社会诸领域中，善的分配并不都与财富的多寡相关。很多令人羡慕的工作岗位的获取并不依赖个人的财产状况，好的工作岗位也未必一定带来好的收益。刚踏入职业生涯的大学毕业生或研究生毕业生，有人选择谋求一份教职，主导他个人选择的动机可能主要是对教学与研究的强烈兴趣；有人选择做公务员，目的可能主要是想拥有一份稳定而体面的工作；有人选择做摄影，可能内心想的是周游世界。荣誉、兴趣、公职等，都是对个人的自我实现非常重要的善。仅就荣誉、兴趣与公职这三要素而言，除去个性化色彩浓厚的兴趣暂且不谈外，荣誉、公职都可以因为其影响高低的评价排序而引发或强或弱的嫉妒心理。平等主义原则是否能够合理地应用于对所有善的分配当中？简单考虑一下这个问题：我们是否可以因为成绩的评优会导致评价的差别化而取消它？直接的想法是，可以取消评优制度。如果认为荣誉应该属于通过自身的努力而表现优秀的学生，那么荣誉的获取可以归为分配正义中的"应得"概念。戴维·米勒认为，作为正义原则的表现之一的"应得"概念是一个"制度性的概念"，[1] 没有一系列可操作的评优制度，我们就无法确定谁应得荣誉。此处，评优制度的基础是具体的课程考核体系，课程考核的直接目的是检测学生们的学习状况，升级考试的直接目的是选拔人才。优质的教育资源在任何国家都是稀缺的，教育资源的稀缺性决定了我们要对资源的所有声索者进行划分。从古至今，无论我们采取何种形式的选拔机制，少数者得到优质的教育资源都是最终的局面。所有人都无须面对任何的考核，所有人都可以全体升迁直至最高水准的教育制度，这是无法想象的。如果说在基于成绩的荣誉面前，成绩失败者会嫉妒成绩优秀者的话，那么这种类型的嫉妒很难彻底消除。沃尔泽对此的评价是："有一种嫉妒存在于社会生活表层却没有产生严重后果。我可能嫉妒邻居的绿手指或者他那深沉的男中音，甚至他赢得我们共同的朋友尊敬的能力，但这些嫉妒没有一种会驱使我组织一场政治运动。"[2] 这种类型的嫉妒并不完全支持平等主义原则在该领域中的实行。沃尔泽给出了其中的一个理由：类似通过考试成绩的排序而获得的荣誉

---

[1] 〔英〕戴维·米勒：《社会正义原则》，应奇译，江苏人民出版社，2011，第169页。
[2] 〔美〕迈克尔·沃尔泽：《正义诸领域：为多元主义与平等一辩》，褚松燕译，译林出版社，2009，第4页。

并不具备普遍转换的现实可能性。所谓的普遍转换,指的是拥有社会善 X 的人仅仅因为他拥有 X 就能轻易地占有 Y,而无视其他社会成员对 Y 的正当声索。课程考试成绩上的优秀无法轻易地转换为唱歌优秀、舞蹈优秀、长跑优秀、踢足球优秀。因之,当学生分数较低而得不到成绩上的荣誉时,他还可以通过发挥自身的其他特长而获得自己应得的荣誉。学习上优异的学生很难同时包揽所有领域的荣誉。正是在这种意义上,沃尔泽坚持分配领域的多元主义正义视角。还有一个理由支持某些社会善的非平等主义分配,该理由时常被经济学家挂在嘴边,也是罗尔斯支持差别原则的理由,我们可以称之为社会事务的激励原则。金钱激励、荣誉声望、职位提升、政策性的特殊优待,它们都可以成为激励和奖赏的对象。众所周知,在创造性的领域中,并不是金钱投入越多,创造性的成果就会越多。金钱激励只是一个必要条件,而非充分条件。在一些并不依赖于高价格的科研环境和科研设备的创新领域,金钱激励都难以充当一个必要条件。另外,又有多少创造性的科学艺术成果的涌现是创造者本身基于博取巨大的荣誉的考量而做出的?因此,与商业流通领域中绩效考核制度下的物质激励有所不同,创造性领域的激励是不可预期的后置性激励。我们无法预期什么时候、什么地方、什么人能给予我们以划时代的创造性成果,但是,我们可以预期,当创造性成果出现的时候,创造者本身可以获得大家的真诚尊敬和奖励。诺贝尔奖设立的意义正在于此。更为明显的是,在诺贝尔奖设立 100 多年来,没有人敢说,在有可预期的奖金和荣誉激励的制度设置下,文学领域涌现了超越前代的更伟大的作品。至少在创造性的领域,我们不必高估激励原则的现实作用。对于致力于科学探索和艺术研究的人来讲,巨大的荣誉固然是一种强有力的奋斗动因,但是,荣誉上巨大的差别不意味着财富收入上的巨大差别。在特定的情境下,荣誉可以转化为财富,这是没有问题的。但是,荣誉的拥有者是否选择这种转化则与个人对生活方式的筹划和何者为善的理解密切相关。个人的意志服从他人的意志的左右,这种情况当然也会发生。总之,不同的分配领域对应的是适用不同的分配原则,试图在所有具体的领域中适用同一套分配原则和分配模式是理性主义哲学传统的又一次尝试,而这一尝试很难取得令人满意的效果。由于贫富差距拉大有可能带来诸多个人心理和社会实践的问题,所以平等主义原则（不管何种形式）应当被合理地采纳，这一论证思路不能简单地套用在所有社会善的分配上。对于某些种类的社会善而言，使用平等主义原则既无必要，实际上也做不到。

第二节 不平等的具体表现

在阐释不平等的起源与基础的时候，卢梭曾经指出，财富是"可以用它来购买一切的"。① 卢梭的这一颇有预言性色彩的论断提前揭示了现代民主政治的某些隐秘的侧面——财富与权力之间向来有分不清的关系。当政治议题被财富所左右，此时保留下来的形式上的平等权利只是一种理想化的观念。美国新马克思主义理论家艾丽斯·M. 杨就指出，当代西方社会有一个主要的缺点，那就是虽然公民们在形式上具有平等权利，但是，"在存在着由财富与权力引起的结构性不平等的地方，形式上的民主程序有可能会强化这些结构性的不平等，因为有权有势者能够使那些拥有较少权力的人的声音与议题边缘化"。② 艾丽斯·M. 杨把这一问题称为"不同寻常的恶性循环"。西方左翼学者强调这样一条逻辑推理链条：收入与财富的不平等导致政治参与的不平等，政治参与的不平等最终会导致政治影响的不平等，这种不平等与其宣扬的民主理念相悖。

一 形式上的平等权利与实质上的不平等

马克思认为，平等的趋势是19世纪所"特有"的，因而平等的理念是社会和历史发展的产物，植根于人类社会的生产实践。"平等的观念……本身都是一种历史的产物，这一观念的形成，需要一定的历史条件，而这种历史条件本身又以长期的以往的历史为前提。"③ 这是唯物史观不同于自然权利理论的一个重要方面。在马克思看来，认定平等是一种天赋的理念，实际上相当于否认了一代又一代的人在改变自身的生存境遇和物质条件

---

① 〔法〕卢梭：《论人与人之间不平等的起因和基础》，李平沤译，商务印书馆，2015，第118页。
② 〔美〕艾丽斯·M. 杨：《包容与民主》，彭斌、刘明译，江苏人民出版社，2013，第42页。
③ 《马克思恩格斯文集》第9卷，人民出版社，2009，第113页。

的历史运动中所付出的努力。"倒果为因"的思维逻辑让人们忽视了这样一条事实上的真理：无论是平等理念的产生，还是它的实现，从来都不是一蹴而就的。

对于近代西方所推崇的平等理念，马克思一方面指出它是历史发展到19世纪的结果，另一方面，马克思揭示了形式上所赋予每个人的平等权利有可能掩盖人们相互之间的实质上的不平等。他批判了流通领域中的所谓平等交易问题。这种平等是表现在商品交换市场上的平等。经济学者们强调，既然在商品交易的过程中，交易的基础是等价物的交换，那么在劳动力市场上，劳动力的卖者和买者彼此之间也就是平等的。"劳动力的买和卖是在流通领域或商品交换领域的界限以内进行的，这个领域确实是天赋人权的真正伊甸园。"① 马克思颠覆了这种平等互惠的描述。在资本主义生产方式下，所谓的平等交易和自由选择都需要重新考量。

首先，从劳动力的卖者和买者所处的经济地位上看，二者之间是不平等的。劳动者看起来是"自愿"出卖自己的劳动力，实际上是被迫进行的。劳动者不掌握生产资料，为了获得日常生活所必需的生活资料，而不得不把自己的劳动力当作商品出卖给货币占有者。因此，马克思才讲："他自由出卖自己劳动力的时间，是他被迫出卖劳动力的时间。"② 不同于一般的经济学者和政治学者在分配问题上的观点，马克思认为是生产的结构最终决定了产品分配的结构，我们不能把分配看作与生产并列的独立的领域。在《1857—1858年经济学手稿》中，马克思指出，在产品分配之前，首先会有生产资料的分配和社会成员在各类生产之间的分配，正是这些分配决定了生产的结构。③ 所以，产品的分配只不过是生产要素本身分配的结果。产品的最终分配受制于生产的结构，而生产的结构与生产资料的所有权归属密不可分。在资本主义生产条件下，所有权与劳动相分离，劳动者不掌握生产资料，而只能出卖自己的劳动力，以雇佣劳动的形式参与生产。所以，他们参与产品分配的方式才表现为"劳动—工资"，而资本则通过生产过程完成了自身的增值。在特定的生产关系的前提下，劳动力的卖者和买者双方所处的经济地位的不平等在

---

① 《马克思恩格斯文集》第5卷，人民出版社，2009，第204页。
② 《马克思恩格斯文集》第5卷，人民出版社，2009，第349页。
③ 《马克思恩格斯文集》第8卷，人民出版社，2009，第20页。

很大程度上决定了他们在产品分配上的不平等。

其次,从自由选择的可操作范围的角度讲,劳动力的卖者和买者之间也是不平等的。劳动者可以自由支配自己的劳动力,但是仅限于选择把劳动力出卖给谁,劳动者并没有选择出不出卖劳动力的自由。如果劳动者选择不出卖劳动力的话,那么他是生存不下去的。更进一步,即便对于"选择把劳动力出卖给谁"这个问题,劳动者也没有多大的余地供其自由选择,原因有二。其一,由于工人人口的相对过剩,处于失业或半失业状态的工人人口形成一支可供支配的产业后备军。"工人阶级中就业部分的过度劳动,扩大了它的后备军的队伍,而后者通过竞争加在就业工人身上的增大的压力,又反过来迫使就业工人不得不从事过度劳动和听从资本的摆布。"① 而且越是技术上简单的工种,就越不需要具备较多的知识与技能,其结果就是工人之间的可替代性越强。"产业后备军"与"现役劳动军"之间的激烈竞争,既使得就业工人面临很大的劳动压力,又使得失业或半失业工人甚至连充当资本增值手段的职能都难以实现,于是乎,"劳动供求规律在这个基础上的运动成全了资本的专制"。② 在资本的专制下,劳动者哪里还会有太多的选择把劳动力出卖给谁的自由呢?自由得一无所有的劳动者为了生存下去,"绝对地"没有选择是否出卖劳动力的自由,"相对地"没有选择把劳动力出卖给谁的自由,其相对性取决于相对过剩人口的数量以及由此所带来的就业压力。

其二,马克思承认,从之前的工业部门失业的工人,当然可以在其他的工业部门中找到新的工作。不过,新工作的性质有可能是怎样的呢?"这些因为分工而变得畸形的可怜人,离开他们原来的劳动范围就不值钱了,只能在少数低级的、因而始终是人员充斥和工资微薄的劳动部门去找出路。"③ 工人在被某家公司辞退之后,要么进入另一家公司,从事同一性质和类型的工作,要么从头做起,重新寻求另一种类型的谋生技能,这种选择的代价会非常高昂。原因就在于,人们过去的行为选择会在很大程度上影响甚至是决定现在的行为选择,此所谓"路径依赖"。分工协作促进了劳动生产效率的提高,也正是由于分工的存在,劳动者

---

① 《马克思恩格斯文集》第5卷,人民出版社,2009,第733页。
② 《马克思恩格斯文集》第5卷,人民出版社,2009,第737页。
③ 《马克思恩格斯文集》第5卷,人民出版社,2009,第507页。

只具有片面化的特定技能。每位劳动者都会对自己从事的工种或工段更加熟练，而这也制约了他们对其他工种或工段的了解。局部劳动被转化为工人的专门职能，一旦职能被锁定之后，操作技能的片面性一方面可以促进劳动生产率的提高，另一方面导致人们对过往的技能积累的依赖性极强，而且操作越熟练，路径改变的难度往往也越大。技能上的单一化也在相当大的程度上限制了劳动者选择出卖劳动力的自由。一旦某一特定的局部劳动被机器取代，劳动力的交换价值就会随同它的使用价值一起消失，"工人就像停止流通的纸币一样卖不出去"。[①] 摆在他们眼前的，要么是承受被技术发展的革新浪潮所抛弃的命运，要么是涌入更加容易进入的、低端廉价的劳动部门，获取微薄的收入。单个的劳动者本身并没有与资本相抗衡的力量，只能是绝对地或相对地从属于资本。在这种情况下，劳动力的卖者和买者之间很难拥有真正意义上的交易平等。

因此，形式上的平等权利，"对不同等的劳动来说是不平等的权利"。[②] 马克思的这一批判已经被当代西方的很多学者所接受，罗尔斯就主张，正义原则的选择应该排除掉自然的机遇（智力、体力等）或社会环境中的偶然因素（阶级地位、家庭出身等）的影响。

二 经济不平等的普遍转换

财富不平等绝不会纯粹局限于经济领域当中，经济不平等会完成一系列复杂的普遍转换，直至强化为社会和政治上的不平等。

所谓的普遍转换，指的是拥有社会善 X 的人仅仅因为他拥有 X 就能轻易地占有 Y，而无视其他社会成员对 Y 的正当声索。一旦讨论到分配领域中的平等主义的时候，人们通常想到的就是物质财富（包括动产和不动产带来的个人收入、遗产继承、捐赠等）的分配，这实际上大大压缩了"分配领域"的范围。须知，即便在社会福利制度得到良好实施的社会中，作为基本善的尊严也不仅与财富的多寡有关，还与其他重要的善有关。但是，并不是所有的善都具备普遍转换的客观条件。考试成绩上的优秀无法轻易地转换为唱歌优秀、舞蹈优秀、踢足球优秀。作为一

[①] 《马克思恩格斯文集》第5卷，人民出版社，2009，第495页。
[②] 《马克思恩格斯文集》第3卷，人民出版社，2009，第435页。

般等价物的金钱则与此不同。不管是在甲的手里还是在乙的手里，金钱都可以充当一般等价物的功能；在自由可兑换的前提下，金钱属地的特点也不明显，在 A 国可以消费，在 B 国也可以消费。金钱不专属于任何人，但从理论上讲它又可以属于任何人，金钱本身不会排斥任何人对它的占有。因为金钱对所有人都是"一视同仁"的，100 元钱在谁的手里都值 100 元，所以，金钱是一种平等的计量手段。更重要的是，金钱所具有的一般等价物的特点，使它能够被用来对其他一切有价值的物品进行量化——标价（只要你愿意）。在资本主义市场和生产关系崛起之后，这一点变得越发凸显，"它使人和人之间除了赤裸裸的利害关系，除了冷酷无情的'现金交易'，就再也没有任何别的联系了"。① 其后果就是"社会生活的金钱式的量化"。② 所谓社会生活的金钱式量化就是指人们所认可的一切有价值的东西都要用金钱来加以量化比较，并成为买卖和交易的对象。"这个时期，甚至象德行、爱情、信仰、知识和良心等最后也成了买卖的对象，而在以前，这些东西是只传授不交换，只赠送不出卖，只取得不收买的"。③ 到最后，一切精神的或物质的东西都要由市场或者说金钱来评定自己的真正价值。马克思在《哲学的贫困》中说过的这段话概括了资本主义社会生活的一个显著特征。

虽然从法律上讲，低收入者、失业者等贫困群体仍然享有国家宪法和法律所赋予的合法的公民身份，拥有合法的选举权和被选举权，是民主社会中的 1/n，形式上与其他的社会成员没有明显的区别。不过在实际生活当中，陷入贫困之中的他们可能会在社会上到处碰壁，在诸如教育、医疗、婚姻、社会公职等领域中都难以获得好的、优质的资源供给，难以享受到与形式上平等的公民身份相匹配的体面与尊严。结果正如托马斯·内格尔（Thomas Nagel）所说的那样："对这些物质不平等的相互感知乃是更广泛的社会地位、个人自由与自尊方面不平等的一部分。"④ 市场领域中的财富积累（假定其是经由合法正当的经营途径而取得）可

---

① 《马克思恩格斯文集》第 2 卷，人民出版社，2009，第 34 页。
② 〔法〕麦克尔·勒威：《马克思和韦伯的资本主义批判》，载复旦大学当代国外马克思主义研究中心编《当代国外马克思主义评论》(5)，人民出版社，2007，第 56 页。
③ 《马克思恩格斯全集》第 4 卷，人民出版社，1958，第 79~80 页。
④ 〔美〕托马斯·内格尔：《平等与偏倚性》，谭安奎译，商务印书馆，2016，第 70 页。

以通过某些渠道转换为社会公职、优质的教育资源,甚至是于己有利的司法裁决。在这种情况下,作为商品交换的媒介的金钱成为占有其他有价值的社会物品的通行证,市场交易原则冲破市场领域的藩篱而更为广泛地决定了其他非市场物品的分配。① 对此,马克思有过一番精彩的评述:"我是什么和我能做什么,决不是由我的个人特征决定的。我是丑的,但我能给我买到最美的女人。可见,我并不丑,因为丑的作用,丑的吓人的力量,被货币化为乌有了。我——就我的个人特征而言——是个跛子,可是货币使我获得二十四只脚;可见,我并不是跛子。我是一个邪恶的、不诚实的、没有良心的、没有头脑的人,可是货币是受尊敬的,因此,它的占有者也受尊敬。货币是最高的善,因此,它的占有者也是善的。"② 市场交易原则对广泛的社会生活领域的硬性渗透遭到了马克思不止一次的批判,这些批判对后世的西方马克思主义学者(包括一些倾向平等主义学说的自由主义学者)影响很大,比如哈贝马斯。哈贝马斯把这种贯穿所有生活领域的世界观称为"市场原教旨主义",③它要求所有的公民在诸生活领域中都扮演"企业家"、"顾客"或者是"竞争者"的角色,金钱或资本的逻辑渗透到人们现实生活的方方面面,支配着人们的行为选择乃至价值判断。

关于经济不平等的普遍转换问题,罗伯特·诺齐克表达过一个观点,即使经济不平等与政治不平等是相互关联的,一种更高程度的经济平等也不能简单地得到正当性的证明。诺齐克给出的理论依据是:更高程度的经济平等需要一种更大功能的国家作为调节财富分配的手段,而在这样的国家中,经济状况更好的人会谋求更大的政治权力,既然政治权力在调节着财富的分配,那么他们就可以利用自身的政治权力反过来获取各种经济上的利益。"最低限度的国家能够最大程度地减少由渴望权力或经济利益的人来接管或操纵国家的机会。"④ 诺齐克的这一论证既认可了

---

① Michael Walzer, *Thinking Politically: Essays in Political Theory* (New Haven: Yale University Press, 2007), p. 94.
② 《马克思恩格斯文集》第 1 卷,人民出版社,2009,第 244~245 页。
③ 复旦大学哲学学院编《国外马克思主义研究报告(2009)》,人民出版社,2009,第 212 页。
④ 〔美〕罗伯特·诺齐克:《无政府、国家和乌托邦》,姚大志译,中国社会科学出版社,2015,第 325 页。

经济不平等的现实，又同时认可了政治不平等的现实。他关注的焦点在于如果说政治不平等不可避免，那么就要通过最低限度的国家概念把政治权力的影响力降到最低的程度。诺齐克没有明确表达的一层含义是：为了避免由政治权力寻租所导致的经济不平等，我们就要认可由市场竞争、个人技能等因素促成的经济不平等。既然基于个人的意愿和自由选择的经济不平等合乎正义，那么我们需要限制的就是基于政治权力寻租的经济不平等。自由至上主义者认为，在民主的条件下，发生在分配领域中的不平等不是被谁支配或压迫的结果，而仅仅只是个人的兴趣、爱好及其自由选择的结果，因而不再是非正义的。自由主义者从理性主体的自由选择的角度出发为经济不平等进行辩护，努力工作的人获得的正当财富没有理由强制转移给不辛勤工作的人，个人应该对自己自由选择的结果负责任。自由主义者从理性主体的自由选择的角度出发为经济不平等进行辩护，从根本上讲符合现代西方哲学的基本理论预设。

众所周知，"自利人"或"理性人"的假设是古典经济学的基本前提，方法论个人主义是很多经济学流派的主要特征之一。自利人的假设符合近代西方个人主义思潮的基本逻辑。在文艺复兴和新教改革之后，对个体性的关注和个人主义的观念早已深入西方人的精神世界。近代西方的主体哲学把个人视为自由的、孤立的、理性的道德主体，传统、习俗、价值、规范等都要经受理性个体的自主选择，理性主体的选择能力优先于选择的目标。应该讲，主体哲学的阐发为个人主义和自由主义思潮的兴起奠定了必要的哲学基础，西方民主制度的理论依据社会契约论也是建立在这一基础上的。在个人主义思想的观照下，一个社会的集结状态如同一袋马铃薯，虽然外面覆盖着同一个口袋，袋子里的马铃薯却一个个互不关联。个人主义不但是一种本体论和方法论的认知，更是一种制度论和价值论的认知。个人主义支持的是"分离性"的政治文化形态，而非"聚合性"的政治文化形态。既然个体本质上是独立的、自由的，那么联结个体与他者之间的逻辑纽带只可能是与个人利益密切相关的工具性手段。当托马斯·霍布斯提出，自然状态中存在的是一切人反对一切人的战争的时候，他所代表的正是社会契约论视野下的分离性政治文化形态的一种理论表现。

从个人主义的原点出发，自我"占有"自我本身，从而自我对自我的身体、生命、自由、工作能力等享有所有权。既然劳动和工作能力是自我的所有物，那么自我的劳动所得就正当地建立起一种对相关财产的自我所有权（即私有权利）。这就是洛克提出的"劳动给予财产权"①的著名论断。他描述的是"自我"——"自我所有权"——"财产权利"之间的一种横向递进关系。在这一基础上，依赖自我以及自我的选择与能力所导致的一切不平等的后果都能够被接受。基于自我所有权的论证思路，我们能否直接认定经济不平等的来源是正义的？马克思在《资本论》中批判了类似的观点：之所以出现大多数人贫穷和少数人富有的局面，是由于一种人是节俭的、勤劳的、聪明的，而另一种则是懒惰的，好像"正义和'劳动'自古以来就是唯一的致富手段"。②马克思称这种观点为乏味的儿童故事。从历史的角度看，征服、奴役、劫掠、殖民等手段在确立资本主义所有权的过程中发挥过巨大的作用，因此，马克思拒绝把资产阶级推崇的鲁滨孙式的个人奋斗故事作为所有权起源的解释。即便离开原始积累的历史阶段，拿到"当前这一年"来说，他也不认为是田园诗般的东西在政治经济学中真正发挥作用。我们在社会上往往看到的是财富积累的结果而不是过程，结果一旦呈现，很多人愿意把自己打造成为节俭、勤奋、坚定执着、永不懈怠式的人物。但是，隐藏在财富积累过程当中的又有多少不足为外人道的事情。洛克、诺齐克式的持有正义观点实际上是对现实经济过程的"田园诗化"的处理。③

G. A. 柯亨把财富积累的田园诗般的描述称为"出身干净的资本主义关系"。④与马克思不同是，柯亨相信存在通过节俭或才能而获得资本积累的资本家，即出身干净的资本主义关系，他认为，马克思主义无法谴责出身干净的资本主义生产关系下的不公正。事实上，即便我们相信

---

① 〔英〕洛克：《政府论》（下篇），叶启芳、瞿菊农译，商务印书馆，2008，第28页。
② 《马克思恩格斯文集》第5卷，中共中央编译局编译，人民出版社，2009，第821页。
③ 诺齐克把分配正义的资格理论界定为要遵循正义的历史原则，关心一种分配到底是如何产生的。但是，诺齐克本人对历史原则的论述相当简略。我们并不清楚在哪些情况下、通过何种方式以及在多大的调节范围内可以矫正历史形成的不正义，他只是说："过去的不正义是如此严重，以致为了矫正它们，一种更多功能的国家在短期内是必要的。"（《无政府、国家和乌托邦》，姚大志译，中国社会科学出版社，2015，第278页）
④ 〔英〕G. A. 柯亨：《自我所有、自由和平等》，李朝晖译，东方出版社，2008，第181页。

资本积累依赖的并不是强力和欺骗，那么我们也不能轻易得出积累结果的不平等是完全合理的结论。出身干净的资本主义关系强调节俭的品质和高超的才能是属于自我所有的，但是，从根本上讲，个人的成长和发展都离不开整个社会大环境的支持。当某一个体在经济领域中获得了巨大的成功的时候，他不可能轻易而自得地说：他所取得的个人成功全部来自个人的天赋、努力和能力。"认为我们应得能够使我们努力培养我们的能力的优越个性的断言同样是成问题的，因为这种个性在很大程度上依赖于幸运的家庭和早期生活的环境。"① 罗尔斯正确地阐明，一个人的能力与他所受到的培养和教育有直接的关系，而良好的家庭和生活环境则可以给受教育者提供更优质的教育。通常，大城市的教育水平优越于普通乡村的教育水平，而无论是城市还是乡村，家庭条件良好的孩子总是可以获得更好更稳定的教育投入。诚然，任何社会都不乏从偏僻的乡村走出的知识精英，也不乏富裕家庭走出的不肖子弟。但是没有人会否认，良好的家庭环境和受教育水平对于一个人的成长和发展至关重要。个人的才能和修养的获得离不开家庭的熏陶、学校的教育和社会资源的大量投入。类似地，任何一位经营成功的商人也离不开整个社会的支持和联系。没有众多的社会消费者和产品销售渠道的供应者，再高级的商品也是卖不出去的。无论是传统的制造业还是新兴的高科技行业，有哪位财富积累上的成功人士像丹尼尔·笛福笔下的孤岛上的鲁滨孙呢？个人的能力和努力可以在很大程度上促进事业的成功，复杂多变的社会关系和环境则为所有人提供了施展才能和抱负的基础平台。社会和共同体的存在和支持是第一性的，个人的天赋、选择和努力是第二性的。

既然经济不平等会引发很严重的社会后果，而这种不平等又不能依赖个人的天赋、才能和自由选择而得到正当性辩护，因此，寻求社会范围内的平等问题就被提了出来。历史发展的事实是，在财富分配领域发挥更大作用的福利国家政策逐渐得到广泛的实施。如此一来，一种更大程度的社会平等意味着我们需要一种更大功能的国家理念，古典自由主

---

① 〔美〕约翰·罗尔斯：《正义论》（修订版），何怀宏等译，中国社会科学出版社，2009，第79页。

义者所倡导的"守夜人"式的、最小限度的国家功能理念被搁置。

第三节 经济不平等的政治后果

最近的 40 年间，西方社会中财富和收入分配的不平等呈现日益加剧的趋势，尤其是 2008 年金融危机爆发之后，收入和财富的不平等问题成为西方社会最为突出的经济和社会问题。金融危机爆发后，"占领华尔街运动"的部分示威者把美国国内的贫富悬殊的分配问题描述为"1% VS 99%"。诺贝尔经济学奖的获得者斯蒂格利茨将美国的社会阶层分化形容为"1% 的人所有、1% 的人治理、1% 的人享用"，① 很明显，这一状况不符合"民有、民治、民享"的理念，违反了人民主权原则。经济上的贫富分化产生了一系列的政治社会问题。

一 右翼民粹主义的崛起

国内外学术界的一种常见观点认为，结构性的经济不平等是西方新民粹主义崛起的一个根本性的因素，而经济全球化和经济活动的金融化则在很大程度上助推了结构性的不平等。这一解释自有其合理性。在经济全球化快速发展的同时，西方社会内部发生明显的分化，受过良好高等教育的高科技从业者、金融从业者、影视明星等成为全球化的最大受益群体，而原本处于社会主流阶层的制造业工人、农民、矿工等却成为全球产业转移和环境保护等进步主义政策的受害者。在最近的 40 年间，财富和收入分配的不平等呈现日益加剧的趋势。需要注意的是，与半个世纪前相比，西方发达国家的普通民众的生活水平同样得到了大幅度的改善和提升，新技术的创新和发展给所有人的生活带来了极大的便利。因此，不平等不仅仅是表现为财富存量上的差异，更重要的是表现为增量上的巨大差异。"统计自 1979 年至 2005 年这 1/4 个世纪，在调整了通货膨胀因素后，处在金字塔最底层 1/5 的美国家庭，其平均税后收入每年增长约 900 美元⋯⋯至于金字塔最顶端 1% 的家庭，其税后年收入每年

---

① 〔美〕约瑟夫·斯蒂格利茨：《1% 所有，1% 所治，1% 所享》，观察者网，http://www.guancha.cn/SiDiGeLiCi/2012_09_05_95547.shtml。

飘升达 745000 美元。"① 事实上，不必说底层低收入家庭与上层阶级家庭之间存在巨大的收入差距，即便对于美国中产阶级家庭来讲，他们和上层阶级家庭之间的资产收入差距也达到了 40 年来的最大值。

当收入和财富上的不平等日益扩大的时候，新自由主义所许诺的机会平等就会落空。经济上的不平等是一个现实的、可度量的指标，在物质主义的时代，奢侈品的消费、高档住宅等都能够标识出一个人的财富水平。在真实的世界中，我们清楚地意识到仅仅从抽象言说的层面谈论道德人格的平等不能满足人们对平等的真正需要。理论上，我们每个人都生而平等，拥有各种自然权利，但在现实生活中，作为具体的个人可能经常性地感觉到方方面面的不平等。穷人更容易遭受其他灾难的打击，很多人没有足够的金钱去治疗疾病，住在质量差的廉价公寓中的穷人在地震、台风等自然灾害中更容易丢掉性命。② 作为个人选择而言，似乎很少有人会选择从百万、亿万富翁走向普通工薪阶层的拮据生活。我们每个人在日常的生活和工作中，总是想方设法赚取更多的收入、谋求更高的职位，即便我们不把精力主要放在财富的增加上，我们也希望尽可能在自己致力的领域取得更大的声望。人人都在呼喊平等的口号，实际上却又对良好的出身、上流的生活、令人羡慕的工作等社会善充满期待，许多普通人一生的奋斗目标就是尽快使自己迈入上流社会。G. A. 柯亨提出过如下的问题："如果你是平等主义者，为何如此富有？"在西方，很多主张平等主义原则的人都坐拥私家别墅，经常举行奢华的私人派对。他们中也有人乐于做慈善，不过做慈善的付出是有限度的。与自由很不一样的是，人们在拥护平等的理念和拥抱个人财富、地位之间显示了巨大的选择悖谬。这就显示，平等会是一个易于被背离的理念。上流社会、中产阶级、社会边缘群体等就通过经济收入的计量指标而被隔离开来。

更加糟糕的是，不平等还会在代际传递，形成所谓的"代际贫穷"问题。毫无疑问，我们这一代人的家庭财富状况会直接影响到下一代人的机会平等。一个显著的事实是，不同的家庭财富往往对应于不同的生

---

① 〔美〕罗伯特·帕特南：《我们的孩子》，田雷、宋昕译，中国政法大学出版社，2017，第 40 页。
② Michael Walzer, "Achieving Global and Local Justice", *Dissent*, Vol. 58, Iss. 3, Summer (2011): 43.

活方式、职业选择和社交脉络。比如有很多年轻人喜欢出国旅游,拓宽视野,而出国是需要很多的金钱投入的,这对于收入水平较低的家庭来讲是无法承担的。又比如,对于影响深远的教育而言,财富优裕的家庭可以有条件给孩子选择教学质量更高和教学环境更好的学校,为孩子的学习提供更多的培训和辅助教育,父母一般也会更加关心孩子在学校中的表现。相同的家庭收入水平、相同的受教育层次、相近的生活方式与兴趣爱好更容易制造出大家都关心的话题,用于彼此之间的交流沟通。所以我们发现,在拓展对每个人都非常重要的社交网络的过程中,大多数人会从经济和社会地位相似的人群中去选择自己的交际对象,形成一个个的朋友圈。扩展到整个社会层面,代际的财富传递造成了社会阶层上的分化。罗伯特·帕特南注意到:"随着经济鸿沟不断拉大,美国社会出现了壁垒越来越森严的阶级隔离。"① 越来越多的家庭选择住在清一色的富人社区或者穷人社区,而选择住在贫富杂居社区的美国人越来越少。不同社区、不同地段的房价(买卖与租赁)有高有低,有限的经济收入就限制了人们的住房选择。很多低收入的居民只能选择住在居住条件比较差的社区,而高端的社区则意味着更好的生活便利设施(超市、交通等)、更好的休闲娱乐场所(公园、健身房等)、更严密的安全防护措施(保安、监控等),因而往往是富人聚居区。可见,全球化所带来的发展红利并没有惠及全体人民。以美国为例,全球化造成了美国中西部地区制造业中心的工作岗位不断流失,成为"锈带",而美国主流社会的精英投入大量的精力关注少数族裔、移民、同性恋等群体的权益,却在很大程度上忽视或者说回避了对白人中间阶层的关切,造就了一大批所谓的"被遗忘的人"。2016年美国总统大选之时,特朗普凭借着代表被遗忘的人的口号俘获了大量中下层白人蓝领工人的选票。

大量的全球化时代的"输家"不再相信主流媒体和自由派知识精英所宣扬的全球一体化政策的种种好处,他们同样对鼓吹全球经济和政治一体化的政治精英失去了信任,进而把自己的利益诉求投射到诸多反建制派的政治人物身上。基于此,反对建制派精英成为新民粹主义运动的

---

① 〔美〕罗伯特·帕特南:《我们的孩子》,田雷、宋昕译,中国政法大学出版社,2017,第42页。

重要特征。对于这一点，集中表现在普通民众对政府机构的不信任上。"2012年的一份对欧洲七国的调查发现，一半以上的选民'对政府没有任何的信任'。"① 大部分西方国家的民众对政党和民主治理的不信任度呈上升的趋势，普通民众既不相信政党代表了公共利益，也不相信政府能够回应和解决好他们所关切的问题。新民粹主义的支持者认定政治精英不再能够代表自身的利益诉求，他们已经成为既得利益群体的代言人，缺乏动力去解决实际存在的问题。所以，建制派精英经常被诟病的是"腐败"、"官僚主义"或"利益勾结"，特朗普竞选美国总统时的一个著名口号就是"抽干沼泽"（Drain the swamp）。当然，一般意义上的知识精英、财富精英乃至政治精英都有可能成为新民粹主义的支持者和引导者。无论是美国还是欧洲，很多秉持右翼民粹主义纲领的政党人物，他们本身要么接受过良好的高等教育，头顶博士的头衔，要么拥有自己的公司，家庭财产丰厚。美国总统特朗普本身就是身价几十亿美元的富翁（虽然这一数字有争议），他的家庭背景和成年后的所作所为都是一副上流社会精英的派头，但这并没有妨碍他成为美国草根阶层的代言人。因此，我们可以做出这样的判断：新民粹主义是由一群精英鼓吹和引导一场反建制派精英的社会运动，只要精英属于"真正的人民"群体中的一员，他就不会成为反对的对象。

还有一个问题需要澄清，假如低收入者只是希望提高自身的福利待遇，或者向富人课征高额累进税，他们完全可以支持左翼的政党，而不必倒向右翼民粹主义的阵营，因为很显然，左翼政党更加支持大政府和高福利的社会政策。问题的复杂之处在于，许多属于低收入的底层民众一方面并不反对社会福利政策，另一方面却反对把福利进行随意的分配。在他们眼中，"不劳而获者"不配得到高福利的照顾。设想社会成员甲在拥有较多收入的时候按照自己的正义感主动进行了慈善捐助，救济底层的社会成员乙，结果乙在获得甲的捐助后却把救济金用于赌博，而不是解决家庭急需的日常开销，乙的这种举动反馈给甲的信息是相当糟糕的，甲会认为自己的善意没有得到合理的理解和运用，直接影响他未来继续做慈善的动力。扩大到整个社会的福利体系也是一样。西方高福利

---

① "What's Gone Wrong with Democracy", *The Economist*, March 1st – 7th (2014): 46.

的国家都面临类似的问题：有些底层的人们在高福利的保障下得过且过，以至于不想谋求一份日常工作来维持生计。另外，非法移民由于不具备正式的公民资格，所以他们也不应该具有分享福利待遇的资格。右翼民粹主义者倾向于从公民资格的角度反对宽松的移民政策。当2009年美国右翼"茶党"（the Tea Party）运动兴起之后，美国哈佛大学教授西达·斯考切波（Theda Skocpol）等学者就已经指出："我们发现，对移民的关切处于茶党意识形态的核心。"① 大部分的茶党成员认为，民主党政府的政策过度支持非法移民，却忽视了当下美国公民的利益。在福利支出既定的前提下，对非法移民的照顾势必侵蚀到原本应该属于自己的社会资源分配（教育、就业、医疗、福利等），而增加福利支出则需要扩大税收征管的额度。因此，茶党成员非常坚决地反对大赦非法移民。

普林斯顿大学教授扬-维尔纳·米勒（Jan-Werner Müller）研究指出，所谓的被全球化浪潮边缘化了的群体未必就是经济上属于低收入水平的群体。"特朗普的支持者平均来说并非低收入者，他们也没有不成比例地集中在最受到全球化的不利影响的领域内。"② "边缘化"的另一层重要含义是原本处在社会主流地位的群体的利益诉求得不到政治精英的认真倾听与重视，没有集结成为政治议程的中心议题，从而激发起人们从"中心"到"边缘"的失落感。从"中心"到"边缘"，这一转变过程本身不完全意味着这些人群在社会的人口结构上变为少数，也不意味着他们的财富收入一定低于社会平均水平，而是在很大程度上表现为他们的利益有没有"得到代表"的问题。"选民支持民粹运动是因为他们认为：现有精英没有资格充当他们的代表。"③ 在西方代议制民主国家中，代表问题自然而然是政治运作的核心环节，人们普遍关心自己的意见和声音有没有在议会中得到足够的重视，进入立法议程。这导致的结果是，一大批中间层选民对主流精英充满了反抗与不信任，国会、政府、工会、政党等传统政治运作机构遭遇到全面的信任危机。"夺回我们的国

---

① Vanessa Williamson, Theda Skocpol and John Coggin, "The Tea Party and the Remaking of Republican Conservatism", *Perspectives on Politics*, Vol. 9/No. 1, March (2011): 33.
② https://bostonreview.net/politics/jan-werner-muller-populism.
③ 〔德〕扬-维尔纳·米勒：《民粹主义里没有"人民"》，《南风窗》2013年第10期，第93页。

二　金钱政治的深度影响

由于经济不平等可以普遍转换，所以代表财富的金钱与政治之间就会发生千丝万缕的联系。不容否认的是，金钱对西方国家的政治影响是显而易见的，这些影响体现在领导人选举、政党建设、政策制定、人员选拔等方方面面。很多西方学者都认可这样的判断——"西方民主政治正在变成所谓的金主政治"。① 在任何一个政党组织或竞选候选人的背后都会有提供资金支持的各路"金主"的影子，在任何政策出台的背后都会充斥着各种利益集团的博弈。"金钱对政治的影响是大部分现有民主国家的苦难根源。"②

追溯历史，恩格斯早在19世纪的时候就一针见血地批评过这一现象，"政治变成一种生意"。③ 在西方民主的实践进程中，选举直接是与财产联系在一起的。发生在公元前6世纪的古希腊梭伦改革，其中的一条重要内容就是按照财产的多寡将公民划分为四个等级，借以打破以前担任官职的门第资格限制，而将财产作为担任官职的唯一标准。在古罗马共和国，自由公民的身份是与一定的财产所有权相联系的。到了19世纪，西方世界的政治生活中有一个很重要的主题——争取普选权，这一问题之所以重要，是因为当时欧洲许多国家在选举权和被选举权这一条上普遍存在财产资格的限制。比如法国，波旁王朝复辟后，1814年6月4日颁布了新宪法，史称《1814年宪章》，该宪章中规定：法国实行两院制议会体制，其中众议院的议员由选举产生；年龄30岁以上、每年交纳直接税达300法郎的男子拥有选举权，年龄40岁以上、每年交纳直接税达1000法郎者才拥有被选举权。④ 在法国，直到1848年革命建立法兰西第二共和国之后，临时政府才决定实行成年男子普选权。可以说，当时人们争取民主的斗争往往是与争取普选权联系在一起的。

---

① 辛向阳：《看待"西式民主"的正确立场、观点和方法》，《前线》2017年第7期，第91页。
② 〔加拿大〕贝淡宁：《贤能政治：为什么尚贤制比选举民主制更适合中国》，吴万伟译、宋冰校，中信出版社，2016，第26页。
③ 《马克思恩格斯文集》第3卷，人民出版社，2009，第110页。
④ 陈文海：《法国史》，人民出版社，2004，第304页。

对于普通公民来讲，拥有普选权只是第一步。如果想要投入各种类型的公职的选举，筹集到为数巨大的选举经费是必不可少的前提条件。经费开支的一般性去向包括"民意调查（polling）、包装（packaging）和推销（promotion）"①。民意调查需要专业的调查公司进行民调数据的收集与分析，从而随时可以转变和修改自己的竞选策略；所谓的包装，指的是候选人的集会演讲稿、外观造型，乃至于一举一动都会有专门的顾问团队来精心加以设计，用于迎合选民群体对候选人的政治想象；所谓推销，主要指的是推销自己的政策主张，就像卖家推销自己的商品一样，为了让更多的选民了解自己的政策主张，扩大自己的影响，候选人往往会在社交媒体、电视和报纸上投放海量的竞选广告。现如今，广告投入可以最大限度地影响选民对候选人的认同。参加过加拿大总理竞选活动的政治学者叶礼庭（Michael Ignatieff）就指出："如今的人们正越来越习惯于坐在电脑或电视屏幕前独自做出决定。"② 而这也就意味着政治倾向性明显的竞选广告对单个选民的影响与日俱增，电脑端或移动端的社交媒体（如 Facebook、Twitter、Instagram）的出现则进一步加剧了这一趋势。自从 2012 年美国大选开始，社交媒体在选战中的重要性就已经凸显，奥巴马（Barack Obama）竞选连任联邦总统成功，在相当大的意义上依赖于社交媒体这一信息传播工具的辅助。到了 2016 年美国大选，推特和"脸书"甚至成为总统候选人筹集经费的重要平台。除此之外，选举经费还包括竞选团队成员的薪水、办公用地的租赁费用、团队成员的交通和食宿等日常开销，由于电话拉票和信件拉票都是常见的拉票手段，所以，通信费用也是一笔数目可观的开支。

毫无疑问，西方民主选举（包括各种选举性的公职）需要大量的经费投入，尤其是总统大选，各党派候选人在选举经费上的开销更是数量巨大，而且呈现逐年上涨的趋势。统计显示，"2012 年走'草根'路线的奥巴马竞选花费 7.3 亿美元。这还只是一个候选人的花费，如果加上所有候选人、政党、政治组织和资助集团在国会选举和总统选举中的花

---

① 王绍光：《民主四讲》，生活·读书·新知三联书店，2014，第 220~221 页。
② 〔加拿大〕叶礼庭：《火与烬：政治中的成与败》，黄天磊译，中央编译出版社，2017，第 141 页。

费总额，2012年，美国总统和国会选举的总花费近60亿美元。"① 大规模的经费支出不是哪一位候选人可以完全自主承担的。在多数情况下，拥有更多财富的个人或集团花重金支持某位或某几位候选人的选举。毫无疑问，捐款越多的人越能够对现实的政治运作施加影响。当候选人竞选胜出后，则会给予捐助者以一系列职位上、政策上的倾斜和照顾，这种现象屡见不鲜。内阁部长、政策顾问、驻外大使等重要职务都会成为政治酬庸的对象。例如，当特朗普赢得总统大选后，他提名戴维·弗里德曼出任驻以色列大使。弗里德曼与特朗普有着多年的朋友关系，之前曾经做过特朗普的律师，而且还担任过特朗普竞选团队的顾问。作为"赢者通吃"的组成部分，通过承诺职位来获取政治支持在西方发达国家是常见的现象。

　　除了政治献金之外，各种各样的拥有特殊利益的公司组织或利益集团，它们可以通过各种手段向立法机构或行政机构施加影响，从而谋求有利于自身利益的政策的制定与施行。为竞选活动提供资金支持只不过是利益集团影响政策制定的一种重要手段而已。在西方国家中，利益集团发挥影响力的途径很多，游说（lobbying）支出则是更常见的一种方式。在很多情况下，利益集团会派出代表进行院外游说，他们会见国会议员，阐述自己的立场，说服他们接受自己的观点。须知，这些代表并不仅仅是代表他们本人，而是代表了站在其身后的一大群人。在信息化的时代，人们也越来越多地运用电话、电子邮件等更加便捷的联系方式来保持与政策制定者之间的沟通。2005年，美国国会众议院收到了1000多万封信函和将近1亿封电子邮件，参议院则收到了8300多万封电子邮件。② 由于游说工作的重要性——这种重要性是双向的，所以产生了全职说客这一职业。很多说客是专职服务于某一利益集团的，而有些游说事务所则为客户提供高水平的说客。围绕着利益集团的游说活动，发展出了一整套的产业链。

　　在美国，"全美步枪协会"（National Rifle Association，即NRA）是最大的利益集团和最有影响力的游说团体，目前拥有会员500多万，总

---

① 霍文琪：《美国大选：被金钱左右的政治》，《中国社会科学报》2015年10月9日。
② 〔美〕杰弗里·贝瑞、克莱德·威尔科克斯：《利益集团社会》（第5版），王明进译，欧阳景根校，中国人民大学出版社，2012，第179页。

部设在弗吉尼亚州。全美步枪协会的组织动员能力极强,"选举时,在一个投票率只有50%的国家里,该组织草根阶层参加投票的人数可以达到95%。这意味着美国步枪协会在势均力敌的选举中,可以轻易左右选举结果"。① 此外,该协会拥有强大的经济实力进行政治游说。2012年12月,康涅狄格州桑迪·胡克小学枪击案发生后,"协会在次年将政治游说资金增加了一倍,投入约1500万美元"。② 美国国会参众两院中的议员,有很多人都得到过步枪协会的资助。又比如,世界新闻业大亨鲁伯特·默多克(Rupert Murdoch)旗下的新闻集团,"2001~2011年10年中,该集团花了5000万美元游说议员、政府组织等,不让美国的媒体监管机构以反垄断为名阻止它的媒体帝国在美国扩张。"③ 类似全美步枪协会、默多克的新闻集团这样的利益游说集团,它们在西方国家比比皆是,并且深度介入民主政治的实际运行。当金钱政治盛行的时候,古典的绅士政治演变为现代意义上的"经营"政治。弗朗西斯·福山观察指出,美国的政治文化有三个结构性的特征,其中之一就是:"利益集团的膨胀和游说集团的影响不仅扭曲了民主过程,而且破坏了政府有效运作的能力。"④

为了限制政治献金对选举的影响及其可能带来的钱权交易,1974年美国国会对《联邦选举竞选法案》的修正案中规定:每一位选民在每一次总统和国会议员的选举中对每位候选人的直接捐献不得超过1000美元,对政治行动委员会的捐献不得超过5000美元,对所有联邦候选人、政党和政治行动委员会的捐献总额不得超过25000美元。⑤ 随着时间的推移,这一限额也相应地做出过调整。不过,无论限额的数目如何变化,这些法律上的规定都是对个人捐献或集团献金的硬性规定,通常被俗称为"硬钱"(hard money)。除此之外,还有被很多人批评的"软钱"(soft

---

① 〔美〕约翰·米克尔思韦特、阿德里安·伍尔德里奇:《右派国家》,王传兴译,中信出版社,2014,第167页。
② 刘婷婷:《全美步枪协会:控枪之路的"最大绊脚石"?》,《民主与法制》2018年第15期,第32页。
③ 辛向阳:《当代资本主义政治制度的危机分析》,《国外社会科学》2012年第5期,第29页。
④ 〔美〕弗朗西斯·福山:《美国政治制度的衰败》,《当代世界与社会主义》2014年第5期,第124页。
⑤ 周琪:《美国的政治腐败和反腐败》,《美国研究》2004年第3期,第62页。

money)。软钱指的是"那些绕过联邦选举委员会的监管而用于影响竞选的捐款",① 相关法律规定,软钱只能用于支持政党的地方党务活动、鼓动选民登记与投票等。虽然软钱不能直接资助参选人,但是能够在很大程度上变相地影响选举进程。在电视媒体和互联网媒体普及的时代,借由某些企业财团或利益集团的资助而大量播放带有政治倾向的议题广告,这可以在很大程度上直接影响公众舆论,进而影响很多选民的投票意向。此处所说的利益团体还包括"527组织"等非营利性的团体,"527组织"成立的背景是美国税法第527条的规定——"如果为开展某些政治活动(如动员选民、宣扬某种主张)而筹集捐款,其所得便可以免税。"② 在美国,有不少政治改革者试图通过立法的形式来制约软钱的影响。2002年,美国国会通过《跨党竞选改革法案》,该法案禁止全国性的政党在竞选中使用不受《联邦选举竞选法案》监管的软钱。

然而,现实情况更加复杂。对于到底是否应该严格限制选举过程中的软钱这一问题,美国国内的民众是有着很大的分歧的。2010年1月,在"联合公民诉联邦选举委员会"(Citizens United v. Federal Election Commission)一案中,美国最高法院以5:4的投票结果对该案做出判决,裁定公司法人同样拥有言论自由,他们在联邦竞选中的独立开支不得被限制。这一判决在很大程度上颠覆了《跨党竞选改革法案》中所给予限制的条款。在此前提下,美国出现了许多代表不同的特殊利益集团的"超级政治行动委员会"(Super Political Action Committee),数额庞大的软钱涌进政治行动委员会的囊中。这些委员会可以不受限制地投放政治性的广告,从而推动选举的结果朝着有利于自身利益的方向进展。据美国《赫芬顿邮报》(The Huffington Post)报道,2016年美国总统大选中,"各超级政治行动委员会从出资50万美元及以上的大额捐款人处共筹集到10亿美元……这10亿美元中75%以上来自一些极富有的人,包括90位亿万富翁,其捐款总额高达5.62亿美元。"③ 总之,在西方民主实践中,金钱对政治运作的介入和影响是显而易见的,这一影响在可预见的将来都是

---

① 陶文昭:《政治献金:选举成本与民主原则的困局》,《江海学刊》2010年第2期,第111页。
② 王绍光:《民主四讲》,生活·读书·新知三联书店,2014,第229页。
③ 王悠然:《财富集中加剧美金钱政治》,《中国社会科学报》2017年4月26日。

无法根除的。

三 党派政治的恶化

西方社会结构性的经济不平等还会导致一种糟糕的政治局面的出现，那就是不同党派之间陷入相互攻讦的恶性循环之中。美国建国时期的著名政治家詹姆斯·麦迪逊（James Madison）就曾经一针见血地指出："造成党争的最普遍而持久的原因，是财产分配的不同和不平等。"① 麦迪逊这一观点是以坚实的政治经验为基础的。

首先，不平等会导致社会阶层的分化。富裕阶层和贫困阶层在社会上总会形成不同的利益群体，富裕阶层本身还可以进一步细分出农场主群体、金融从业者群体、商人群体等。当然，商人群体还可以进一步区分出军火商群体、能源商群体、农贸商人群体等。他们在实际的政治运行中会形成不同的利益和意见集团，或相互联合，或不断分化。这一趋势是无法避免的。

其次，不平等会导致不同的社会阶层间的信任度的下降。根据美国学者埃里克·尤斯拉纳的研究成果，在不平等程度迅速提高的时期，美国社会的信任水平下降了。"不信任与不平等之间相互促进。"② 信任感是一种微妙而复杂的心理体验，这种体验不像收入差距那样可以进行定量分析，它更多地营造出的是一种能够影响所有人的社会氛围。理查德·威尔金森（Richard Wilkinson）和凯特·皮克特（Kate Pickett）在自己的著作中提到了一个有趣的例子，那就是20世纪八九十年代运动型多用途汽车（SUV）在美国的迅速普及。公众对生活环境的安全性感到担忧，所以选择外观上看起来粗犷、强硬的SUV，以起到免受潜在的袭击者的威胁的作用。社会信任感的缺失会阻碍人们彼此之间的情感交流，情感交流不足导致社会关系上的隔阂与冷漠，这不利于在一个陌生人的环境中培植合作共赢的社交网络。

最后，不平等会通过社会阶层的分化而反映到民主政治的实际运作当中。在民主选举的前提下，每一个党派都代表了一部分选民群体的利

---

① 〔美〕汉密尔顿等：《联邦党人文集》，程逢如等译，商务印书馆，2011，第54页。
② 〔英〕理查德·威尔金森、凯特·皮克特：《不平等的痛苦：收入差距如何导致社会问题》，安鹏译，新华出版社，2010，第55页。

益。一般情况是，西方国家的左翼政党主张实行大政府和高福利的政策，倾向于给底层社会群体以较多的照顾，高福利政策必然带来高税收，而征税的主要对象势必会转移到中产阶级和高收入群体的身上；而右翼政党与此不同，他们往往主张守夜人式的小政府和更为自由化的经济政策，主张对企业和高收入群体进行减税，鼓励企业积极扩大再生产。当经济不平等日趋严峻的时候，不同群体间的利益诉求很难达成一致，利益诉求上的分歧势必会传导到政党政治的竞争中。既然政党需要选民的支持，那么政党就必须回应支持自己的选民群体的诉求。在这种情况下，政党所代表的利益只可能是一部分选民群体的利益，而不可能是全民的利益。政党要巩固自己的选民基础，就必须恪守党派性的原则。这一点甚至不是以政治家的意志为转移的。

古典政治思想家都对党派政治持否定的、批评的态度，党派政治被认为是追逐狭隘的利益目标，从而有损公共利益的实现。大卫·休谟认为："派别损害政体，瘫痪法律，在同一民族的人们中间造成强烈的敌意……更为令人憎恨的是，这些党派创始人所种下的野草一旦在任何国家生根，就极难铲除。"① 而且，休谟也明确意识到，党派在自由民主的政体中最容易滋生。法国启蒙思想家卢梭坚决主张排除掉"派系"和"小集团"等因素对政治决策的影响，"为了很好地表达公意，最重要的就是国家之内不能有派系存在，并且每个公民只能是表示自己的意见"。② 自然，卢梭意识到派系集团实际上难以根除，因此，他主张，为了尽量削弱派系的影响，契约论框架下的政府可以做两件事：其一，增大派系的数目，这样做的目的是防止其中的某个派系可以一方独大；其二，维持各派系之间的平等地位，这样做的目的是保证较多的派系数目的存在，派系与派系之间难以相互兼并。

但是，西方近现代民主政治实践的结果是，党派政治在西方已经制度化和公开化。各式各样的党派团体已经成为西方政治机制中的基本的运作单元，它们通过共同的利益、诉求和目标而短暂地或长期地集合在一起。在有些国家的民主选举中，政党发挥着决定性的作用，因为如果

---

① 〔英〕休谟：《休谟政治论文选》，张若衡译，商务印书馆，2012，第39页。
② 〔法〕卢梭：《社会契约论》，何兆武译，商务印书馆，2005，第36页。

没有政党的正式批准，任何人都无权获得候选人的资格。换言之，在这些国家，无党派人士是无法以独立参选人的名义参与竞选的。此外，各式各样的利益集团会围绕在不同党派的周围，既然是集团，那么它们肯定是拥有一定人数的组织，这种组织或者是区域性的，或者是跨区域性的。一定数目的人之所以能集合在一起，原因是多方面的，人们有可能是出于共同的利益诉求，也有可能是出于相似的工作关系，还有可能是出于共同的兴趣爱好。我们不能把所有这些结合起来的组织都视为利益集团。美国学者杰弗里·贝瑞和克莱德·威尔科克斯给利益集团设定了一个标准："试图影响政府的一类组织。"① 根据这个标准，一些单纯的兴趣团体，诸如登山协会、赛车联盟等，都不能被说成是利益集团。但是，这一点也并不是绝对的。如果这些团体走出自身的圈子范围，意图影响公共政策的制定的话，那么它们的角色又会转变为利益集团。设想现在一个赛车联盟团体希望某个地方政府能够支持他们的赛车场修建计划，那么此时的赛车联盟就扮演了利益集团的角色。因此，在社会团体与利益集团之间没有不可逾越的鸿沟。与政党相比，利益集团的组织架构通常更加松散，更加具有任意性。很多利益集团会支持某个政党的主张，为该政党的选举活动站台，乃至于参与政党内部的活动。这些支持活动可以是舆论响应，也可以是纯粹的经济利益输送。

面对西方现代党派政治，很多政治学家给出了自己的合理化解释。其中的一种解释主要是由政治经济学家提出来的，他们引入了经济学的基本理论，把不同的党派集团等同于市场经济活动中的不同的"经济人"，从而可以运用经济学的利益最大化假设来分析和研究现实的政治活动。这种经济主义的解释思路的前提是承认党派政治的不可避免，并试图合理化它们的存在。它的问题是放弃了对政治生活的道德维度的体察，代之以经济学的数理模型分析。数理模型分析固然可以解释一些问题，或许还会提供一些之前不大被人们所注意的研究视角，但它不可能囊括丰富的政治现实，更不可能解释信仰、道德和价值认同对政治生活所施加的重大影响。罗尔斯对这种从纯粹经济的角度解释民主选举过程的理

---

① 〔美〕杰弗里·贝瑞、克莱德·威尔科克斯：《利益集团社会（第5版）》，王明进译，欧阳景根校，中国人民大学出版社，2012，第6页。

论进行了驳斥。他认为，尽管市场运行和政治选举有某些相似之处，但是，二者在关键方面是不同的。"理想市场的目的是效率，而理想立法程序的目的（如果可能的话）是正义。"① 作为现代经济学的理论奠基人，亚当·斯密提出"看不见的手"来解释市场经济的运行机制：每个人在私利的动机下追求个人利益，通过供求关系和价格信号的引导而达到资源的有效配置。因此，市场经济理论的哲学前提就是自利的经济人假设。在罗尔斯看来，这一假设不能挪用到政治领域——尤其是立法领域当中。"一种正义宪法必须在某种程度上依赖于公民和立法者采纳一个较广泛的观点，并在运用正义原则中运用良好的判断。"② 如果一开始立法者就囿于自身的集团利益，那么试图通过调整立法程序上的设计来保证一个正义的结果的实现，这是不大可能的。换言之，在政治生活中，不同利益集团和党派之间的竞争不一定会得到我们想要的结果。它既不能充分保证正义的实现，也不能充分保证决策的效率（诚然，罗尔斯并没有把效率列为立法的主要目标）。在这一问题上，试图通过引进经济学的自由竞争机制来达致国家公共利益最大化的假设是很难成立的。人类的政治生活虽然与经济生活密切相关，但毕竟政治与经济之间的差异也是非常明显的。西方自由主义政治学者和市场竞争理论的支持者都不会反对"理性人"和自利个体的假设，但经济学是在自利人假设的基础上追求产出和利润的最大化，而政治学则是在自利人假设的基础上追求对权力的制衡与限制，二者的目的是不一样的。经济学理论预估，充分竞争的自由市场会推导出市场出清，供需之间达到平衡。在政治竞技场上，各种利益集团和派系的论辩与纠葛绝不可被形容为是供给与需求的关系，即便是选举人和被选举人之间也不是一种简单的卖家与买家的关系，而是一种"委托—信任"的关系，无论这种委托关系是通过何种途径实现的——血缘的、金钱的、社群的等。

另外一种合理化解释则是由从事过实际政治操作的学者提出来的，他们的解释思路是现实主义的。在某种意义上，所有的党派和利益集团

---

① 〔美〕约翰·罗尔斯：《正义论》（修订版），何怀宏等译，中国社会科学出版社，2009，第282页。
② 〔美〕约翰·罗尔斯：《正义论》（修订版），何怀宏等译，中国社会科学出版社，2009，第282页。

都想获得公众的支持和青睐，最起码是团体内部的成员的忠诚。不同个体的成长背景、受教育程度和利益诉求是千差万别的，因而自然而然地会对同一个问题产生不同的意见。各种各样的党派的存在恰恰回应的是千差万别的选民诉求。曾在2009~2011年担任加拿大自由党党魁的叶礼庭就认为："党派性并不意味着放纵无度和混乱无序的政治，'区分'才是党派性的本质。人民有权在不同选项之间做选择，政治家的工作则是要将这些选项的内容用清晰明了、毫无矫饰的语言展现在人民面前。"①作为实际参与过加拿大选举议程的前自由党党魁，叶礼庭深知获得基层选民支持的重要性，而政治家做出的政策承诺是其获取选票支持的最重要手段（除此之外，政治家的个人魅力、演讲水平，甚至是标致的形象，都可以在某些程度上影响选举的结果），所以，代表某一党派的候选人相当于是政策议题的"菜单"供给方。选民支持和追随的则是符合自己的利益预期的竞选候选人。实际上，叶礼庭的解释只是承认了这样一条基本事实：党派分殊的背后体现的是个体之间的利益分殊，因此，不同的党派关联的是不同的利益诉求。

　　无论采纳何种合理化的解释，西方政治制度都面临下述两难困境：在一个自由民主的社会中，人民有权表达自己的观点和主张，进而为追求一己之利而组织起来。党派的存在呼应了人的自私本性的哲学假设。政府没有理由不允许人们追求自身的利益。但是，党派也完全有可能通过各种手段谋求有利于自身利益的政策制定与施行，而置公共利益于不顾。精英与大众、上层社会与底层社会、主流社会与少数群体等，他们都有可能出于维护自身利益的目的而彼此对立起来。为了争取选民手中的选票，参与选举的候选人往往会夸大自身政策的正当性和实效性，同时攻击和弱化对手的正当性与合理性，结果就是，支持不同候选人的社会群体之间经常性地处于相互攻击和情绪对立的状态中。社会共识就在这种紧张的对立关系中被抽离了根基。鉴于政治资源的可贵，每一利益群体都竭尽全力想争取到符合自身利益的政策效果。资源的稀缺性反过来决定了所有的参与者难以协调一致。当利益攸关致使纷争激烈的时候，

---

① 〔加〕叶礼庭：《火与烬：政治中的成与败》，黄天磊译，中央编译出版社，2017，第159页。

处于不同的政治光谱上的社会群体呈现日益极化的趋势，相互之间达成妥协和谅解的空间越来越少，社会共识被撕裂。

美国著名思想家罗纳德·德沃金（Ronald Dworkin）如此描述当下的美国："我们几乎在每件事情上都存在激烈的分歧。我们在恐怖与安全、社会正义、政治中的宗教、谁适合担任法官，以及民主是什么这些问题上互不一致。这些不是彬彬有礼的分歧，每一方都没有尊重他人。我们不再是自治中的伙伴，我们的政治简直是某种形式的战争。"① 德沃金批判美国大选过程中所展现出的分裂的社会状态，这一分裂状态表明美国的两党政治陷入了空前的政党恶斗的漩涡当中，短期内也得不到良好的解决。最终的结果是，所有的政策辩论都容易逐渐演化为情绪化的人身攻击。这种政治极化的状态同时恶化了民主政治的内部交往生态。"想必任何选民在目睹两名政客在一个原本空荡荡的议事厅里指着对方的鼻子厉声辱骂后，都会对民主大失所望。可是，类似的场景在当今世界的许多立法机构已成为常态。"② 叶礼庭的这段话无疑是对当前西方政党政治日益极化的恰切描述。

---

① 〔美〕罗纳德·德沃金：《民主是可能的吗?》，鲁楠、王淇译，北京大学出版社，2012，第1页。
② 〔加拿大〕叶礼庭：《火与烬：政治中的成与败》，黄天磊译，中央编译出版社，2017，第163页。

第四章　社会问题：西方社会的歧视与内部排斥

从理论本身的逻辑推演来讲，既然经由社会契约所建立起的是政府与个人之间的一种特别的委托关系，其目的是更好地保证个人的权利与自由的实现，那么政府的任何决策都必须得到公民个人的同意。最理想的状态则是公民们相互达成全体一致的同意。但是，这种状态实在是太过理想化，因而在实际的政治运行中根本无法实现。首先，每个人都有自己的家庭、学习、工作等许多事务要处理，因而我们不可能就每一项政治议题都集合在一起讨论、决策。代议民主制产生的根本原因就在于此，代议民主制实现了代表议政的职业化。其次，即使是在代议制的前提下，所有的政治决策都想要实现议会代表全体一致的同意，也是不可能的。其中的关键是从个人主义的视角出发，每位理性个体（包括代表）所拥有的知识水平、价值观念、对议题的重要性的理解把握都很难做到完全一致。毋庸置疑的是，全体一致的同意是一种理论上的"强假定"。

如果在实质性的政治议题上我们无法达成一致的意见，那么诉诸一种程序上的手段来进行最终的裁决就是必需的，民主的决策机制——简单多数原则应运而生。本章探讨了围绕着多数原则所进行的三种学理性的辩护方式，并一一指出其中的问题。更重要的是，本章还仔细分析了近代以来西方政治思想界对民主的一个重要的批评：因为民主政治的决策原则是简单多数原则，所以无论是理论上还是实践上，"多数人的暴政"（the tyranny of the majority）很难避免。

第一节　民主的实质性内涵：多数人的统治

为了在纷繁复杂的意见中做出决议，民主政治适用的决策原则是简单多数原则，简单多数原则同时绑定的一项决策机制就是"一人一票制"。比如当有100人参与选举投票的时候,拿到51票的候选人获胜,简单多数原则表现为51∶49。简单多数原则也不要求一项更强的决策条件——"过半数"。比如当120人有权参与投票的时候,有20人弃权,最终投票的结果是51∶49。仅从结果来看,51票并没有超过总人数的一半(60票),但是简单多数原则依然会判定拿到51票的人胜出。

如果说多数裁决原则仅仅关乎一套既定的表决程序的话,那么它将没有留下足够的学术空间给政治学者去笔耕。显然,西方政治学者是不会满意这种局面的。于是,很多西方学者试图提出对多数人统治的实质性辩护理由。约翰·罗尔斯即为我们提供了如下一个正当性的辩护理由:一种在多数人中间进行的理想讨论要比任何一个人的自我慎思更有可能得出正确的结果。我们每个人都会受到自身的知识和推理能力的限制,"与其他人交流意见克服了我们的偏见,扩大了我们的视野,我们被要求从他们的观点来看问题,我们深深地感到自己眼界的局限"。[①] 罗尔斯相信,随着时间的推移,多数人共同讨论思考得出的结果必定会使事情得到改善。熟悉西方政治思想史的人不难发现,罗尔斯的这一证成继承的是亚里士多德的辩护。亚里士多德认为:"就多数而论,其中每一个别的人常常是无善足述;但当他们合而为一个集体时,却往往可能超过少数贤良的智能。"[②] 当多数人在一起共同议事的时候,每个人都可以发表自己的意见,而集合众人的想法所取得的结果往往会比少数专家的见解更为可取。亚里士多德为了形象化地阐述自己的观点,做了几个类比,第一个,多人出资举办的宴会可以胜过一人独办的宴会。第二个,多数人对于音乐和诗人的作品的评价往往比少数专家更为正确。第三个,品德高尚的好人之所以异于众人中的任何个人,就在于他一身集合了许多人的素质;美人的相貌之所以异于常人,是因为分散的各部分的众美集合在一起,成为一个整体。亚里士多德本人将三个类比放在一起,不加区别。为了更加精准地理解他的观点,我们完全有必要对这三个类比加以细分,从而对多数人统治的正当性的证成有一番全面的认识。

[①] 〔美〕约翰·罗尔斯:《正义论》(修订版),何怀宏等译,中国社会科学出版社,2009,第281页。
[②] 〔古希腊〕亚里士多德:《政治学》,吴寿彭译,商务印书馆,2009,第146页。

一　三种辩护方式及其不足

亚里士多德的辩护可以归纳为以下三种略有差异的辩护方式："叠加式"的辩护、"互补式"的辩护和"选优式"的辩护。我们将证明，多数原则的证成方式存在很大的问题，既然多数原则得不到实质性的证成，那么它所拥有的就仅仅是程序性的合理性。

首先，所谓"叠加式"的辩护，它对应的是亚里士多德的第一个类比——多人出资举办的宴会可以胜过一人独办的宴会。比如说，每个人都可以拿出自己的钱来举办宴会，在他们可支配的钱的数额差不多的情况下，那么多数人拿出自己的钱来共同举办宴会要比单个人独自承办的条件要好。

其次，所谓"互补式"的辩护，它对应的是亚里士多德的第二个类比——多数人对于音乐和诗人的作品的评价往往比少数专家更为正确。与叠加式相比，它的特点是：对于各自不同的人来讲，他们所擅长做的事情也不一样。换言之，任何一个人只擅长事情的一个组成部分，而对其他的组成部分要么知之甚少，难以形成正确的判断，要么能力不足或口味不符。以亚里士多德所列举的音乐演奏的例子来说，有人可能会欣赏音乐的这一节，有人可能更会欣赏音乐的另一节，有些人可能会懂得欣赏乐队的指挥，另一些人可能懂得欣赏参与演奏的乐器的乐理。全体集合起来，就领会了整个音乐演奏的得与失。再比如举办宴会，叠加式的辩护指向的是每个人共同出资，钱在任何人手里都是钱。互补式的辩护与此不同，在完成一场宴会时，有些人出资，购买宴会所需的物品，有些人负责布置宴会现场，有些人专司负责招待来宾，有些人表演节目，活跃现场气氛，有些人负责料理餐饮，满足大家的食欲。不同的人负责不同的事情，负责餐饮料理的人不会表演节目，出资购买物品的人不会布置现场，他们之间各负其责，共同投入促成了一场完美的宴会。需要特别注意的是，罗尔斯对多数裁决原则的证成主要依赖的就是互补式的辩护方式。当罗尔斯强调，与其他人的交流可以克服我们的偏见和扩大我们的视野的时候，他心中所想的就是我们每个人都可以从其他人那里得到知识和见识的补充提高。不可否认的是，这一点在很大程度上符合我们的日常生活经验，社会分工合作的合理性就在于此。

最后，所谓"选优式"的辩护，它对应的是亚里士多德的第三个类比——品德高尚的好人之所以异于众人中的任何个人，就在于他一身集合了许多人的素质；美人的相貌之所以异于常人，是因为分散的各部分的众美集合在一起，成为一个整体。选优式辩护立足的是被选择集合在一起的都是优秀的、美好的东西——亚里士多德所谓的"众美"。虽然其中任何单一的部分都未必是最好的，但也绝不是最差的。与互补式的辩护相比，选优式辩护的特点是：对于不同的人来讲，他们都可以去做事情的每一部分，当然完成的质量有高有低。因此，经过比较，我们可以选出最擅长的人来处理。仍然以举办一场宴会为例，现在是最有钱的人出资购买宴会所需的物品，擅长场景装饰的人负责布置宴会现场，人际交流能力强的人负责招待来宾，有歌舞天赋的人表演节目，厨艺高的人负责料理餐饮……不同的人各司其职，同样的事情大家都可以去做，但每件事情都是由擅长的人来处理，其他的人也知道这一点。毫无疑问，选优式的做法可以很好地完成一场宴会。

对于以上三种针对多数裁决原则的实质性辩护而言，从表面上看来，它们都自成一家之言。不过，其不足之处也非常明显。概括来讲，可以分为两类。

其一，叠加式的辩护是比较直观的，其关键之处在于，不同的人都拥有做同样的事情的手段或素质，只是程度上有所不同。托克维尔曾经敏锐地指出，叠加式的辩护实际上是"在人的智能上应用平等理论"，[①]而这一应用本身只具有可能性，而不具有必然性，原因很简单，在现实生活当中，人的自然禀赋条件不可能是一样的。实际上，西方近代的许多大思想家在提倡平等的时候，他们所说的平等往往是指本体论意义上的或法权意义上的平等，即人们常说的法律面前人人平等，或者说一国之公民拥有相同的政治权利——如选举权和被选举权，他们并没有把这一平等原则运用到人的生理条件上。剔除掉这一点，叠加式的优越性也会不复存在。因此，我们需要抛弃对"集众人的短处可以胜过少数人的优点"这句话的浅显解读。多数事例证明，这很难做到。比如，100位不了解现代物理的文学院的研究人员加在一起，也比不上一位爱因斯坦

[①] 〔法〕托克维尔：《论美国的民主》（上卷），董果良译，商务印书馆，2011，第283页。

对现代物理学的理解和贡献。与爱因斯坦等人相比,对现代物理学的了解显然是文学院的研究人员的"短处"。因此,我们必须承认,有些短处、不足和缺点是难以叠加的。就某些特定的素质、技能而言,人越多并不一定会做得更好。

其二,对于互补式和选优式的辩护而言,其理论基础已经包含着这样一种前提假设——不同的人都拥有做同样的事情的手段或素质。在亚里士多德那里,处理政治事务显然是每位合格公民都应当具备的素质。但是,互补式辩护和选优式辩护还需要依赖于另外一个重要前提——不同的人对公共事务的处理拥有相同的向心力和凝聚力。公共决策过程中肯定存在分歧和争论。因为每一个体都会受到个人利益的影响,但问题的关键在于不能让个人利益完全凌驾于公共利益之上,每个人在面对公共事务决策的时候要懂得克制自身。这其中既包括克制自身的感情冲动,又包括克制自身的褊狭。但是,在现实的政治活动中,激情与冲动往往比理性选择更能支配人们的行为。忽视情感、欲望等非理性行为的力量,是西方理性主义哲学传统的一个显著特征。

美国布朗大学政治科学系教授莎伦·R. 克劳斯（Sharon R. Krause）认为:"没有情感性的依恋与欲望,我们就无从达成有关采取何种行动的决定。"① 当然,这种与政治决策相联系的激情完全有可能成为政治生活中的破坏性力量。对于现实生活中的大多数人,他们在投票的整个过程中未必合乎理性选择的要求,支配他们行为的往往是激情、偏见。"大众并不理性,与其掰开揉碎地讲道理,不如以雷人之语操纵其情感,利用其恐惧心理。"② 大学课堂式的坐而论道并不是民主政治的常态。因为公共议题往往具有"去专业化"的特点。我们不能想象,全世界的人,无分男女老少,都热切地讨论天体物理学中的宇宙大爆炸理论,限于知识领域的专业储备,类似的问题根本不可能成为公共话题。专业程度越深,受众程度越小。即便有时候媒体上偶尔涉及了如此专业的问题,参与讨论的人数也会少之又少。公共论辩话题的去专业化特点决定了哪怕是专家学者在参与公共论辩的时候也很难展开细致周密的论证过程,即便某

---

① 〔美〕莎伦·R. 克劳斯:《公民的激情》,谭安奎译,译林出版社,2015,第25页。
② 王炎:《特朗普很保守吗?》,《读书》2017年第12期,第39页。

位专家这么去做了,其结果一般也是少有人问津。赢得2016年美国大选的唐纳德·特朗普,他在演讲当中不喜欢使用复杂的英语词语,"在他最常使用的13个词中,有8个是单音节或者简单的双音节词"。① 另外,特朗普常年经营自己的推特账户,并且善于运用推文攻击对手和为自己的政策主张辩护。推文具有短小、口号性强等特点,所以极易被广泛传播。在公共传播媒介上,太多的文字和详细的论证过程是少有人问津的,因此,斩钉截铁的结论性的言论和慷慨激昂的情绪性表态乃至发泄都是最常见的现象。什么样的观点更容易传播?越简单越好,越情绪化越好。因为简单,所以容易被更多的人接受;因为情绪化,所以更容易吸引眼球,也更容易引起更多人的情绪激荡。无论是在议会里面,还是在社区中、街道上,鼓动民众最有效的手段不是一本正经的说理,慷慨激昂的演说、山呼海啸式的呐喊都更能调动民众参与政治活动的积极性。在实际的运作中,政治激情所发挥的作用比长篇大论的政治推理要大得多。在这种情况下,很多政客在选举的过程中往往会抛弃自身的真实倾向而投民众之所好,并且通过演说鼓动群众。

既然对民主的实质性内涵的三种辩护都存在各自的缺陷,那么在实质性的理由得不到充分的证成时,多数人的统治还留有一种程序性的辩护方式,那就是多数原则仅仅是一个简单的决策程序规则。但是,恰恰是这种着眼于程序可行性的辩护,更加能够冲击到多数人统治的实质合理性。假定有500个人参与决议,又假定决议的最终比例为499∶1,如此的议决结果似乎还拥有相当的合理性,因为在公共事务上,即便是少数的知识天才也未必拥有过人之处。但是,现实中,如此对比悬殊的议决结果很少出现,如果决议的最终比例为251∶249或者260∶240的话,赞成与反对的人数相差无几,多数的合理性又在何处呢?我们到底是根据什么认为251个人比249个人一定具有实质性的决策合理性呢?

G. A. 柯亨在论证平等主义规范的时候提出过一个问题,他称之为"忽略不计"(negligiblity)问题。"忽略不计"一词有两层含义:一是指数量上微小,二是指不重要,"'忽略不计'的第一种含义并不必然包含

---

① 徐菁菁:《美国选战,那些获票策略》,《三联生活周刊》2016年第47期,第75页。

其第二种含义"。① 在柯亨看来,数量上微小并不一定表示就不重要。从西方近代个人主义的哲学基础来讲,每个个体都保有自己的独特性和尊严。不过,如果我们把重要性奠定在个人的独特性和尊严的基础上,那么不但多数是"重要的",少数(哪怕是一个人)也是"重要的"。投票过程中的计算原则就是要排除个人独特性、尊严等深层次的背景因素,而单纯对数字本身进行考量。我们可以把这一过程简称为"数人头",它用数字代替人格,在很多情况下,还会对具体的个人进行匿名化处理,即匿名投票。匿名隐去的恰恰就是独特的人格。因此,民主投票决策过程中的计数原则与个体的重要性无涉,一个哈佛大学的政治学者与一个无所事事的青年相比,并不因为哈佛政治学者更懂得公共政治事务而拥有更大的计数权重。虽然如泰勒所言,现代的尊严概念与平等主义紧密相连,但在剥离掉活生生的人格因素之后,民主决策过程仅保留了抽象的、数字符号意义上的平等主义。

可能有人会说,决策过程中的人格因素并没有消失,而只是退到了幕后。在正式投票之前,议题的发起人(可以是一位,也可以是多位)总是试图说服更多的人来赞成自己的观点,而且拥有投票权的人也会受到利益相关者的游说,因此,数字化仅仅代表决策的需要,决策的实际过程始终充满着人与人之间的博弈、合作,每个人只要愿意都可以尽情表达自己的观点。甚至我们可以完全理想化地假定,每位参与投票的人都符合康德的理性自律的要求,而且都是真诚谨慎地对待自己的一言一行。这种解释应对的是民主决策中观点集结的过程,它并不能用来解释为什么可以"忽略不计"的数字差别是重要的。强调尊重个人的独特性和自主选择的观点并不能很好地处理重要性的问题。

"忽略不计"问题从根本上彰显了在民主制度的框架下,程序正义与实质正义之间所存在的张力。在这种情况下,我们可以预期,有关公共事务的很多政治决策的达成完全有可能与公共利益背道而驰。不少西方学者主张,民主制度并不是一种最优的选择。就此而言,这也是一种无可奈何的观点表露。

---

① 〔英〕G. A. 柯亨:《如果你是平等主义者,为何如此富有?》,霍政欣译,北京大学出版社,2009,第 212~213 页。

二 多数的暴政

学术界的共识是，多数人暴政的理念最早是由19世纪的法国政治思想家托克维尔和英国思想家密尔加以详细阐发的，不过，在托克维尔和密尔之前就已经有思想家点到了这个问题，柏克就是其中比较著名的一位。当民主制下出现分歧的时候，民众中的多数便有可能对少数施加压迫，"在这样一种群众的迫害之下，每个受害者就处于一种比在其他任何的迫害下都更为可悲的境地"。① 因为被多数人压迫的人往往同时被剥夺了一切外界的安慰，其行为和观点也得不到大多数人的赞许与同情，他们被同类遗弃了。乔万尼·萨托利教授对这一问题有更深入的解释。他认为，在西方早期清教徒的社区中，多数信徒对少数不同意见者进行压制的情况也大量存在。因此，多数的暴政并不为现代西方民主政治所独有。但是，"多数原则……给原来纯属事实的情况增加了一个正当性因素"。② 易言之，民主政治所提倡的多数原则把多数对少数的压制给正当化了。

萨托利教授区分过三种多数与少数的关系——宪政的、选举的、社会的。这其中，选举的多数和社会的多数不同。选举的多数主要代表投票时的数量上的多数，针对不同的公共议题的切换，这一数目处在随时变化的状态中。社会的多数则涉及实质性的多数，这一实质性的多数是某种信仰形态、价值观念或生活方式的稳定的支持者。他认为，托克维尔所说的多数的暴政对应的其实是社会的多数。

托克维尔对多数人的暴政的批判的主要理由就是：多数人的权威拥有强大的左右舆论的力量，从而左右人们的思想，并因此对个性的创造性发展造成了极大的限制。多数的观念和意见统治着社会，由此形成了一种浓厚的舆论氛围，身处这一氛围中的人们都会感受到无形的外在压力，都会担心在表达了与多数公众不同的观念之后遭到攻击。结果是，民主国家会出现一种不同于以往的压迫形式，托克维尔称之为"严明的、温

---

① 〔英〕柏克：《法国革命论》，何兆武、许振洲、彭刚译，商务印书馆，2009，第165页。
② 〔美〕乔万尼·萨托利：《民主新论》（上卷），冯克利、阎克文译，上海人民出版社，2015，第207页。

和的"① 专制：它不直接强迫和践踏人，却限制人，使人精神萎靡、意志消沉和麻木不仁。在这种情况下，个体会形成一种"理性预期"（借用当代经济学的术语），而这种预期会反过来影响每个人的行为选择。G. A. 柯亨将这种现象称为"非正式的社会压力"，② 所谓"非正式的"是与正式的强制性的法律系统相对而言的，非正式的社会压力同样可以限制多元化观点的表达。

仔细探究托克维尔、密尔的学理，他们对多数人的暴政的论述应该从正、反两个方面加以理解：从反面讲，拒斥个性是它的结果；从正面讲，打造同一是它的追求。托克维尔形容为：所有人的头脑仿佛都是出于同一个模子，以致他们能够分毫不差地沿着同样的道路前进。③ 这就如同一枚硬币的正反两面，缺一则不成其为硬币。为了批判多数人的暴政，密尔声称，一切明智的、高贵的事物，一定是由少数个人甚至是某个人创造出来的。与大多数的民众相比，他们更为明智，知识水平更高，更懂得公共事务的微妙之处和国家的长久利益之所在，不容易被一时的情绪和好恶左右自己的理智判断。所以，密尔主张实行复数投票权，给具有较高的道德和才智水平的人以更高的计票权重，从而增加他们对政治决策的影响力。可以看出，19 世纪的自由主义民主思想家一方面主张给予每个人以平等的尊重；另一方面，他们又在"庸众"与"精英"之间划出一条清晰的分界线，认为两者在才智上、道德素质上是不一样的。承认人是理性的个体，但是理性的培育程度和运用能力各不相同，这是 19 世纪古典自由主义者的基本认知。

列奥·施特劳斯等认为："多数对少数智力优越者的精神所施加的暴政，绝对使民主具有趋于平庸的倾向。"④ 密尔赞扬具有鲜明个性的个人，贬斥代表着社会习俗的庸众对少数特立独行的天才的压制。因此，多数与少数的对立在古典自由主义者那里主要表现为平庸的大众与追求个性自由的少数人物之间的差别。其实，舆论上的分歧并不一定都发生

---

① 〔法〕托克维尔：《论美国的民主》（下卷），董果良译，商务印书馆，2011，第870页。
② 〔英〕G. A. 柯亨：《拯救正义与平等》，陈伟译，复旦大学出版社，2014，第125页。
③ 〔法〕托克维尔：《论美国的民主》（上卷），董果良译，商务印书馆，2011，第297页。
④ 〔美〕列奥·施特劳斯、约瑟夫·克罗波西：《政治哲学史》，李洪润等译，法律出版社，2009，第773页。

在大众与精英之间，大众与大众、精英与精英之间同样会因为特定的问题发生分歧。公共舆论的复杂状态并不是用几个抽象的范畴就能完全涵盖的。更为关键的是，习俗包括法律本身也是不断演变的。以英国为例，1952年，英国著名的科学家图灵因为自己的同性恋倾向被审判定罪，到了2014年，英国同性婚姻法正式开始实施。虽然分歧依然存在，但是，法律已经发生了变化。随着一代又一代的新人成长起来，不断进入社会，分歧双方的人员构成和数量也不断地发生着改变。我们今天重新审视托克维尔和约翰·密尔关于"多数人的暴政"的论说，不能还是着眼于"庸众"和"天才"之间的对峙，因为21世纪不同于19世纪，今天西方社会对离经叛道者、少数族裔和少数亚文化群体的包容已远非19世纪的哲学家们所能设想。在日益强调尊重差异、尊重多元的观念激励下，个性张扬、与众不同已经成为普通人尤其是很多年轻人的自我认同的一部分。

第二节　社会排斥的产生与表现形式

乔万尼·萨托利指出，当涉及"多数"这个概念的时候，我们必须意识到，"'多数'一般而言是指一个短命的集合体"。① 证之以西方民主政治实践，在选举或决策的过程中，多数往往只是一个数学上的统计数据，随着候选人或决策问题的变化，多数会不断地发生重组。除非与宗教信仰、族裔、阶级等身份认同相联系，否则多数本身很难成为一个稳定的、持续性的政治运作单元。这也是为什么很多西方政客愿意通过身份认同政治的方式来巩固自己的选举基本盘的原因。事实上，正是在多数与身份认同政治绑定的前提下，现代民主制下多数人的暴政才会显现。

本书第一章在论述自由主义民主模式的危机时指出，"另类右翼"运动在西方崛起的大背景就是身份认同政治的强化。西方自由派学者主张身份政治的目的是对少数族裔、亚文化群体等弱势或边缘群体进行保护和

---

① 〔美〕乔万尼·萨托利：《民主新论》（上卷），冯克利、阎克文译，上海人民出版社，2015，第209页。

照顾，使他们免于社会歧视，政治正确的内涵即在于此。但是，身份政治不断强化的结果引起了西方传统白人中产阶层的反弹，尤其是移民和难民的涌入所导致的人口结构的快速变迁，致使很多白人担心未来会丧失自身的主体民族地位。因此，另类右翼主张保护白人的传统文化，重视白人的利益诉求，用以对抗传统价值和信仰的日渐式微。反全球化和反多元化成为另类右翼的显著特征。在右翼民粹主义崛起的同时，西方社会内部的少数族裔和外来移民的生存处境堪忧，这同时构成了社会排斥的最新表现形式。

一 少数群体与身份认同的特殊性

谈及身份认同政治，它的第一个特点就是"身份及其相应忠诚的多重交叠或'多样性'"。① 就个人而言，我们每个人的身份认同和价值认同都是复合式的、多层次的。阿玛蒂亚·森（Amartya Sen）提出过一个描述性的概念——"多重身份"：我们每个人在生活中都会将自己看作许多不同群体的成员，没有人拥有单一的身份认同，单一主义的身份认识是错误的。举凡公民身份、籍贯、性别、语言、阶级、职业、信仰、性取向等各种不同的归属都可以赋予我们一种具体的身份。② 一个普通的国家公民，可以同时具备以下身份认同：男性、美国人、基督徒、环保主义者、富豪、共和党的支持者……这一"菜单"可以不断写下去。多种多样的身份认同集于一身，我们当然不会等同视之，而是会根据不同的主客观情况对它们进行排序。从认同的重要性的角度看，我们可以区分出"低阶的认同"和"高阶的认同"。所谓高阶的认同，是指个人一旦接受之后就基本上不会改变，而且不容易与他者达成妥协的认同。所谓低阶的认同，指的是这一认同往往关乎的只是与个人的兴趣、爱好、口味有关的事情，比如，女孩子喜欢留短发还是长发？究竟是咖啡更好还是茶叶更好？等等。类似的认同一般不容易引发公开的意见交锋，即

---

① 〔美〕特伦斯·鲍尔、〔英〕理查德·贝拉米主编《剑桥二十世纪政治思想史》，任军锋、徐卫翔译，商务印书馆，2016，第442页。
② 〔印度〕阿玛蒂亚·森：《身份与暴力》，李风华等译，刘民权等校，中国人民大学出版社，2009，第4页。

便有争论,也很难有人会感觉自己受到了根本认同上的冒犯。① 在相互转变的可行性上,低阶认同之间的转变是容易进行的。职业的选择与更替在当今社会司空见惯,而社会阶层之间的正常流动被认为是一个社会是否能够维持稳定发展的重要参考指标。比如一个原本出身底层社会的青年人,通过自己的努力再加上一点点的运气,可能成功跻身上流社会,这种社会阶层认同上的转变是被个人所期待的。反之,高阶认同确立的是一个人的根本归属——"我之所是",它关涉的是族裔身份、文化传统和精神信仰层面的诉求。这些诉求有别于单纯的物质利益诉求,它们往往蕴含着高度清晰的确认与高度自觉的行动,其排斥性相应地也非常强烈。从一位共和党的支持者转变为民主党的支持者不需要付出太多的转变代价,但是,让一个佛教徒转变为天主教徒,这种情况的可能性就大大降低了。诚然,高阶认同之间并不是完全不能转变的,但转变要付出巨大的代价。② 1593 年,在圣德尼大教堂,法王亨利四世宣布改宗天主教信仰,最后终结了胡格诺战争,成为法国历史的重要转折点。宗教信仰为了保持自身认同的独特性和统一性,必须在教义和礼仪上划定严格的界限,而且越在早期,宗教团体对叛教者的惩罚越不留情面。无论是何种宗教信仰的信徒,改变自己的原有信仰都是一个艰难的抉择。宗教信仰的这些特征决定了不同教派的信徒很难在信仰问题上进行心平气和的讨论交流,更决定了不同的宗教派别很难走向融合的道路。

从表面上看,大多数公共政策的讨论并不关乎"我之所是",因而

---

① 当然,置身在不同的文化背景下,我们对高阶认同和低阶认同的划分肯定会不一样。对于美国人来讲,是否喜欢吃牛排是个人口味的问题,但是,在印度人那里,牛是关乎宗教信仰的大事。在这种情况下,我们争论的焦点并不在于牛肉的口味如何,而是信仰本身的确证方式。此处,印度教教徒的高阶次的自我确证对应的却是美国人的低阶次的个人口味的偏好。

② 此处值得一提的是,英国小说家、社会评论家乔治·奥威尔(George Orwell)可能不会同意这一观点。奥威尔认为:种族厌恶、宗教憎恨、教育差异、性格、智力甚至道德观的差异都可以跨越,唯有生理上的排斥无法化解。"你可以对杀人犯或鸡奸犯产生好感,但无法对呼吸有臭味的人——我是说总是臭烘烘的——有好感。"奥威尔把这一见解应用于解释 20 世纪 30 年代的英国社会的阶级差异,对于中产阶级和工人阶级之间的裂痕,真正有害的在于中产阶级从小被教导从而相信工人阶级是肮脏的。奥威尔承认,与流浪汉为伍的经历治愈了自己的毛病,"劳动者的躯体在我眼中不再比百万富翁的更丑陋"。上述引文参见〔英〕奥威尔《通往维根码头之路》,郑梵等译,华中科技大学出版社,2016,第 137、140 页。

与高阶认同无关。其实,每项公共政策的背后都隐藏着更深刻的哲学、伦理或信仰的承诺,而且必定有一整套的理念、原则作为支撑。潜藏在政策实施背后的常常是一整套的哲学和形而上学的话语,其主要内容是关于人和社会的哲学观点。我们可以将由立法机关和行政机关做出的决策称为"规范",而将潜藏于其后的哲学观点称为"深层次的正当性证明"。① 举个例子,当一个国家在财税政策领域对公司和个人的所得税税率进行小幅上调的时候,支持者和反对者的阵营会给出花样繁多的各种经济数据支撑,但是,他们最终的争论焦点会集中在一个相当学理化的问题上——支持大政府还是"守夜人式"的小政府,其背后的哲学依据则是更加支持平等主义还是更加支持自由个人主义。这里所说的哲学依据就是深层次的正当性证明。在美国的公共政策讨论当中,无论一个人是支持还是反对堕胎合法化、支持还是反对同性恋合法化、支持还是反对移民政策的紧缩性调整,他对任何一次公共政策调整——哪怕这次调整看起来只是一个很小的技术性细节——的支持,都一定会罗列超出具体政策(乃至技术性细节)本身的各种理由,文化差异、国家利益、人类本性,甚至是上帝意志都会经常出现在公共讨论的媒介上,各式各样的完备性学说融入了公共政策讨论当中。而类似的深层次的正当性证明在持有它的人看来就是构成高阶认同的要件,对自我完善、自我实现意义重大。作为个人,我可以追求、可以规划并通过努力来实现自己想要的生活方式,而这种自我完善、自我实现的方式把我与他人区别开来。很多人会有疑问,深层次的承诺和目的固然参与构筑了自我的丰富性和完满性,但它又是如何参与确证我们的身份的?回答这一疑问,我们只要举出社会语言中的一些常用说法,就不难理解了。针对动物保护问题,"我是素食主义者";针对同性恋问题,"我是一个异性恋者";针对社会的贫富差距以及与之相关的财税、贸易、货币政策等问题,"我是社会主义者";针对堕胎自由化的问题,"我是一个坚决反对堕胎的天主教信仰者";针对移民问题,"我是美国人,你是外国人"……我们的日常生活中充满着类似问题的争论,而我们自身也在如此众多的争论当中被贴上

---

① Charles Taylor, *Dilemmas and Connections* (Cambridge, Mass.: The Belknap Press of Harvard University Press, 2011), p. 106.

了各种各样的"××主义""××者"的标签。"哲学本身完全地政治化了"。① 哲学理论蜕变为各种"标签""帽子",被用来指称人们的诸多观点和意见,形塑个人的身份归属,并加强了身份的可识别度。标签的意义就在于它的指向性极强,个人对公共事务的立场变得高度透明。正是这种不需要深入思索的高度透明状态会让互不相识的人在万千声音当中迅速甄别出谁与自己的立场一致。

因此,特殊的、具体的高阶认同构成了身份政治的起点。这些特殊的认同既与政治问题紧密相关,又非常容易引发现实政治世界的论战。我们这里不妨选取外来移民群体作为例证。移民群体在西方国家中属于少数群体,他们的宗教信仰、族群身份、文化习俗等往往与本地居民差别极大,本身具有不同于西方主流文化的特殊性。对于西方国家的本地民众来讲,无论是外表上还是精神信仰上,移民群体都属于地地道道的陌生的"他者"。《华盛顿邮报》专栏作家法里德·扎卡利亚描述道:"本土民众面对的是活生生的外国人,而不是一些抽象的概念。这些外国人样貌不同、口音不同,感觉也不同。这些都可能引发恐慌、种族歧视和仇外情绪。"② 再加上各自特殊的身份认同,一大批西方国家的本地白人居民排斥和歧视外来移民。反之,对于作为少数群体的外来移民来讲,新移民以及移民后代则更愿意固守已有的认同,并自觉地抵制西方现代主义价值观念的同化。二战结束之后,来自第三世界的移民应对了欧洲经济复苏过程中的劳动力短缺问题,给西方社会带来大量的廉价劳动力。作为一代移民,从落后的或动乱的母国移民到西方发达国家,所见所闻都是现代经济、政治文明的优越之处,他们对母国与所在国之间的现实生活差距有着直观的感受,对于西方国家能够接纳他们往往也心存感激,因此,他们在移民之后往往会努力工作,希望尽快融入西方主流社会。二代、三代移民则与一代移民的社会心理状态有所不同,他们一出生就被现代文明所包围,对母国的情况没有切身的体会,而与他们形成竞合关系的是更加熟悉自己国家的习俗、历史和社会氛围的本土青少年。对

---

① 〔美〕列奥·施特劳斯:《自然权利与历史》,彭刚译,生活·读书·新知三联书店,2011,第35页。
② 〔美〕法里德·扎卡利亚:《民粹主义为何令西方陷入困境?》,《中国新闻周刊》2017年第5期,第17页。

于这些移民后代的子弟来讲，他们想要在学习工作中获得认可并非易事。由于语言、知识水平等客观条件上的差异，在求职的过程中，移民的后代通常不具有优势。当他们碰壁的次数和人数多了之后，会逐渐形成一种因身份差异而被主流社会所排斥的强烈感觉，以至于引发对主流社会秩序和社会文化的不满。社会排斥会逆向强化差异化的身份认同。为了缓解群体意识所受到的伤害，人们会基于共同的信仰、种族、历史、爱好或者经历而创造出一种新的认同形式。这种新的认同形式可以有诸多不同的展现：宗教性的、亚文化的、民族主义的。它为受到伤害的或被主流社会抛到一边的群体提供了一个自我认同的新中心，取代了主流社会的意识形态。他们会重构自身的社交网络，重构的资源就是生活在相同境遇中的人。他们自然而然地会与身边的人凑合在一起，因为他们的成长经历相似，社会地位相似，文化信仰也相似。他们组成自己的社交圈子，在这个圈子里，他们分享自己的情感与利益。

在一个强调多元化的社会氛围中，类似外来移民这样的少数群体并不会轻易放弃身份认同上的特殊性，而是会争取主流社会承认和容纳这一身份认同上的特殊性。加拿大教授詹姆斯·塔利指出："一切类型的身份政治均要求改变目前政治共同体某些成员在广泛的文化和价值领域遭受的歧视和未得到的承认，以及那些塑造他们为人处事态度的诸多价值。"[①] 在涉及具体的社会政策的时候，少数群体认为自己的身份认同应该得到法律的保护。为了保护自己的文化传承，他们希望学校开设相关的课程，以便他们的后代能够学习母国的语言和文化；为了保护自己的切身利益，他们还会争取推举具有相同身份的人作为自己的政治代表。可见，争取承认的斗争将是全方位的。不像理论上表达得这样乐观，高阶认同的深刻性决定了这样的事实：除非反对者转变自身的认同，或者弱化自身的认同，否则有关高阶认同的各种论争就不会停歇。正因为有着高阶认同的支撑，即使做出损害别人的行为，实施者也会源源不断地获得合理化的证成，合理化的证成既来自自身的深刻认同，又来自拥有相同认同的他人的支持。以同性恋平权问题为例，政府可以通过立法或

---

① 〔美〕特伦斯·鲍尔、〔英〕理查德·贝拉米主编《剑桥二十世纪政治思想史》，任军锋、徐卫翔译，商务印书馆，2016，第442页。

判例的形式来规定同性恋群体的一系列平等权利,反对同性恋平权的人表面上不会提出公开的反对意见。当一对同性恋者去一家咖啡店的时候,假如咖啡店主正好是虔诚的基督徒,咖啡店主完全可以通过不提供服务或提供质量差的服务的方式来表达自己的不满。在这个例子中,外在的政治正确没有人去主动打破,咖啡店主的所作所为也没有触犯明文规定的法律,顾客的实质性体验却是另外一回事。针对同性恋平权的问题,我们不能期待冲突的双方转变自身的认同,我们可以期待的是双方弱化自身的认同。不过,同性恋问题不仅是一个简单的性取向问题,还是涉及历史悠久的基督教信仰的问题,对信仰的认同是一个高阶的认同。因此,认同的弱化只能有两条途径:一是把对性取向的认同与对宗教信仰的认同脱钩,这一点在宗教激进主义的教徒那里是很难行得通的;二是把高阶的认同转化为一个相对低阶的认同,即把对人的信仰的认同放置在对人的尊严的认同之下。无论是何种信仰的秉承者,我们首先都彼此认可对方作为人所应有的尊严,其次再去区分各自的信仰。自由主义者用来为同性恋者辩护的根本性理由实际上正是这后一条,这一条在宗教激进主义的教徒那里也很难通过。自由主义者可以批评宗教激进主义的信徒保守、狭隘,但宗教激进主义者恰恰通过抵制自由主义者的批评而生发出保有纯粹而坚定的信仰的满足感。一个运行良好的法治社会可以在很大程度上遏制双方的实质性冲突的大规模爆发,但不可能通过口号式的政治正确弥合高阶认同上的分歧。

当诸如此类的分歧大量存在的时候,政治精英对身份政治议题的强化和操弄恰恰有可能挑起整个社会的对立情绪。自由主义者意在通过政治正确设定让全社会普遍接受的符合自由主义原则的价值标准,当高阶认同达不成一致的时候,政治正确寻求对价值标准的强制性适用,配有若干惩罚性的措施。由此,政治正确为个人的自由划定了禁忌的界限。不过,政治禁忌既不具备也无法索求宗教禁忌的虔诚性,往往只能在各种复杂利益的裹挟下蜕变为煽动性的政治口号,为选举竞争的党派政治所利用。可以说,高阶认同上的分歧是造成当前西方社会撕裂的主要原因,而且这些撕裂短期内无法成功弥合。在没有社会共识的情况下,少数群体不可能单纯依靠政治正确的庇护来避免被主流社会所排斥的命运。

二 主流社会对少数群体的隐性歧视

当我们把民主界定为"由人民进行统治"的时候,实际上已经对"谁来统治"这一问题进行了回答。正如迈克尔·沃尔泽所指出的那样:"谁被包括在内和谁被排除在外?——这是任何一个政治共同体都必须首先回答的问题。"① 按照人民主权的原则,最高治权应该掌握在所有的人(n)手中,每个公民都是主权权威的 $1/n$,从理论上讲,没有任何公民有多于 $1/n$ 的权利。但是,当我们考虑到 $1/n$ 的权利时,我们不能仅仅把 n 看作一个数字,而是还应该将其看作一个群体。n 并不是毫无区别的 10000 个人,而可能是 1000 个阿拉伯人加 6000 个法国人,再加 3000 个英国人。此时,文化、种族或宗教信仰等高阶认同上的差异极易导致社会排斥现象的出现,表面上的民主往往掩盖了部分群体遭受社会排斥的事实,此即民主社会的内部排斥问题。政治共同体中非主流的、边缘化的思想和生活方式——如妇女、同性恋者、宗教信仰等群体——都有可能成为内部排斥的对象。

历史地看,民主政治自诞生之日起,公民资格的授予就是一件格外重要的事情。在古希腊雅典城邦中,奴隶、妇女和外邦人这三类群体都被排除在了民主政治生活之外,这一传统甚至延续到了现代世界当中。在 19 世纪的欧洲,许多国家在公民的选举权和被选举权问题上普遍存在财产资格的限制。以法国为例,直至法兰西第二共和国成立之后,临时政府才决定推行成年男子的普选权。而妇女拥有选举权则是更晚的事情了,作为合众国的公民,美国妇女迟至 1920 年才在联邦层面拥有了选举权。即使到了今天,在最强调民主的国家,移民都是政治实践中的一个大问题。有些国家,移民政策相对宽松;而另外一些国家,移民政策一直收得很紧。移民问题之所以会成为一个焦点性的政治问题,对普通民众来讲,关注的焦点主要有二:移民所带来的就业机会上的竞争,以及移民所带来的诸多社会问题,比如毒品泛滥、暴力犯罪上升、社区环境恶化等。政治哲学家关注移民问题的角度则有所不同,他们更重视移民

---

① Michael Walzer, *Thinking Politically: Essays in Political Theory* (New Haven: Yale University Press, 2007), p. 81.

进入之后给社会的文化价值和思想观念带来的阵阵涟漪。因为任何一个多元化的乃至处于持久争论状态的社会想要稳定地延续下去，就要求社会成员共享一些基本的理念和原则，为多元化的社会提供基本的凝聚力。即便主张中立性原则的罗尔斯也承认民主社会需要存在一种民主思想的传统，一种能够为公民所普遍接受的公共政治文化，这种政治文化不只是写在书本上，供人们记诵，而是融入日常生活当中，成为共同的常识。不同于主张无国界移民的理想主义思想家，沃尔泽认为："限制入境有利于保护一个群体的自由和福利、政治和文化，使群体成员相互信任，信守共同的生活。"[1] 民族的概念在一种较为明确的意义上界定了民主统治的主体，并且为公民们之间的彼此理解和彼此协商提供了相互信任的政治基础。在缺乏共同感情，特别是共同语言的人们中间，民主自由体制几乎不可能建立起来。因此，民主的政治生态并非完全开放，而是闭合或半闭合的。不过，民族往往是与语言、历史记忆、特定的文化传统联系在一起的，因此其本身就隐含了可能的排他性的存在。

西方国家在实施了一系列照顾少数群体的经济、政治和教育政策之后，对特定人群的排斥越来越难了，但是隐性的排斥依然存在。加拿大政治理论教授弗兰克·坎宁安指出，自由主义的法律和制度约束无法保证文化认同或政治倾向上的少数能够免受"非正式的排斥"。[2] 以长期遭受主流社会排斥的美国黑人为例，20世纪后半叶的民权运动打破了长时期的种族隔离制度，平等原则不再停留在纸面上，黑人、白人和其他少数族裔在教育、求职乃至就餐等涉及日常生活的方方面面不得被区别对待。今天，美国主流社会中的绝大多数人口头上都会明确地反对种族歧视，大家都自觉地规避使用一些原先带有侮辱色彩的英语词语，种族歧视问题由此成为美国民众公共生活中的红线。人们在公共空间进行表达的时候都要有所顾忌，政治正确由此而来。政治正确的界线也是清晰的，不存在多少模糊的地带。在政治正确的旗帜下，不同社区的人群之间维持着表面上的和谐与尊重。于是，我们在西方国家的民主实践中看到了

---

[1] 〔美〕迈克尔·沃尔泽：《正义诸领域：为多元主义与平等一辩》，褚松燕译，江苏人民出版社，2009，第43页。
[2] 〔加〕弗兰克·坎宁安：《民主理论导论》，谈火生等译，吉林出版集团有限责任公司，2010，第69页。

在其他国家或地区中同样会存在的一种政治现象——公共领域与私人领域的两面性,主要表现为一个人在公共领域中的言行与私人领域中的言行并不一致,甚至是根本矛盾的。社会法律制度只能规范人的外在言行,至于每个人内心的私人性想法则不在制度规范的调控范围之内。政治正确标定的是公共领域中的行为规则,触犯这些规则会有损于自身的形象或利益,因此,很多人在公共领域中都自觉地遵从政治正确的界线。然而,公共领域与私人领域的两面性揭示了一个浅显的经验:不去触碰歧视和区别对待的红线,就真的代表歧视与区别对待不存在吗? 2015年6月,美国总统奥巴马在接受一个网络节目的采访时说:"出于礼貌、在公共场合不说'黑鬼',并非这么简单。这不是衡量种族主义是否依然存在的标准。"① 可见,作为政治人物,奥巴马也清楚公共领域的外在表现和私人领域的真实态度在某些情况下并不是一致的。

  与人类历史上存在过的种族压迫、清除异端、人为划分隔离区等政治现象明显不同,当代西方社会的歧视、排斥不是诉诸政治强制手段的显性排斥,而是源于私人性的内心偏见所导致的隐形歧视,是"习惯、期望和无言的恐惧承载着种族偏见的残留物,并形成了一股显著的社会力量——尽管这是一股没有人想要其后果的力量"。② 制度性的歧视不再公开出现,更难以防范的隐性歧视却到处存在。由于历史的、经济的和具体政策的原因,主流社会与少数族裔群体之间依然处于互不信任、互相隔离的状态,缺乏广泛的交流与沟通,这是导致隐性歧视的重要原因。值得注意的是,私人性的隐形歧视通常并不以穷或富来区分被歧视的对象。"是富人也好,有影响力也好,黑人和其他有色人种始终会面临'微妙的凌辱',比如在商店里被尾随监控。"③ 为什么有色人种会被尾随监控? 因为他们被认为是容易实施偷窃的人群。与西方启蒙思想家们设想的不同,社会科学无法做到精准地、一对一地确定每个人的思想、行为和态度。即便是生活在社交环境大致相同的同一个聚居区内,不同的人也会有不

---

① 《奥巴马谈种族歧视:在美国社会仍根深蒂固》,http://news.xinhuanet.com/world/2015-06/24/c_127942256.htm。
② Michael Walzer, *Thinking Politically: Essays in Political Theory* (New Haven: Yale University Press, 2007), p. 87.
③ 〔美〕斯坦利·艾岑等:《美国社会问题》(第12版),郑丽菁、朱毅译,电子工业出版社,2016,第237页。

同的成长特点，我们无法在不经过深入细致的了解之后就判定谁有犯罪前科，谁游手好闲。既然不能做到一一细分后的特殊对待，那么一般性的选择就是不加区别的同等对待。如此一来，不同群体间的不信任感会逐渐蔓延开来，社会偏见和内部排斥就会定型。强制分离的原则是取消了，分离主义的情绪和心理却又是广泛存在的。

　　隐形歧视的重要表现之一就是被美国学者称为"居住区的种族隔离"的现象。用"脚"投票的结果就是，不少白人由于各种因素逐渐地搬离黑人聚居的地方，黑人扎堆的地方往往找不到太多白人的影子，很多情况下，他们就像各自生活在自己的文化圈子里的人一样。与20世纪70年代相比，美国的居住区隔离状况几乎没有任何减轻，而伊利诺伊州的芝加哥则是整个美国隔离情况最严重的城市。"白人、非裔、亚裔和西班牙裔都倾向住在单一种族的小区内。近年来，黑人的隔离比例略微下降，亚裔和西班牙裔都上升了。"① 在密苏里州的堪萨斯城，特罗斯特大街贯穿南北。大街以东的社区住的是传统上的非洲裔美国居民，社区里的房屋低矮破旧、街道狭窄，公共服务设施落后；大街以西的白人社区却是完全不同的另一番景象，街道宽阔，生活设施齐全，居民的房屋多为独栋别墅，安全整洁。一位非洲裔居民对《人民日报》驻美国记者说："一条大街隔出了两种生活，我们就仿佛是二等公民。社区缺乏基础设施，缺乏工作机会，成了被美国遗忘的角落。20年前，我父亲告诉我，机会在城市的西边，遗憾的是现在依然如此。"② 美国新马克思主义理论家艾丽斯·M. 杨研究指出，"有大量证据表明，美国的居住区隔离是由法律性的或者非法的歧视所引起和维系的，其实施者是房东、私人房屋业主、房地产中介、银行以及其他的个人或者机构"。③ 在银行发放抵押贷款方面，非洲裔美国人（包括其他少数族裔）被拒绝的频率要远远高于欧洲裔美国人；而房地产开发商、投资人和保险公司经纪人通常会避免在有色人种聚居区进行数额庞大的投资。因此，居住区种族隔离

---

① 〔美〕斯坦利·艾岑等：《美国社会问题》（第12版），郑丽菁、朱毅译，电子工业出版社，2016，第238页。
② 章念生、张梦旭：《美国种族歧视鸿沟依旧》，《人民日报》2018年6月28日。
③ 〔美〕艾丽斯·M. 杨：《包容与民主》，彭斌、刘明译，江苏人民出版社，2013，第248页。

的形成在很大程度上是起源于公民个人的私人性的歧视行为。当然，这些歧视行为肯定会受到主流社会的整体氛围或者某种偏见的影响，而主流社会给有色人种聚居区贴上的标签是脏、乱、犯罪率高。居住区隔离的现象并不仅仅存在于美国，这种现象在西方发达国家广泛存在，只不过程度上有所不同而已。在伦敦、巴黎、柏林等欧洲大都市中都可以发现明显的居住区隔离现象。

隐形歧视的另外一种重要表现就是选择性执法。"少数族裔居住的下层社区总是成为警察怀疑、拦截、审问和搜查的对象。"① 2015年4月，美国马里兰州非洲裔青年弗雷迪·格雷在被警察拘捕后死亡，随后这一意外死亡事件导致了震惊全美的巴尔的摩市大骚乱的爆发。事件发生后，当地警察在对格雷进行执法处置的过程中是否存在过度执法和歧视性执法的问题受到了广泛的关注。2016年下半年，美国司法部专门对此出具了一份调查报告。报告中指出，巴尔的摩市的警察存在大量的与种族有关的执法偏见，他们频繁地针对非洲裔群体进行带有歧视性的执法。类似的执法偏见并不会明目张胆地表现为种族压迫，反之，执法警察会利用一些自由裁量空间比较大的理由——比如超速驾驶、醉酒驾驶等——来实施有针对性的歧视执法。"被警察拦截盘问的案例中，非洲裔司机占82%。"②

隐形歧视的第三种，也许是更重要的一种表现就是"狗哨政治"（dog-whistle politics）。所谓的"狗哨政治"主要是指民主选举过程中一种调集社会资源的宣传战术，其核心运作机制是一整套的针对特定选民群体的话语体系。在外人看来，这套话语体系中规中矩，并没有违反政治正确的红线，但实质上目标受众能够领会其中的真实含义。可以类比的是，狗哨可以发出人耳所无法听到的高频声波，这种声波信息狗却能够接收。在美国，代表共和党的候选人往往会频繁而巧妙地使用狗哨政治。2016年7月21日，特朗普作为共和党提名的总统候选人在俄亥俄州克利夫兰召开的共和党全国代表大会上发表演讲，其中提到如果他正式当选为美国总统，他将会恢复国家的"法律和秩序"。这一表态

---

① 〔美〕斯坦利·艾岑等：《美国社会问题》（第12版），郑丽菁、朱毅译，电子工业出版社，2016，第247页。
② 张朋辉：《巴尔的摩警方存在系统性种族歧视》，《人民日报》2016年8月11日。

本身就是狗哨政治的典型体现：既然要恢复法律与秩序，那么究竟是谁在破坏国家的法律与秩序呢？对于坐在台下的大多数普通民众来讲，他们都能理解到这是指向了有色人种群体。因为在他们的潜意识当中，底层的黑人和其他少数族裔的人是犯罪率高发群体。实际上，这并非特朗普的独创。早在1968年美国总统大选时，以独立候选人身份参选的乔治·华莱士（George Wallace）就提出："我将在1968年的选举中给人们另一个大议题：法律和秩序。"[①] 华莱士本人是民权运动时期著名的亚拉巴马州保守派政治家，以强调种族隔离而知名。此外，当共和党的候选人喊出"勤劳""努力工作""社会福利改革"等口号的时候，这些口号也是狗哨政治的组成部分，因为这些口号的背后往往暗含着以下意思："社会福利供养着一大批不找工作的懒汉"，或者"外来移民侵占了大家的合法福利"。总之，狗哨政治的出现恰恰代表着隐性的社会歧视和内部排斥还依然存在。

　　隐形歧视的大量存在让政治正确问题变得复杂，它使人们认识到政治正确并不是所有人真实的意见表达，而是在很大程度上遮蔽了社会歧视的真实存在。如果西方主流社会所推崇的政治正确在现实生活中不过呈现为两张皮，那么该社会的集结状态就如同一袋马铃薯，虽然外面覆盖的是同一个口袋，里面的马铃薯却互不相属，彼此之间留有很大的空隙。正是这种心理层面的隔阂，使种族歧视问题始终是美国社会最为敏感的那根神经，稍有风吹草动，就会引来井喷式的爆发。自2014年8月密苏里州发生警察枪杀非洲裔青年迈克尔·布朗案以来，美国多地又接连爆发数次类似的案件，引发了大规模的民众抗议，以致催生出所谓的"黑人性命攸关"运动（Black Lives Matter），成为左右2016年总统大选走向的主要议题之一。最近几年，全美各地极端右翼民粹组织的数量呈逐年增加的势头，与之相关的是，全美各地发生仇恨犯罪案件的数量也逐年递增。这其中，涉嫌种族歧视、宗教歧视的案件又占了大多数，而能够见诸新闻媒体报道并引发全国关注的案件只是美国仇恨犯罪中的一小部分。由此可见，外在表现的互相尊重、人人平等悬浮在表面，诉求

---

① 〔美〕约翰·米克尔思韦特、阿德里安·伍尔德里奇：《右派国家》，王传兴译，中信出版社，2014，第61页。

不同的人们小心翼翼地维持着自身的交流边界和空间，内在的、真实的一面却在自己的小型社交圈或通过其他方式不断地呈现出来。政治正确维系的是整个社会的"虚假的"同一性——用"真实的暴力"或"掩盖的真实"来维护已经支离破碎的社会生活的统一性[①]；通过这种手段达成的平等也是虚假的平等。

第三节　差异政治的局限

民主社会内部排斥的产生归根结底来源于认同上的多元化现实，个人或群体在诸如宗教信仰、种族归属、价值取向等一系列问题上存在多种多样的认同。要避免因为高阶认同的不可调和而产生内部排斥，要求我们正确对待"我们"与"他者"之间的关系，承认他者的特殊性和独特认同，而不是试图将所有人都强行同质化。真正做到这一点的前提就是在相互理解的基础上承认他者的存在及价值，承认他者与我们一样拥有平等的地位。这种承认既不是一种居高临下的恩赐，也不是一种良心发现的施与。承认他者的存在实质上是否认一个标准、一套原则和一种价值观，不同的群体、文化和宗教信仰可以践行不同的价值取向和良善观念。因此，承认他者的特殊性说到底是承认差异的存在，承认他者有权利坚持和维系自身的独特认同。此即当代西方政治哲学界颇为流行的"差异政治"。[②]

现代西方哲学已经不再把统一性列为主要的讨论议题，建构庞大的形而上学体系也不再可行，差异化成为人类社会生活的典型特征。查尔斯·泰勒指出，18世纪以来，本真性理想作为全新的观念扎根于现代意识之中，我的生活是独一无二的，我不能按照外部的一致性来塑造我的生活方式，而应该遵从内在的召唤，"忠实于我自己意味着忠实于我自己

[①] 〔德〕尤尔根·哈贝马斯：《重建历史唯物主义》，郭官义译，社会科学文献出版社，2000，第85页。

[②] Charles Taylor, *Philosophical Arguments* (Cambridge, Massachusetts: Harvard University Press, 1995), p.233. 沃尔泽同样使用过"差异政治"的概念，不过，他们二人是从不同的角度来谈这一问题的，泰勒主要是从哲学的层面来探讨"承认"与"认同"的问题的，而沃尔泽则更多的是基于美国的现实情况来谈差异政治的。参见 Michael Walzer, *What It Means to Be an American* (New York: Marsilio, 1996), pp.3-19。

的独特性,只有我自己才能表现和发现这种独特性"。① 在现代社会,既有人追求社会一般化的审美效果,并将其作为自身的认同,也有人追求个性化的表达方式——奇装异服、行为怪诞,即便技术手段可以畅行无阻地应用,其结果也未必是同质化的平等表现,而完全有可能是差异化的、个性化的表达。正是在这种意义上,查尔斯·泰勒才说:"真正地认同差异……意味着认同不同存在方式的平等价值。"②

所有西方民主国家,包容文化差异的主要机制之一就是保护个体的政治权利,这些权利使个体能够促进他们的观点和利益为更多的人所知。不过,写入文本的政治权利并不足以解决所有的文化认同上的问题。虽然少数群体在名义上也拥有合法的公民资格,但是他们仍然会不时地感受到主流社会的排斥乃至歧视。基于此,很多自由主义学者认为,现代民主涵盖的诸种公民权利实际上并没有充分照顾到少数群体的特殊需要,例如,某些宗教团体要求特殊的群体内部的教育权利,而一些少数族裔(如加拿大的魁北克、西班牙的加泰罗尼亚等)则要求政治上的特别权利和保护政策。因此,我们需要对高阶认同上的少数群体实行差异化的政策对待,保护他们的特殊传统、信仰和生活方式,尊重他们深层的价值认同和情感依恋。艾米·古特曼区分了两种不同的社会尊重形式:"(1) 尊重每个个体的独特认同,不管他们的性别、种族或人种是什么;(2) 尊重为弱势群体的成员所特别珍视或者与他们有关的那些活动、实践以及世界观,这些弱势群体包括妇女、亚裔美国人、非裔美国人、印第安人和美国境内的众多其他群体。"③ 除了从政治和文化的层面上强调要尊重和保护少数群体的自我认同之外,国家还应该大力推进社会福利,保障人们的基本教育、医疗和生活水平,以便使被排斥的少数能够融入主流社会,从而削弱社会排斥本身的存在。

不过,作为自由主义者的古特曼与许多其他学者一样担心对差异政治的滥用:少数群体的特殊认同有可能会被公开置于更具普遍性的对公

---

① 汪晖、陈燕谷主编《文化与公共性》,生活·读书·新知三联书店,2005,第295页。
② 〔加〕查尔斯·泰勒:《本真性的伦理》,程炼译,上海三联书店,2012,第64页。
③ Amy Gutmann (ed.), *Multiculturalism: Examining the Politics of Recognition* (Princeton, New Jersey: Princeton University Press, 1994), p. 8.

民权利和个人自由的认同之上,换言之,如果赋予一些少数群体以优先的"群体权利"的话,那么这些保护少数群体利益的集体权利有可能会与群体内部成员的个人权利与自由发生冲突。主张群体权利的人一般认为群体权利是个人权利的补充,而反对者则倾向于认为群体权利会威胁到个人权利的保障。除此之外,批评者还担心,主张差异性的身份认同容易造成少数群体与更大的政治共同体之间的疏离与冲突,因而不利于整个社会的团结与整合。拥有如此众多的碎片化认同的个人和群体需要在政治上生活在一起,这就意味着需要找到某种共同的基础或参照点。作为个人或某一群体中的成员,我们的高阶认同可能是非常不同的,但不管怎么说,我们都是某一国家的合法公民,拥有平等的法律地位,共享着一套(由宪法)正式规定的权利和义务,作为理性而自由的个人受到法律的平等尊重。罗尔斯将这一意义上的认同称为"公共认同"(public identity)[1]或"制度认同",这一认同的实质是对制度——基本法律、基本权利和基本义务——的认同。哈贝马斯也主张,欧洲的统一不能指望建立在共同的语言、文化和传统的基础之上,而是应该建立在共同的正义观念和法律准则的后民族主义的基础之上。欧洲的统一必须从"对同一个普遍主义法律原则的不同的、受民族史影响的理解中共同生长出来"。[2]在这种意义上,哈贝马斯认为欧洲有必要确立一种新的政治自我意识,这种自我意识不同于源自中世纪的甚至更为遥远的源自"两希文明"的欧洲自我意识,因为后一种自我意识包含太多的历史、文学、艺术等各民族传统的东西,无法在其基础之上建立起一种拥有高度共识的政治原则。

问题是,基于共同的政治原则的公共认同是很脆弱的。为了保障对少数群体的特殊认同的承认与尊重,而又不至于使社会共识濒临破裂,罗尔斯和哈贝马斯诉诸程序性的制度认同。但是,单纯政制和法律上的同一不能百分之百地保证现代国家不陷于冲突与分裂。加拿大的英裔和法裔(魁北克)居民虽然分享相同的政治原则,但是魁北克

---

[1] John Rawls, "Justice as Fairness: Political not Metaphysical", *Philosophy and Public Affairs*, Vol. 14, No. 3, Summer (1985): 241.
[2] 〔德〕尤尔根·哈贝马斯:《在事实与规范之间》,童世骏译,生活·读书·新知三联书店,2011,第670页。

的民族主义情绪一直十分高涨，并没有因为共享的政治原则而放弃自身的民族诉求。① 这也是为什么像美国这样成功的移民国家，在统一的宪法认同中同样包含着历史和文化的成分，也需要一些能体现民族国家精神的外在标志——国父的高大形象和动人传说、自由女神的象征等。单单用一套普遍的权利、法律与正义原则来统合所有群体的努力不可能产生共同的爱国主义要求。戴维·米勒承认，包含着原则陈述和体现这些原则的制度的宪法或多或少是民主社会中的共同通货，但是它并没有解释为什么政治共同体的边界是在这里而不是在那里，也没有给出任何与共同体相关的历史认同感——现在与过去之间的联系。"支持共同公民身份的民族认同必须比'宪法爱国主义'所暗含的更厚。"② 如果我们想使所有的群体都分享一个共同的认同，我们并不是一定要抛弃宪法原则之外的所有东西，而是可以通过调整、修正我们继承而来的文化，以便为少数群体留出生存的空间。具体的一些做法可以是，我们并不会在学校中剔除掉民族历史的课程，而是建立一个共同的课程，在其中所有少数群体的历史地位都得到合理的评价。公民团结的基础绝不可能仅仅是单纯的政治性的，差异政治过于依赖共同的制度认同的社会纽带作用，忽视了塑造社会团结意识所需要的更深厚的历史文化土壤。

---

① 对这一问题的详细分析可参见金里卡《自由国家的社会统一》，载李义天主编《共同体与政治团结》，社会科学文献出版社，2011，第316~317页。
② 〔英〕戴维·米勒：《论民族性》，刘曙辉译，译林出版社，2010，第192页。

第五章　文化问题：多元文化主义的诉求及其困境

查尔斯·泰勒曾经指出，康德哲学的背后暗含着西方文明的一个根本性洞见——"道德人格的普遍属性"。① 正是康德式的理性主体观念为主张普遍主义的西方学者奠定了本体论意义上的基础。因此，当这些学者把目光从自己国家转向全世界的时候，其价值立场上的普遍主义倾向便日益凸显出来。可以说，自由主义民主制度在西方取得压倒性的地位之后，因其自身的普遍论特点，必然要求冲破既有的国家与国家之间的界线，扩展到整个世界的层面上去；与此同时，自由主义民主所包含的诸多原则性的要求也势必会在全世界的范围内重新呈现出来。

前文已述，自20世纪60年代以来，西方主流社会开始采取一种更为宽容的态度，允许各移民群体和少数群体保持其自身的文化传统，多元文化的现象遂成为一个不容回避的社会事实。"现存国家内部的各种群体——宗教群体、族群、由性别或性取向定义的群体，如此等等——越来越坚持他们独立的文化认同并要求给予那些认同以政治上的承认。"② 与此同时，少数群体的心态发生了微妙的变化，那种为了顺应社会中占主导地位的文化模式而压制自己的特殊认同的思想在相当大的程度上被削弱了，少数群体要求主流社会改变既有的规范，以便能够容纳他们。"多元化这一永久性的事实是自由主义政治的核心问题。"③ 多元文化的不断发展与西方社会普遍主义的价值取向发生直接的碰撞甚至对抗。罗尔斯说过，在当代的政治生活中，"种族问题、种性问题和性别问题是最

---

① Amartya Sen and Bernard Williams (ed.), *Utilitarianism and Beyond* (Cambridge; New York: Cambridge University Press, 1982), p.130.
② 〔英〕戴维·米勒：《社会正义原则》，应奇译，江苏人民出版社，2008，第303页。
③ 〔美〕斯蒂芬·马塞多：《自由主义美德》，马万利译，译林出版社，2010，第243页。

突出的"。① 在面对这些重大问题之时，西方民主理论家所提出的解决方案并没有取得预期的实践效果。

第一节 普遍主义与文化中心论

西方自由主义民主认为个人权利与个人自由是普遍的，其适用性并不受制于特殊的、地方性的政治团体，它具有超越所有现存文化传统之上的合理性与普遍性。这一普遍主义的价值诉求预设了如下的道德形而上学：不管一个人属于哪一个种族、文化社团或宗教群体，他都享有同等的天赋权利，需要被平等地尊重与对待。可见，对于民族、地方社群、宗教群体等承载着一个人的特定的社会角色的东西，普遍主义一律采取"匿名性"假设，它的最终落脚点是理性的、自主的个人。很明显，规范意义上的普遍主义的哲学理念与西方近代以来的自然权利观念和启蒙理性思潮是相符合的。很多学者愿意引用美国《独立宣言》开篇的一句话：人人生而平等。康德从道德形而上学的层面进一步论证了个人权利以及人人平等的来由：我们都是理性主体，都能够运用理性来选择自己的目标，指导自己的生活。至此，西方近代由笛卡尔发端的主体性原则（"我思故我在"）和理性原则完整地结合在了一起。在本体论的层面，理性主体的概念取得了压倒一切的优势；在实践哲学层面，道德主体的概念获得了最为基础性的地位。

如果我们进一步追问普遍主义的哲学基础的话，其之所以把整个人类社会作为自身的适用范围，理由无外乎有二：其一，承继启蒙主义尤其是康德的理性思路，诉诸普遍的人类理性；其二，诉诸人类的本性（或者人性）。实际上，这两种理由所依据的主要学理基本上是由西方近代理性主义和经验主义所圈定的，因此，它们并没有超出启蒙思想的大范畴。桑德尔曾经指出："世界主义的理想恰当地强调了我们共同享有的人性，并把我们的注意力引导到由此产生的道德后果上。"② 也许用一个设问句可以很好地概括这一论证思路：为什么我们应该平等地

---

① 〔美〕约翰·罗尔斯：《政治自由主义》，万俊人译，译林出版社，2011，第14页。
② 〔美〕迈克尔·桑德尔：《民主的不满》，曾纪茂译，刘训练校，江苏人民出版社，2012，第399页。

尊重与对待每一个个体呢？因为我们都是"人"，不管我们赋予"人"这个概念以怎样的承诺，比如有理性的动物、分享共同的人性、可以同情共感等。

然而，自由主义民主之所以有强烈的普遍主义倾向，一个不能忽视的时代背景就是全球化的到来。加拿大政治学者叶礼庭就指出过普遍主义或者说世界主义的经济发展基础："这种世界主义的伦理中没有任何新的东西。自 1700 年以来，我们一直生活在一个全球经济中，世界上许多大城市几百年以来都是全球贸易中心。"① 马克思、恩格斯早在《共产党宣言》中就对世界市场的形成做过出色的预言：资本主义大工业的生产促使一切国家的生产和消费都成为世界性的了，而为了增加产品的销售渠道，资产阶级不得不往返奔走于世界各地，到处建立渠道，这就在客观上加强了各民族国家之间的联系和交流，打破了地方区域的自给自足的闭关状态。各种国际性和区域性的经济合作组织的建立在促进各国经济快速增长的同时，也带来了人员和物资的大规模流动。货币和花样繁多的金融衍生品充斥在世界各地，掌握高新技术的科技人才受到各个国家的追捧，而跨国公司的涌现使得工业生产不再局限于某一个或几个国家。所以，全球化时代的一个最为重要的特征就是社会是高度流动的，没有一个国家或地区能够维持绝对的自我封闭。经济全球化的趋势日益具有超民族的色彩，各国人民也日益依赖于这种超民族的经济力量。用安东尼·吉登斯的话讲："全球化意味着一种创造相互依赖的力量。"② 全球一体化削弱了民族国家决定自身内部的经济事务的能力。比如，如果某个国家想通过加大对境内的外资企业的税收监管和征收力度来提高财政收入的话，其结果往往会得不偿失，因为劳动力和资本都具有高度的流动性，一旦发现此处的社会大环境不利于经济效益的提高，跨国公司可以很快地把自己的生产线转移到别的国家中去，而高技术的生产人员可以以更快的速度转移自己的服务对象。另外，当今世界存在着许多传统的和非传统的全球性问题，如气候变化、海洋

---

① 〔加〕叶礼庭：《血缘与归属：探寻新民族主义之旅》，成起宏译，中央编译出版社，2017，第 11 页。
② 〔英〕安东尼·吉登斯：《全球时代的民族国家》，江苏人民出版社，2012，第 23 页。

污染、恐怖主义等，还有政治哲学家倾力关注的全球范围内的经济不平等问题——"富国与穷国之间的差距正在扩大"，① 全球性的不平等随着经济的发展而持续地加剧。无论是哪一个问题，仅凭单一国家的力量都得不到全面的解决。

总体上讲，全球经济一体化的力量趋向于塑造出一种同质化的社会结构和一致性的评价标准，并在此基础上影响人们的价值观。主张普遍主义和世界主义的人倾向于建构一种适用于全世界的理论，为了使该理论彻底而通透，它可能需要一个完备性的论述，对诸如正义、自由、平等、人权等概念做出全面详尽的分析，并以同等的方式运用到世界上的每一个角落中去。非如此，普遍主义的理论便很难说服人。不少学者指出，普遍主义的背后隐藏着这样一层意思：现代西方社会的政治制度、法律体系和价值观念较其他社会而言都更为优越，也更为可取，因此，有必要按照西方的现代性模式来重塑整个世界。沃尔泽称其为"覆盖律的普遍主义"。② 这种普遍主义声称，对于整个人类而言，只有一个规律与一个正义标准，也只有一种关于什么是好生活、好社会和好制度的正确的理解，其他的理解都是错误的，凡是对此持有异议的人和国家都应该受到谴责，他们的生活和制度都是完全没有价值的。总有一天，所有的人和国家都会认可和接受这一正确的理解，这一天就是"千禧年"的到来。沃尔泽明确将这种覆盖律的普遍主义与基督教的教义联系在了一起。与现代社会诸方面的发展相联系，源自西方的科学技术、市场经济、消费文化和科层管理制度在全世界广泛地传播开来。于是很多人就认为现代性只有一种形态，而且是一种单一的过程，在世界各地区、各民族都接受了西方式的现代性模式之后，我们便步入了世界大同。它试图以一个单一的、固定的模式来同化整个世界，将世界各地都纳入同一个价值系统和制度结构。

对于这种理解现代性的方式，查尔斯·泰勒表示反对，他首次提出

---

① Martha Nussbaum, "Beyond the Social Contract: Capabilities and Global Justice", *Oxford Development Studies*, Vol. 32, No. 1, March (2004): 3. 当然，哈贝马斯、迈克尔·沃尔泽、托马斯·博格、布莱恩·巴里等许多政治哲学家都持有相同的观点。

② Grethe B. Peterson (ed.), *The Tanner Lectures On Human Values* (*XI*) (Salt Lake City: University of Utah Press, 1990), p. 510.

了"多元现代性"(multiple modernities)① 的理念，这种理念要求我们不再把西方的现代性模式视为唯一可行的模式，而是将其理解为许多模式中的一种，虽然西方模式可能是人类历史上所产生的第一种现代性模式，但这绝不意味着现代社会只能有这一种发展模式，更不意味着它就是最成功的一种模式。多元现代性的理念使得原本被许多人看作具有普遍性的西方现代性模式变为一种地方性的模式，变为了世界多元化体系中的一元，正是在这种意义上，泰勒才谈到了地方化的欧洲的问题。欧洲的价值与制度实际上是世界各地诸多价值体系和制度设施中的一种，它并不具备宣称自身的唯一性和普遍性的资格和理由。世界范围内多元文化主义的兴起极大地冲击了这种欧洲文明中心论的观点，各个地区、各种形态的文化体系都积极谋求自身的生存发展空间和平等的国际地位。美国文化人类学家约翰·博德利便认为，一个更理性化的全球社会，将会控制资源开发，同时容许各种小规模的部落群体的存在，容许全球范围内的更丰富的种族和文化多样性。"或许，支持文化自治最重要的原因并不是部落民反复用行动表明这是他们的意愿，而是地方文化多样性对于人类的长期生存具有重要意义。"② 换言之，即使是从人类现实生存的角度来看，我们也不需要一种统一的文化形态。最好的办法就是，以相互平等尊重的态度来积极寻求国际之间的对话与协商，以便就人们普遍关心的话题达成能够为各方所接受的共识，只有这样，国际上的相互理解才有可能建立，一个和平有序的世界格局才有望实现。查尔斯·泰勒肯定地说："不管是对政治学还是对社会科学来讲，理解他者都是本世纪的一个巨大的挑战。"③ 在一个多元化的世界中，西方人不再能以先进文化的创造者和文明的传播者自居，而是发现原来其他民族的文化和历史同样承载着不可忽视的意义和价值，与西方人自己的文化共存于一个世界上。此时，我们迫切需要的是国家之间的相互理解、相互包容。泰勒曾经不无遗憾地指出，在通向相互理解的道路上有一个不小的障碍，那就

---

① Charles Taylor, *Modern Social Imaginaries* (Durham and London: Duke University Press, 2004), p. 195.
② 〔美〕约翰·博德利：《发展的受害者》，何小荣等译，北京大学出版社，2011，第298页。
③ Jeff Malpas, Ulrich Arnswald and Jens Kertscher, *Gadamer's Century: Essays in Honor of Hans-Georg Gadamer* (Cambridge, Massachusetts: The MIT Press, 2002), p. 279.

是很多西方人没有认识到或不愿意承认西方文化只是众多文化中的一种,文化中心主义的心态始终隐隐地发挥作用。

自由主义民主的支持者可能会担心,当我们抛弃康德式的道德普遍主义的理论思路时,他们最为看重的个人权利与自由将不会得到根本性的保障。实际上,自由主义者大可不必如此担心。普遍主义的权利观念的实现恰恰需要非普遍性的国家主权来保障。每个人都是一个权利主体,都可以主张自己的个人权利,然而如果离开政治共同体的话,这些各自的权利主张之间极有可能发生冲突,最终个人权利本身也无法得到保障和实施。一种无法实施的权利很难称得上是权利。假设权利的实现不需要任何保障的话,那么建构社会契约的目的本身就会让人产生怀疑:我已经拥有权利并且实现了权利,我还要主权权威做什么呢?经由社会契约的路径而把个人置于主权的统治之下,这本身就说明权利的实现需要一个与之相配的实施与保障机构,"权利仅在它们能够得到集体承认的政治共同体中才能得到实施"。① 换言之,个人权利需要一个承载它、落实它的政治舞台,至少就目前来讲,这一政治舞台依然是主权国家。只有在这一基础之上,以保障和促进权利为目的的福利政策和法律制度才能得到强有力的支持。世界公民的概念固然具有吸引力,但在现实中,个人仍然会被贴上美国人、德国人、澳大利亚人等诸如此类的标签。主权国家依然是我们日常政治生活的最重要的竞技舞台。所以说,普遍的个人权利与具体的国家主权之间并不是非此即彼的二元对立关系,而是相辅相成的辩证关系。主权的存在本身就是为了更好地保障每个人的生存、发展和追求幸福的权利。如果把权利的优先性进行单独而彻底的剥离,那么,它的实现本身就会成为问题。

第二节 多元文化主义对普遍主义的挑战

自从约翰·密尔从学理上论证了多样性对人类社会发展的重要性之

---

① Michael Walzer, *Thinking Politically: Essays in Political Theory* (New Haven: Yale University Press, 2007), p. 232.

后，对多样的异质文化的肯定就成为一种代表着文明和进步的态度。多样性之所以值得赞美，不但是因为它给我们提供了发展与进步的可能，更重要的是，它为我们提供了可以自由选择与进出某种文化认同的可能性，这是多元文化主义吸引人的主要地方之一。米勒勾勒过如下一幅图景："新的世界主义在我们面前树起一个映像，其中我们可以在星期一探究我们的凯尔特根源，星期二在街坊寺庙中庆祝佛陀的生日，星期三参加反对国际捕鲸业的绿色和平示威，星期四参与批判英国帝国主义的讨论。"① 米勒的这一描绘虽然有点夸张的色彩，不过确实充分展现了多元文化主义支持自由选择的承诺。

一 特殊主义的哲学理念

既然西方文化只是众多文化中的一种类型，西方的价值与制度也只是世界各地诸多价值体系和制度设施中的一种类型，那么它就并不具备宣称自身的普遍性甚至是唯一性的充足理由。所以，西方学者有必要"重新获取对我们自身历史的更为恰当的看法"。② 承认其他文化存在的合理性的同时客观上也包含对西方文化的特殊性的认可，因此，多元主义的观点与对文化传统的特殊性的强调是密切相关的。

从多元主义的角度讲，每一个国家的制度选择都承载着历史、文化、宗教等诸多因素的积淀，也体现了被该共同体当中的人们所广泛分享的世界观、价值观与生活方式。共同的语言、信仰，或者共同的历史、政治制度为我们塑造了一个共享的公共认同，这种共享的公共认同奠定了我们相互信任和相互团结的基础。在此基础上，人们可以大力追求经济发展、分配正义、文化繁荣和社会统一，为实现幸福美好的生活而拼搏。道德实践活动具有情境性的特征，需要我们具体情况具体对待，这种伦理思想被称为"伦理特殊主义"。普遍主义的道德立场无法合理地解释一个问题，那就是这种普遍主义立场的来源到底是什么。最终，康德式的普遍主义要求不得不依赖于"灵魂不朽"和"上帝存在"这两大传统的宗教悬设。这倒很符合西方历史的演变历程——自

---

① 〔英〕戴维·米勒：《论民族性》，刘曙辉译，译林出版社，2010，第189页。
② Charles Taylor, *Dilemmas and Connections* (Cambridge, Mass.: The Belknap Press of Harvard University Press, 2011), p. 123.

由主义毕竟是产生自基督教传统影响下的国家当中。换言之，作为一神教的基督教的普世情怀在相当大的程度上浇灌出了自由主义的普遍主义立场。"康德视之为道德本身的原则与预设原来只是一种相当具体的道德——为现代自由个人主义提供了其特许权之一的世俗化了的新教道德——的原则与预设。"①

德国思想家哈贝马斯区分过两种看待个人与政治共同体之间的关系的观点：其一，从洛克出发的自然权利学说传统，将个人与共同体之间的关系界定为"个人主义—工具主义"的思路；其二，从亚里士多德开始的共同体主义传统，将个人与共同体之间的关系理解为"交往性—伦理性"的思路。②所谓"交往性"是指我们并不是将个人看作单个的、独立的，而是从主体间性的角度将个人理解为处于集体性实践的相互关系之中的；所谓的"伦理性"主要是沿用黑格尔的伦理共同体的思路，个人生活于共同体当中根本地是生活在一个伦理共同体中。我一出生就被赋予了某种特定的社会角色，就是作为某一个家庭的"新成员"而存在的，就是我爷爷的孙子/孙女、我父亲的儿子/女儿，这完全不依赖于我个人的意志。所谓伦理就是指"每一个特殊社会的合乎习俗的道德，仅此而已"，③公民个人正是在共同体中生活才能逐渐确立起自身的身份和文化认同。我们在援引"伦理共同体"这一观念的同时，实际上抽离掉了自由主义的普遍主义主张：脱离特定的社会情境来谈论抽象的价值标准和道德原则是没有太多的意义的，自由、平等、正义、权利等概念必须落实到具体的社会情境中才会有生命力。每一个伦理共同体的存在都为成长于其中的人们划定了看待世界的阐释框架。如果说，自由主义基于人性或理性的假设而倾向于赞成普遍论的话，那么我们基于对共同体的具体的、情境化的理解而倾向于赞成特殊论。伦理共同体的思路代表了伦理特殊主义的立场，而伦理特殊主义的立场正好可以切合每个具体国家的具体的、特殊的国情。把伦理特殊主义的立场与多元主义相结

---

① 〔美〕阿拉斯戴尔·麦金太尔：《追寻美德》，宋继杰译，译林出版社，2008，第301~302页。
② 〔德〕尤尔根·哈贝马斯：《在事实与规范之间》，童世骏译，生活·读书·新知三联书店，2011，第659页。
③ Thomas Pogge and Keith Horton (ed.), *Global Ethics: Seminal Essays* (St. Paul: Paragon House, 2008), p. 137.

合，我们可以得出以下的推论：正是一个个具体的、特殊的国家和文化传统的存在，才构成了多元主义存在的基础。自由选择的前提是有可供我们选择的对象摆在那里，多样性的存在需要我们付出足够多的时间与精力来保障与维系。如果说尊重差异、尊重多元业已成为西方理论界的共识的话，那么在国际关系中尊重不同国家的理念和选择就应该成为一种国际共识。一个对他国的历史、文化、习俗缺乏足够了解的人，无法对该国的具体情况做出正确的评判。"最好的政治安排是与将会生活在这种安排中的人们的历史和文化有关的。"①

伦理特殊主义说明我们对生活在同一个政治共同体中的同胞或公民负有特殊的责任。我们总是从家庭、邻里、民族等共同体中的特殊的爱或者责任出发，然后才扩展到对更大范围内的人的关心的，沃尔泽曾经借用玛莎·努斯鲍姆（Martha Nussbaum）提到的"同心圆"（concentric circles）比喻形象地阐述了这一思想。对特殊依恋的强调却并不排斥对其他群体的道德担当，沃尔泽用"一般性的善意"（a general good will）②这个词来形容对其他群体的道德关怀，而用"个人性的"一词来形容对自己所属的群体的特定依恋。这种个人性的依恋包含着强烈的情感，没有人能够忽视这种依恋情感的存在，正如人们对家的感觉一样。世界上很少有人会对自己的家庭漠然视之，类似的，也很少有人会对自己的祖国漠然视之，民族国家的界线则圈定了我们的依恋情感的投射区域。

从某种意义上讲，特殊性与普遍性之间并不是非此即彼、互不相容的关系。实际上，我们每个人都是从既有的历史和文化传统中习得了最基本的价值理念的。随着时代的变迁和个人的成长，我们可能会赋予这些价值理念以新的理解，但是，我们不可能凭空创造价值理念与道德原则，柏拉图意义上的哲学家同样身处于洞穴之中。我们从小所接受的道德观念必定是来源于我们的家庭、我们的部落、我们的民族、我们的国家，这构成了我们道德实践的起点。虽然这些形式的共同体提供给我们

---

① Michael Walzer, *On Toleration* (New Haven and London: Yale University Press, 1997), p. 5.
② Ronald Dworkin, Mark Lilla and Robert B. Silvers, *The Legacy of Isaiah Berlin* (New York: New York Review Books, 2001), p. 169.

的都是具体的、特殊的道德实践情境,但是,这并不意味着我们一生的道德实践都会受到这些特殊性的限制。"不从这些道德的特殊性出发,就无从开始;正是从这类特殊性出发的向前运动构成了对善、对普遍性的探寻。"① 举例来说,我们从小就会知道爱情是一种美好的价值,它源于人的天性,对每个人来讲都非常重要,值得我们去用心追求。我们承认爱情这一美好的价值是普遍的,然而我们又是从何处去体验这一价值的重要性呢?熟知非真知,只有我们亲身经历一段爱情的苦涩与甜蜜,才能够真正明白爱情这一价值的内涵外延。每一段爱情经历都必定是特殊的,因为即使我们自己不发生变化,爱的对象也不一样。对于一位男士来讲,不管他所喜欢的女孩子性格上是多么的相似,气质上是多么的相近,她们在他面前所呈现的从内到外的完整性必然是有差别的。我们正是在各自特殊的恋爱关系中切身感受到爱情的现实影响,进而才有可能真正意识到为什么爱情会具有普遍的意义。反过来讲,即便我们拥有普遍的、大爱的道德水准,但是,我们对每一个不同个体的爱与关怀必定是特殊的,托马斯·内格尔称之为"关切的分离性"。② 不同的个体有不同的个性与需求,对别人的爱与关怀是要以爱的对象的具体情况为前提的。特殊的道德实践使得抽象的道德理念和原则充实了起来。

二 多元文化主义的变体:文化相对主义

多元文化主义虽然得到新自由主义的赞成和支持,但受到保守主义的质疑。在美国保守派思想家列奥·施特劳斯看来,任何出于对特定传统、特定地域的局部知识的中立性评价的多元论都难免最终导致相对主义的结局,这是当代西方价值虚无主义思潮盛行的根源。作为施特劳斯的学生,艾伦·布卢姆(Allan Bloom)教授给我们描述了这样一幅美国价值图景:"我看到价值相对主义及其伴生物在这块土地上茁壮成长,超乎任何人的想象。"③ 从根本上说,当我们声称不同的道德规范、价值理

---

① 〔美〕阿拉斯戴尔·麦金太尔:《追寻美德》,宋继杰译,译林出版社,2008,第250页。
② 〔美〕托马斯·内格尔:《平等与偏倚性》,谭安奎译,商务印书馆,2016,第74页。
③ 〔美〕艾伦·布卢姆:《美国精神的封闭》,战旭英译,冯克利校,译林出版社,2015,第101页。

念或文化传统之间是不可公度的（incommensurable）①时候，我们就刻画出相对主义的一个典型特征。

关于相对主义，不同的学者给出了不同的分类。此处所讨论的相对主义更多的不是知识论意义上的，而是文化意义上的。无论是哪种意义上的相对主义，它们都始于多样性这一事实。没有多元的、差异化的道德文化传统的存在，相对主义不可能产生。但是，多元文化主义与相对主义二者之间并不存在必然的逻辑递推关系，多元文化主义至多是形成相对主义的前提。相对主义比客观描述我们所面对的多元化存在走得更远，它其实代表一种反思性的道德理论。

麦金太尔认为，研究过北美印第安人的美国文化人类学家鲁思·本尼迪克特（Ruth Benedict）是"第一位拥有一致和成熟的道德相对主义观点的学者"。②鲁思·本尼迪克特通过田野调查得出结论，道德观念都是内在于某一特定的社会和文化群体的，任何道德观念的正当性只是相对于其自身的文化群体而言的，衡量善的唯一准绳必定是地方性的。道德相对主义者拒斥普遍主义的价值诉求，他们认为，"我们所有的观念与理论从根基上都可以被视为地方性的文化形态，都是扎根并限定在特定时空之中的"。③我们关于好与坏、对与错、先进与落后的诸多判断都不可能是绝对的，而只可能是相对于某个特定的文化或群体中

---

① 需要注意的是，不可公度不意味着完全的不可理解。无论是名义上的对抗，还是真实的对抗，我们不能想象两种信念系统（无论是价值的、文化的还是信仰的）处于完全的不可公度状态之中。假定一个与一群人的生活有关的系统 $S1$，该系统 $S1$ 中存在着 m 种各自不同的行为、观念、价值或习俗，又假定存在着一个与另一群人的生活有关的系统 $S2$，该系统中存在着 n 种各自不同的行为、观念、价值或习俗。如果 $S1$ 和 $S2$ 之间毫无可公度之处，那么我们是根本不可能明白和理解 $S1$ 和 $S2$ 之间的区别的。一种相互之间的完全的不可公度、不可理解就如同面对 "U 星球上的某 X" 一样，二者之间不可能发生真实的或想象中的对抗。既然我们知晓二者之间有不可公度和调和的一些方面，那就说明二者之间一定存在着可公度和可相互理解的另一些地方。比如，生活在 $S1$ 或 $S2$ 中的人们说着不同的语言，一个人没有受过训练，不明白对方具体表达的内容。但是，他能明白对方所进行的活动是言语表达。他也知道对方需要饮食（品类可能差异极大），需要各式各样的分工合作，需要艺术、文化等精神层面的创作，在现实的生活中还会有旁观者难以短时间内理解清楚的禁忌。即使是严格的相对主义也需要建立在形式上的可理解的基础之上，否则我们就无法评价。
② 〔美〕麦金太尔、张言亮：《论道德相对主义——麦金太尔访谈录》，载万俊人主编《清华哲学年鉴（2008）》，当代中国出版社，2009，第 4 页。
③ 〔英〕史蒂文·卢克斯：《道德相对主义》，陈锐译，中国法制出版社，2013，第 3 页。

的成员。由此出发，道德相对主义也顺带否定掉了伦理进步主义的观念。反映到公共政策领域中，道德相对主义者支持基于特殊身份的差异政治，主张保护和维系少数社群部落的文化和生活方式。"文明"与"野蛮"、"先进"与"落后"、"开化的"与"未开化的"，这些词语在古典自由主义者（如19世纪的约翰·密尔）那里依稀可见，① 很显然，20世纪的道德相对主义者不会采纳类似的范畴来界定任何文化群体。在他们看来，给其他类型的文化社群贴上落后、未开化等标签，这是理性的僭越。相对主义并不承认规范和原则的理性主义基础，而康德意义上的理性则代表着对超越时空的普遍性的追求。"我们有关对错的判断并不是无条件的与绝对的，而是相对于我们的社会、文化或者某个特定群体的。"②

既然无所谓公认的对与错、真与假等，自然而然的逻辑结果就是，道德相对主义基本上放弃了"判断"。既然我们相互之间根本就没有一个为大家所普遍接受的跨文化的衡量标准，有的只是各种各样的"我的"标准，因而在道德实践中，相对主义否认"我"有权利对"他者"的信念进行判断，反之亦然。我们每个人都生活在特定的信念系统当中，每一种特定的文化或信念系统又都铭刻着特定的价值观念和道德规范，而身处该信念系统之外的人无法对其进行评判。只有处在特定的文化系统中的成员，才具备评判的资格。在相互接触的过程中，"我"并不是不理解"他者"的文化，"我"也知道"他者"的价值理念和生活方式产生自什么样的历史和社会背景，"我"甚至明白"他者"的文化系统中存

---

① 美国政治学者珍妮弗·皮茨（Jennifer Pitts）研究指出，19世纪欧洲最为著名的自由主义政治思想家——托克维尔和密尔——都在不同的程度上支持欧洲的殖民扩张和对殖民地的统治。珍妮弗·皮茨注意到，密尔的政治理论具有显著的两面性的特点："尽管密尔对于国内政治持有激进主义态度，但是他坚信，殖民地政府是一个善意且合法的专制政府，是为了改进其属民的生活水平而设置的。"密尔并没有深度质疑19世纪英国殖民统治的合法性，原因就在于他认为近现代欧洲文明是先进的、优越的，而殖民地地区的人民（比如印度）是未开化的、落后的，乃至野蛮的，他们缺乏自我治理和求得文明进步的能力和动力，因此英国对落后社会的殖民治理就是合法的。密尔相信，欧洲的现代化和殖民历史的进程本身就被描述为一个文明战胜野蛮的过程。可见，19世纪欧洲自由主义思想家认为不同的文化形态确实有"先进"和"落后"、"文明"与"野蛮"之分。参见〔美〕珍妮弗·皮茨《转向帝国：英法帝国自由主义的兴起》，金毅、许鸿艳译，江苏人民出版社，2012，第237～238页。

② 〔英〕斯蒂芬·卢克斯：《道德相对主义》，陈锐译，中国法制出版社，2013，第26页。

在诸多的流派、纷争与歧义，但是，问题的关键在于，"我"拒绝对诸种不同的信念系统进行衡量，拒绝对"我"与"他者"之间的善恶优劣进行评判。在相对主义者那里，重要的是发现和承认，而非判断。面对异质的信念系统，他们赞同的是规范层面上的克制。为了给非批判性的立场以有力的支撑，相对主义者认为诸价值规范和信念系统之间是不可公度的，它们的前提、标准甚至实践情境都是各自有效且不可比较的。因此，在处理不同的价值理念、信仰体系或文化传统时，我们必须允许各种善观念的互竞式的存在，拒斥同一化的评判标准。在不可公度性的概念背后，相对主义学说预设了一种"非至善论的"（nonperfectionist）[①]的哲学观，它不寻求古典作家念兹在兹的最优良的生活方式，而是认为没有人可以确切地规定何种价值理念或生活方式真正代表了至善。在非至善论的指引下，相对主义反对将各式各样的信念、生活方式进行分级或排序——无论是基数的还是序数的排序。"一种恰当的相对主义观点要求你在面对其他所有人的伦理信念时都能够同等对待。"[②] 相对主义带有史蒂文·卢克斯所说的非歧视的、平等主义的色彩，这也充分证明，相对主义是一种现代性的观念产物——它并非自古皆然。

追溯思想史的发展脉络，相对主义的议题把我们重新带回古希腊哲人讨论过的"自然"和"习俗"之争，它试图让我们相信古希腊诗人品达（Pindar）的一句格言："习俗乃是万事之主。"但是，希罗多德（Herodotus）在引证品达的话时又指出："每个民族都深信，自己的习俗比所有其他民族的习俗都要好得多。"[③] 有鉴于希罗多德的这一观察，我们可以进一步反思道德相对主义在实践中将要面临的困境。

首先，在具体的道德实践中，即使人们相互之间并没有道德观念上的共识，这也不意味着我们就要接受相对主义的结论。正如伯纳德·威廉斯认为的那样："当你面对另一类人群的时候，对非客观性的意识并不

[①] Anita L. Allen and Milton C. Regan, Jr. (ed.), *Debating Democracy's Discontent*: *Essays on American Politics*, *Law*, *and Public Philosophy* (Oxford; New York: Oxford University Press, 1998), p. 133.

[②] Bernard Williams, *Ethics and the Limits of Philosophy* (London and New York: Routledge Press, 2006), p. 159.

[③] 以上两条均引自〔古希腊〕希罗多德《历史》，徐松岩译注，上海三联书店，2008年，第160页。

会关闭你的伦理反应。"① 更为重要的是，你所做出的伦理反应通常也不会锁定在自己的个人信念空间里，而是会诉诸非个人性的标准。作为一种实践，"我认为应该……""……只代表我个人的观点"，这样的表达从来不会成为立场和态度坚定者的首选方式。设想一位自由派人士与一位福音派信徒（Evangelical）论辩，该信徒通常不会使用"这只代表我个人的观点"如此这般的论辩依据，而会直接诉诸上帝的意志和《圣经》的权威。基于个人主义的自由派也不会说"仅代表我个人的观点"类似这样的话，而势必会诉诸个人权利与自由的优先性，或者是文明进步与非进步等宏大的概念叙事。不同信念的拥有者都会倾向于使用普遍主义的道德话语，表明非个人性的立论基础，从而占据公共论辩的制高点。如同在有好东西、好故事的时候，我们乐意与其他人分享一样，我们同样乐意让自己的信念和观点被更多的人所分享。从古至今，一神教的"普世主义"倾向、中国古代儒家的"化成天下"的情怀，无不充分体现了这一点。从这个角度讲，意见分歧并没有导向对相对主义的认可，而恰恰否证了相对主义的观点。这也从一个侧面说明为什么冲突一直是普遍存在的。无论是持有保守的或是激进的道德观念，作为群体中的成员，人们都不会完完全全地封闭在自己的狭小圈子之内，而会随着形势的变化不断寻求更广阔范围内的伦理和价值认同。

其次，在真实的世界中，要做到对不同于我们的伦理信念一视同仁、表里如一，这并不容易。我们的道德实践活动具有明显的情境性的特征。我们对自身所持有的构成性的道德实践和理念势必会投入自己或强或弱的情感，因为它们生发于我们的生活经验和成长历史，承载着我们的品格、关切和期望。它们已经深深地内化在我们的自我意识当中，成为自我认同的一部分。其间，或有变化，但变化本身又会积淀成为个人历史的一部分，而且变化之后的新的观念往往会比此前的认识来得更深入、更坚定。构成性的道德实践和理念对于个人来讲不是冷冰冰的，而是有温度的，这些实践和理念已经成为个体自身的生命历程的一部分。这也就可以解释，当不同的生活方式或价值理念相遇的时候，为什么往往会

---

① Bernard Williams, *Ethics and the Limits of Philosophy* (London and New York: Routledge Press, 2006), p. 159.

发生冲撞、对抗，而不是简单的相互理解和共处。在美国，设想一位保守的基督教福音派教徒对同性婚姻群体的态度，我们能够轻易设想他会对双方的价值理念一视同仁吗？即使这位福音派教徒没有公开地表示反感，他内心深处的对抗甚至是敌视也很难避免。无论是公开的还是内在的，都是个人或群体在面对异质性的生活方式和价值理念时的伦理反应。类似的反应并不局限于两两之间现实遭遇的场合，在单独评价性的场合中也照样会发生。严格的相对主义的立场都不会是双方首要的或者是终极的选项，可能只存在于某些异常冷静理性和高度道德自制的知性群体当中。

　　站在道德实践的角度，更值得我们加以批判性反思的是，相对主义其实蕴含着足以自我解构的悖论。基于纯粹的相对主义的理论逻辑，相对主义本身不能保护道德相对主义的价值诉求。相对主义要求我们对所有的地方性信念系统保持平等对待的态度，避免对任何的信念系统进行道德评判。假定现在有这样一个道德观念系统，该系统不包括实质性和程序性的平等和正义原则，而是把信仰、族裔或家庭地位作为区别对待社会成员的主要身份标志，并且充满了对不同于权威性的道德观念的不宽容的意识。在此前提下，道德相对主义的观点在该系统中会被极力排斥，失去了对占据统治地位的权威性的道德观念进行批判的理论空间。为了保证逻辑上的自洽，道德相对主义必须容纳极端的反相对主义的观点，以及在这些观点指导下的道德实践，否则它就不能声称所有的信念系统都是不可公度的，也无法宣称自己做到了对所有的信念系统都同等对待。但是，在没有基本的价值共识的情况下，你恪守中立性观念而不去评判他者，并不意味着他者就会自觉地不来评判甚至是批判你，道德相对主义在面对异己的批判或攻击时将丧失自我辩护的立足点。这是道德相对主义在实践上自我解构的第一层内涵。

　　道德相对主义在实践上自我解构的第二层内涵则更为隐蔽。既然道德相对主义推崇特殊的、地方性的规范理念的独一无二的重要地位，那么道德相对主义者本身必然是某一文化或政治共同体的认同者和拥护者。在摒弃了普遍主义的诉求之后，道德相对主义者要求我们把自己认同的道德观念约束在自我的界限之内——这只是"我的"道德观念，而不要求它同时作为"我们的"道德观念。因之，道德相对主义在很大程度上需要严格标定出"自我"与"他者"之间的界线,此处的"自我"(或"他者")可以是小写的自我,也可以是大写的自我(包括不同的文化、信仰或习俗的群体)。足够分明的界线在圈定出自我的边界时,也可能带来另一种后果,那就是进一步加深自我的道德意识,"我"会清晰地意识到"我"所认同的究竟是哪些道德观念。哈贝马斯提到过一个有趣的社会现象:"在面对伊斯兰恐怖袭击时,一些左派的'文化多元论者'变成了鼓吹战争的自由主义鹰派,甚至出人意料地与新保守主义结为同盟。"[1] 这里面所包含的悖论就在于,当主张道德相对主义(哈贝马斯界定文化多元论的激进解释)的欧洲学者固守自身的信念界线时,彰显启蒙理性的普遍主义诉求恰好又是作为"我的"(欧洲的、西方的)文化和价值而呈现的。其结果就是,道德相对主义的视角要求西方学者接受启蒙传统下的普遍主义的道德理念。

由此可见,道德相对主义的观点并不是一种稳固的道德观念,它只是一种容易发生游移的观察道德问题的独特视角。基于对不可公度的地方性信念系统的强调,道德相对主义认为我们没有办法诉诸一个客观的、超越的标准来评判不同的道德实践。这里的矛盾之处在于,道德相对主义既要求我们采取"特殊主义"的视角来"认定"他者,又同时要求我们采取"普遍主义"的视角来"包容"他者。易言之,道德相对主义之所以能够成立和存在,恰恰是基于平等包容这一现代意义上的普遍价值。从一种非效果论的角度看,平等包容是一种在理论和实践上都非常凌厉的道德要求,它要求我们面对所有的规范系统均恪守严格的中立,并且对自己不习见乃至不认可的规范系统秉持普遍宽容的态度。就此而言,道德相对主义同样需要平等包容这一"底线道德观念"(minimal moral conception)[2] 作为前提。

三 底线主义的立场

在当代西方,大多数自由主义者都接受了或强或弱的多元主义观念,并认可它在保护少数群体的利益上的重要性,但是,大部分坚持多元文

---

[1] 张庆熊、林子淳编《哈贝马斯的宗教观及其反思》,上海三联书店,2011,第60页。
[2] Charles Larmore, *The Morals of Modernity* (Cambridge University Press, 1996), p.123.

化主义的学者并未接受道德相对主义的结论。玛莎·努斯鲍姆就说:"正视差异绝不意味着有的只是各个地方性的传统所设置的标准,而没有跨文化的道德标准了。"① 西方世界第一次影响较大的寻求不同文明间的道德伦理共识的努力来自由德国基督教神学家孔汉思推动的全球伦理运动,伦理领域的"金规则"概念由此而来。在哲学界,学者们则提出道德底线主义的观点来回应道德相对主义的挑战。道德底线主义立足于多元文化主义的大前提,诉诸协商与对话的途径,进而谋求各道德文化系统之间的基本共识。不同于建构主义的哲学思路,道德底线主义所追求的道德共识并不是超越于所有的观念系统之上,而是内在于每一个地方性的观念系统当中。如果说最低限度的道德共识是伦理的"一",而各种前现代的宗教文化共同体代表着"多",那么底线主义的证成思路就是在批判性地继承既有的道德观念资源的基础上,"在现代性的伦理与前现代的宗教之间构成相互配合、相互成全的新的一与多的关系"。②

道德共识可以有两种表现形态。一方面,这一最基本的共识可能直接呈现为一些被普遍认可的道德理念和原则。"在我们所熟悉的文化或政治共同体中,没有哪一个能够给他们的成员出具好的理由来拒斥这样的原则或实践:保护无辜的人免于被奴役、被折磨、被杀戮、营养不良、被监禁、无家可归,或者遭受非正常的身体痛苦和疾病。"③ 这些基本的理念构成了社会实践中我们不能轻易逾越的一条底线,沃尔泽称之为"最低限度的道德法则"。④ 不过,与康德式的道德形而上学不同的是,这些道德禁令并非形而上学的预设或建构,而是经过若干年的发展、经过反复试验和很多错误之后的结果,因此,古特曼和沃尔泽注重的是道德原则的经验主义维度。另一方面,其他的一些学者试图依靠某种哲学人类学的见解来构建最基本的共识。例如,戴维·米勒赞成把底线主义

---

① Martha C. Nussbaum, *Cultivating Humanity* (Cambridge, Mass.: Harvard University Press, 1997), p. 33.
② 唐文明:《普世伦理的中国语境》,载万俊人《寻求普世伦理》,北京大学出版社,2009,第8页。
③ Amy Gutmann, "The Challenge of Multiculturalism in Political Ethics", *Philosophy and Public Affairs*, Vol. 22, No. 3, Summer (1993): 189.
④ Michael Walzer, *Interpretation and Social Criticism* (Cambridge, Massachusetts: Harvard University Press, 1993), p. 24.

意义上的共识奠定在"内在需要"① 的基础上，离开这些需要，个人就无法在任何类型的社会中过上体面的生活。我们每一个人要生存下去，就都会有对食物的需要，只不过在不同的地方，我们取用的食品千差万别。所以，不管我们生活在何处，信奉何种宗教信仰，对食物的需要就是人类的一种内在需要。从这一需要出发，我们可以逐步确立起与之相适应的普遍的道德原则。② 无论采取何种进路达致对道德理念的普遍共识，承认某些基本理念和价值具有普遍性，这并不妨碍我们认识到在不同的群体或国家中实现这些理念和价值的具体形式是多种多样的，要依具体情况而定。具体形式上的差别体现的是多元主义的一面，而共识则体现的是普遍主义的一面。普遍性的原则必定省略掉了特殊的、感性的外在形式，它绝非黑格尔意义上的感性确定性，原则本身表现为抽象的。与此同时，也正是因为抽象的原则摆脱了特殊的境域的约束，它才能够具备跨境域或跨文化的普遍感召力。

　　站在底线主义的立场上，普遍主义的原则与多元主义的要求并非不可调和。虽然我们每个人最初都是从家庭、社区、教堂或学校等具体而特殊的伦理境域中习得最基本的道德观念的，但是这并不一定意味着最初的道德观念就会天然地带有局限性。我从自己国家的某一学校中被教导要尊敬师长，我也在该学校中实践过这一点，那么，当我以后出国留学到其他国家时，尊敬师长的道德观念依然是适用的，只不过外在的表现方式可能不尽相同。根本的原因在于，当我被教导应该尊敬师长的时候，我不会被告知这一理念仅仅适用于甲老师，对乙老师就不再适用；也不会被告知这一理念仅仅适用于自己的国家，在别的国家就不再适用。普遍性的落实不需要一个超时空的境域，它就呈现在每一个具体的伦理

---

① David Miller, *National Responsibility and Global Justice* (New York: Oxford University Press Inc., 2007), p.179.

② 戴维·米勒还在自己的书中列出一份内在需要清单：食物、住所、安全、教育、工作、迁徙自由，等等。不难发现，戴维·米勒罗列的内在需要清单与玛莎·努斯鲍姆提出的"能力理论"有着相似的论证逻辑，努斯鲍姆列举出十种核心的能力：生命，身体健康，身体健全，感觉、想象和思考，情感，实践理性，归属，其他物种，娱乐和对外在环境的控制。只有当这十种核心能力处在最低限度水平以上时，个人才能够过上有尊严的生活。参见〔美〕玛莎·努斯鲍姆《寻求有尊严的生活》，田雷译，中国人民大学出版社，2016，第24~25页。

境域当中，并通过这些伦理境域而被反复呈现、讨论和检验。对普遍性的强调不必以排斥特殊性为条件，特殊性的存在使抽象的道德观念丰满起来。

道德相对主义的问题之一就在于，它过于强调不同的道德文化系统间的差异。通过对比一些极端化的差异（如童婚、女性割礼等），人类学家可以轻易地拒斥普遍主义的观念。可见，道德相对主义在方法论上是对不同的道德文化系统做"减法"——减去它们之间的共同或相似之处，从而凸显差异。不过，"寻求共识（包括某些道德伦理和一般价值观念上的共识）与执着差别的冲动同样强劲"，[①] 我们完全可以反过来运用"减法"这一方法论——减去不同的观念系统之间的差异，从而达成共识。即便在婚俗、礼仪上差异极大的文化群体，我们也总可以在某些方面找到它们之间的共同之处。局部的差异绝不代表整体上的不同。我们之所以可以运用减法来寻求共识，是因为任何一个道德文化系统的内部不可能是同质的。同一个道德主体可以拥有各种各样的价值认同，我可以既是经济政策上的自由派，同时又是宗教政策上的保守派。与之相似的是，对同一个道德文化系统而言，它必然也会包含诸多不同的善观念和习俗。"内部同质性更多的只是表象，而非事实。"[②] 艾米·古特曼的观察无疑是准确的。其中，有些观念为全体成员所共享，也有些观念会存在非常大的分歧。分歧可能来自传统观念与现代观念之间的碰撞，也可能来自外来观念与本土观念之间的冲突。设想一种完全纯粹的、孤立的、自生性的特殊文化形态是不符合现实的。在全球化的时代，更没有任何一个特殊的文化共同体能够完全隔绝于全球化的浪潮之外，国家与国家之间、地区与地区之间的文化交流日益频繁。我们在共同分享现代化的经济、科技和文化成果的同时，也需要共同承担解决全球性问题的责任。所有这些都要求我们在相互交往的过程中求同存异，寻求共识。

从社会和历史发展的角度看，即便置身在一个狭小的范围内，我们一生的道德实践也不可能完全受制于一开始所接受的道德观念。在源源不断的社会交流和学习中，我们原先所持有的善观念或者被进一步加强

[①] 万俊人：《寻求普世伦理》，北京大学出版社，2009，第364页。
[②] Amy Gutmann, "The Challenge of Multiculturalism in Political Ethics", *Philosophy and Public Affairs*, Vol. 22, No. 3, Summer (1993): 183.

第五章　文化问题：多元文化主义的诉求及其困境

了，或者在某种程度上被削弱了。"在通往大马士革的路途中，塔索斯的扫罗变成了圣徒保罗。"① 罗尔斯没有解释的是，"扫罗"（Saul）是犹太人的名字，而圣徒保罗则是基督徒。可见，善观念的根本性转变也完全有可能发生。单纯的物质的东西对时间和空间的变化不敏感，澳洲的铁矿石并不因为它原产自澳洲就不能在其他国家生产钢铁，文化道德层面的问题却是敏于时间和空间的变化。正因为文化和道德观念本身是随着历史的发展而不断演变的，我们才可能从中找出不同的文化和道德观念之间发生相互影响的轨迹。在动态演化的视角下，没有任何一种地方性的信念系统是绝对封闭的存在，今天我们视为地方性的知识和信念系统，可能恰恰来自此前的外来观念的融入。对于某一道德观念而言，人们在不同的时代会赋予其全新的阐释和理解，重新阐释的动力有可能来自对传统观念的再度回归，也有可能来自对外来观念的接受与改造。"跨文化的交流和辩论是当代生活随处可见的事实，而我们的文化彼此影响的经验表明，一般来说，不同观念体系的居民们确实倾向于以……非相对主义的方式来看待他们的相互影响。"② 无论如何，道德相对主义对跨文化的普遍规范的拒斥使其过于看重地方性的文化系统间的区别，而忽视了它们之间发生正向的相互作用和传播交流的可能性。

毋庸置疑的是，多样性是真实存在的，特定历史传统的、特定地域的局部知识也是真实存在的，在某些地区，秉持不同的习俗、信仰和生活方式的群体聚集在一起，交融、碰撞甚至冲突都在真实发生。面对多元文化主义的挑战，大多数自由主义者都接受了多元主义观念，并认可它在保护少数群体利益上的重要性，但是，这不意味着坚持多元文化主义的学者就完全放弃了普遍主义的诉求。努斯鲍姆就说："正视差异绝不意味着有的只是各个地方性的传统所设置的标准，而没有跨文化的道德标准了。"③ 自由主义者提出"底线主义"的论证思路，即在承认某些基

---

① 〔美〕约翰·罗尔斯：《政治自由主义》（增订版），万俊人译，译林出版社，2011，第28页。

② 〔美〕玛莎·努斯鲍姆：《非相对性德性：一条亚里士多德主义的研究路径》，载阿玛蒂亚·森、玛莎·努斯鲍姆主编《生活质量》，龚群等译，社会科学文献出版社，2008，第283页。

③ Martha C. Nussbaum, *Cultivating Humanity* (Cambridge, Mass.: Harvard University Press, 1997), p. 33.

本理念和价值具有普遍性的同时，承认在不同的群体或国家中实现这些理念和价值的具体形式是多种多样的。以赛亚·伯林支持的就是底线主义意义上的普遍主义："普遍存在着某些特定的品性——自由、正义、对幸福的追求、真诚、爱——这符合整个人类的利益，而不只是符合作为这个或那个民族、宗教、职业、身份的成员的利益。"① 我们可以自我追问：在所有时代的所有地方，是不是有同一的生活方式？答案是否定的。不同的国家地区、不同的文化内部、不同的时代之间，乃至于不同的人与人之间，往往会拥有不同的价值观和习俗，对同样的事物会有不同的看法和理解。如果说不同族群的文化和生活方式差异很大，那么，普遍性的理念和价值又是如何产生的？时至今日，住在原始丛林里的部落居民依然过着类似刀耕火种的生活，他们与生活在大城市里享受现代文明的都市居民的生活方式全不相同；古埃及人对生命和死亡的理解与世俗时代的我们对生命和死亡的理解也很不一样；古希腊斯巴达城邦所尊崇的价值与今天西方人所追捧的价值也少有相同之处。但是，在万千不同的背后，又必然隐藏着一些相似的地方，否则我们就没有办法解释这样一种现象：身处同一时代的不同地区的人与人之间能够进行顺畅的交流、合作，而生活在现时代的我们还能够通过解读各种古代文献和考古资料来理解数千年前的古人。我们每一个人都有对食物、住处、安全、归属感、追求幸福等需要，只不过在不同的历史时期，我们的衣食住行可能千差万别。很多人不喜欢吃比萨，但我们对食物的生存需要是普遍的。正是这些基本需求使得人与人之间、地区与地区之间的交流沟通成为必要和可能。

从历史唯物主义的立场看，道德问题的基本特征之一就是多元，在阶级对立消失之前，"道德始终是阶级的道德"。② 在马克思、恩格斯生活的 19 世纪，欧洲社会的三个主要的阶级——封建贵族、资产阶级和无产阶级，从不同的立场、地位出发拥有各自的特殊的道德观念，道德观念的分化与对立等价于社会结构的分化、对立乃至冲突。肖恩·塞耶斯（Sean Sayers）就认为，现代社会存在矛盾与冲突，不仅包含着支持和维

---

① 〔伊朗〕拉明·贾汉贝格鲁：《伯林谈话录》，杨祯钦译，译林出版社，2011，第 36 页。
② 《马克思恩格斯文集》第 9 卷，人民出版社，2009，第 100 页。

护它的力量，也包含着反对和否定它的力量。因此，"现存的秩序本身就是一个矛盾的统一体，否定的方面和批判的倾向就是在其内部产生出来的。正是由于这个原因，没有必要为批判和否定的思想寻求一个'超验'的基础，也没有必要在现存秩序之外寻求绝对的道德标准"。① 既然社会矛盾是无法避免的，而每一种道德主张都只是代表了某一特殊阶级的利益，谁也说服不了谁，所以，各种主张之间是平行的，没有好坏对错之分。罗尔斯认为，理性多元论的事实永远是自由民主政体的文化特征，而只有通过压迫性地使用国家权力才能克服这种多样性。不同于罗尔斯的判断，基于对德国古典哲学尤其是黑格尔辩证法的继承，马克思、恩格斯并不简单地对冲突与对立进行否定，而是认为冲突和斗争同样能够推动历史的发展。冲突的存在本身说明矛盾的双方并不是完全孤立的，虽然双方形成并拥有各自的道德评判标准，而且双方又都会提出合理性的辩护，但是这并不代表每一种道德观念都会符合社会发展和进步的要求。从古至今，各地区、各文化传统的道德观念都发生了太多的转变，如果我们不采用历史主义的眼光，那么就无法解释这种变化本身。只有代表着社会变革和未来发展方向的道德观念才能够保持更加长久的生命力。

马克思主义认为道德是一种社会历史现象，不同的社会群体会接受不同的道德观念与价值，不同的时代也会表现出不同的道德观念与价值。但是，马克思主义主张，我们拥有评判具体的、特殊的道德观念和价值的客观标准，这就是历史发展的标准。施特劳斯把历史主义的内涵主要界定为服从特殊性的原则，这就把历史主义局部化和静态化了。马克思主义所强调的唯物史观首先是动态化的，那就是历史是处于不断的发展变化过程当中的，这是事实；马克思主义同时赋予这一发展变化以一种合适的价值评判，那就是历史的发展总体上是处于进步之中的。马克思对启蒙时代的思想家多有批评，但又继承了启蒙时代的乐观主义的理性精神，相信人类的历史是由低到高、不断进步的过程，其间或有反复，但总的进步趋势不会改变，而不是像古希腊先贤所设定的"黄金时代—

---

① 〔英〕肖恩·塞耶斯：《马克思主义与人性》，冯颜利译，任平校，东方出版社，2008，第150页。

白银时代—青铜时代—黑铁时代"这样一条逐级下降的演变轨迹。马克思、恩格斯之后的许多西方思想家都持有相对主义的或后现代主义的历史观，他们并不相信历史的进步是不可避免的，也不认为历史的发展有规律可循。英国历史学家柯林伍德就避谈"历史进步的规律"这一说法，认为人类历史是服从于进步的自然规律（从而也就是必然的）的观点在逻辑上是有问题的。① 柯林伍德不同意把自然界的进化规律——作为一种自然科学规律——直接运用到对历史过程的理解当中。毫无疑问，马克思、恩格斯都非常重视近代自然科学的研究成果，对进化论、近代物理学等科学成就都有着极高的评价，他们尤其重视研究科学技术的发展对社会生产力所产生的直接促进作用。应该讲，马克思对历史进步论的坚持奠定在对生产力的发展——尤其是科技进步的确认上。马克思曾经说过："蒸汽、电力和自动走锭纺纱机甚至是比巴尔贝斯、拉斯拜尔和布朗基诸位公民更危险万分的革命家。"② 作为人类的理性的聚焦所在，近代自然科学所取得的成就有目共睹，并深刻地影响了社会生活的方方面面，即便是最强调无条件的虔诚信仰的宗教，也在科技大发展的时代背景下遭遇了世俗化浪潮的巨大冲击。在马克思看来，近代自然科学的发展带来了生产力的巨大发展，这是一个历史进步；而生产力的巨大发展又带来人类生活方式和社会结构的巨大变革，从前一种进步必然推出这也是一个历史进步。当然，马克思、恩格斯对历史进步的认知不同于一般线性的、机械的进步史观，他们继承的是黑格尔逻辑学体系的合理内核——辩证法，把历史进步的过程解释为由内在矛盾推动的、"扬弃"的过程。在道德问题上，马克思、恩格斯都没有从生产力的进步直接推导出道德的进步，机械地把"应当"原则归结到历史进程的"是"之中。"技术的胜利，似乎是以道德的败坏为代价换来的。"③ 在这种意义上，马克思主义并非单调的、浅显的历史与道德的统一论者。

---

① 〔英〕柯林伍德：《历史的观念》（增补版），何兆武等译，北京大学出版社，2010，第319页。但柯林伍德也主张，我们不能草率地得出"历史的进步"这一概念本身是毫无意义的这一结论。我们对于一场历史变化到底是不是进步的这个问题的判断，依赖于我们对"历史进步的意义是什么"的判断。
② 《马克思恩格斯文集》第2卷，人民出版社，2009，第579页。
③ 《马克思恩格斯文集》第2卷，人民出版社，2009，第580页。

第三节 本土主义与多元文化主义的冲突

20世纪下半叶以来，西方社会少数族裔呼吁族群平等，很显然，他们并不是在追求同质化的信仰、习俗、语言和历史叙事，而是意在保存自身传承的文化传统，不希望被同化，不喜欢被融合。多种多样的生存方式之所以值得互相尊重，是因为它们都是理性存在者先天承受和自我选择交互作用后的结果。自我选择的目标是多样的，既可以充分展现个性，又可以继承某一传统，与其说我们尊重的是多样化的结果，不如说我们尊重的是个人自主选择的意志和能力，而这种自主选择的意志和能力构成了不同文化群体间相互尊重的基础。在此基础上，对个性、差异和独特性的尊重与宽容既肯定了每个人的本真性存在，又完善了社会生活的内容。个人的发展生机勃勃，由个人组成的群体自然会蓬勃发展。

现在，多数西方政治学者不但从学理上支持"文化马赛克"模式，而且反对"文化大熔炉"模式，他们认为，文化熔炉熔掉的往往是少数群体的文化，而为了维持文化多样性的存在，就必须将一系列政策向保护少数群体的文化倾斜。文化马赛克模式是基于现实的一种理论上的建构，它更多的是借鉴欧美国家——尤其是加拿大、澳大利亚的发展经验。20世纪70年代，世界上最早使用"多元文化主义"这一名称时针对的就是加拿大和澳大利亚的移民群体，而第一个在全国范围内实施多元文化政策的国家就是加拿大（1971年）。[①] 20世纪60年代以来，迫于不断增多的移民群体的压力，加拿大、澳大利亚和美国的主流社会放弃了"文化大熔炉"式的同化主义的思路，开始采取一种更为宽容的态度，允许各移民群体和少数群体保持其自身的文化传统。那种为了顺应社会主流文化而压制自己的特殊文化需求的思想在很大程度上被削弱了，女权主义者、移民群体、同性恋者、宗教少数派等群体都要求主流社会改变既有的规范，以便能够容纳他们，他们的呼声也越来越强烈，越来越理直气壮。西方国家通过保护个体的政治权利——比如结社自

---

① 〔加〕威尔·金里卡：《少数的权利：民族主义、多元文化主义和公民》，邓红风译，上海译文出版社，2005，第54、160页。

由、信仰自由、言论自由等——来达到包容文化差异的目的,这些权利使得每个群体都能够合法地表达和维护自身的利益诉求,构成了所谓的多元文化主义的"3S"模型:萨摩萨饼(samosas)、钢鼓(steel drums)和莎丽(sari)。① 文化马赛克模式希望多元文化能够彼此和谐共处,主流文化、少数群体的文化、社会边缘群体的文化都能够相互理解、相互包容,维系多样性的繁荣与发展。

移民群体的文化传统各有不同,他们往往与一国的本土居民之间存在族裔身份、文化信念等认同上的巨大差异。如果我们承认罗尔斯政治自由主义理论的基本前提——理性多元论的事实是现代自由民主社会的永久性的文化特征,那么我们就可以得出如下的结论:力图谋求高阶认同的融合的努力都是非现实主义的政治想象。提倡多元、宽容的社会环境,未必一定会催生出相互融合的结果,其间的悖论是——融合之后,多元又身在何处呢?多元文化主义思潮在欧美兴起之后,强调保护少数族裔(包括移民群体、原住民等)的语言、信仰、文化传统等权利成为西方社会政治正确的重要组成部分。事实上,人们未必需要被主流社会排斥才会产生认同归属上的自觉。多元文化主义在倡导多元文化平等共存的同时也点醒了各社会群体的认同自觉,移民群体的身份认知由"自在的"转变成"自为的"。美国学者艾丽斯·M.杨认为:"由于那些感到彼此具有特殊亲密感的人共享着宗教或者其他文化习俗,或共享着他们可能会共同抵制的相似的困难和污名,所以,无论在欧洲还是在美国,他们的聚居就是正当的。"② 人员从一个国家流动到另一个国家,并不像把葡萄酒倾倒进水中,能够均匀分散开来,而更像是把油倒进水中,虽然直接接触,但是界限分明。因此,我们在移民比较多的国家看到的是这样一幅景象:不同族裔和文化的人聚居在一起,形成一个个的聚居区。原因很简单,当一个人前往陌生的国家的时候,他很自然地会寻求同胞的帮助,更多情况下,他之所以会去一个陌生国家,多半也是受到了先

---

① 〔加〕威尔·金里卡:《多元文化主义的兴衰?关于多样性社会中接纳和包容的新争论》,《国际社会科学杂志:中文版》2011年第1期,第103页。萨摩萨饼是印度特色小吃,钢鼓诞生自加勒比海地区,莎丽则是南亚诸国妇女所穿的一种传统服饰。
② 〔美〕艾丽斯·M.杨:《包容与民主》,彭斌、刘明译,江苏人民出版社,2013,第272页。

行者的感召。他们同声相应，同气相求，做着相似的工作，住在相邻的街区，最终发展成为一个个极具社会特色的族裔聚居区。比如旧金山的"唐人街"、纽约布鲁克林的黑人聚居区，它们就像一个个镶嵌在城市或国家中的马赛克一样。这就是所谓的多元文化主义思潮下的"文化马赛克"模式。

基于共同的信仰、习俗、身份等认同，远离母国的移民很容易组成自己的族裔社交网络，这种群体内部的联系为身处其中的人提供了现实的帮助和内心的归属感。高阶认同上的自觉性不会因为身在母国或移民别国而发生根本性的改变，技术手段让相隔万里的两个群体可以近距离的"面对面"，从而引发隔空的共鸣与对抗。作为曾经的加拿大自由党党魁，叶礼庭亲身参与过加拿大的总理竞选实践。他注意到一个奇怪的政治现象：在加拿大这样一个最早倡导多元文化主义的国家之中，最能引发国内社会分歧的竟然是发生在遥远国度中的事情——不同的移民群体会因为母国发生的事件而处于严重的对立状态。"锡克族人民想知道关于他们在印度备受压制的同胞的人权问题上，我所持的立场；泰米尔裔人民也想知道我对正让斯里兰卡面临分崩离析威胁的内战持何种态度；还有，伊朗裔人民也想知道我如何看待伊朗的神权政体。"[①] 叶礼庭并没有深入解释这一现象，但是本尼迪克特·安德森（Benedict Anderson）给出了自己的观点。安德森将这种现象称为"远距民族主义"。他回忆起与一位锡克裔教授之间的一次对话。教授的儿子在加拿大蒙特利尔市做生意，生活富足，但远隔重洋，成了印度西北部旁遮普邦的锡克独立运动的海外支持者。他的支持方式就是整天坐在电脑前面给人洗脑，并且花钱往旁遮普邦运送枪支。这位教授很不理解儿子的行为，并且认为这些行为是可耻的。他说："作为一名加拿大公民，你履行各种义务。你却对锡克没什么义务，你眼睁睁看着锡克年轻人去送死，自己却在蒙特利尔过好日子。"[②] 通过互联网的技术手段，北美洲的蒙特利尔和南亚地区的旁遮普邦之间的人们形成共享的身份认同群体，共同对付群体眼中的

---

① 〔加〕叶礼庭：《火与烬：政治中的成与败》，黄天磊译，中央编译出版社，2017，第87页。
② 〔美〕本尼迪克特·安德森：《民族主义研究中的新困惑》，载汪晖等主编《区域》总第4辑，社会科学文献出版社，2015，第12页。

他者。正是因为置身在一个之前陌生的文化国度中，移民才更容易发觉自我与他者之间的差异，而与此同时，他们也会更容易意识到族裔认同与归属的重要性。在奉行多元文化主义政策的移民国家中，文化马赛克模式常常演变为如下的局面："每个群体都希望自己的独特性可以得到承认，却又都不情愿承认别人的。加拿大国内的不同族群时常给人以互相隔绝、不相往来的印象。"①

互相隔绝、不相往来固然不是一种很好的社会流动局面，但是高阶认同上的分歧所带来的更为棘手的问题是价值观上的冲突。多元文化主义要求主流社会接纳并包容移民群体的文化习俗和价值理念，而后者的文化习俗和价值理念则可能与西方主流社会所标榜的自由、民主不一致。众所周知，个人权利的观念在西方深入人心，赋予理性而自由的道德主体以不可剥夺的权利是西方近现代权利学说的核心思路。在自由主义者那里，政治共同体不过是人们相互之间联合起来的一种或紧或松的联盟，其目的正是保障个人的权利，以便最大限度地实现个人的利益与追求。由此，个人权利和个人自由是第一位的，它们优先于任何的集体或群体。在这一涉及现代西方社会的核心价值理念的问题上，一些移民群体所奉行的传统价值理念与其存在很大的冲突。有些移民群体带有种姓制度的观念，有些移民群体有强迫婚姻的传统。最为西方女性学者所关注的是，有些移民群体有着特殊的针对女性的传统习俗——女性割礼。在极力主张男女性别平等的自由主义者看来，女性割礼毫无疑问是对女性自身利益的损伤。问题在于，我们是应该基于多元文化主义的理由来为流行在少数群体中的某些传统习俗加以辩护，还是应该从西方主流的价值观念出发反对这些传统习俗，并对它们加以干预和改造？如果赞成前者，那么就放弃了对个人权利和自由的保护，反之，就限制了对基于多元文化主义的群体权利的捍卫。易言之，保护少数群体的权利与保护个人的权利自由之间存在现实的冲突。多元文化主义和个人主义都属于现代西方自由主义的核心价值理念，因此主流的自由主义精英在回应移民群体所带来的价值观之争时显得进退失据。

---

① 〔加〕叶礼庭：《火与烬：政治中的成与败》，黄天磊译，中央编译出版社，2017，第74页。

因此，移民问题是当前欧美世界所面对的一个大问题，经常性地主导政治议程。移民问题在今天西方社会的大规模爆发其实是现代化和全球化带来的直接产物。现代化的成就之一就是交通条件的极大便利，打破了地域之间的物理性间隔，这为大规模移民的产生奠定了必要的物理条件基础。① 交通条件的改善也为全球性的商贸活动的大范围开展创造了有利的条件，全球性市场的形成推动了经济全球化的步伐。全球化时代是一个开放性的时代，经济全球化实际上代表着人口流动的全球化，商品周转、市场推广和技术的研发升级都带来了全球范围内的跨国移民。移民所带来的人口结构的变化加剧了西方国家本地居民的担忧——本地居民担心自己被"边缘化"，而移民群体担心自己被"同化"。高阶认同上的分歧以及不同的社会阶层之间的经济竞争，使得双方难以形成有效的社会信任基础，而人口结构的快速变迁则加剧了这一趋势。随着移民数量的倍增，移民等外来人口所占比重越来越大，甚至在某些地区超过了原来居住在此的居民的人口。以英国首都伦敦为例，东伦敦向来是英国移民的主要聚居地，如今该区的大部分居民为孟加拉裔的移民，以致有了"小孟加拉国"的戏称。在美国，移民正在从整体上改变美国的族裔人口结构。塞缪尔·亨廷顿在自己的著作中写道："非拉美裔白人比例……在1990年为75.6%，而2000年人口普查表明它已降到69.1%。最引人注目的是，在加利福尼亚，也像在夏威夷、新墨西哥和哥伦比亚特区一样，非拉美裔白人已成为少数，这一下降在城市中尤其明显。"② 传统的美国白人中间层担心随着移民的不断涌入，他们将逐渐丧失自身在国家中的主人地位。美国新墨西哥大学教授查尔斯·特鲁克西洛（Charles Truxillo）甚至颇为夸张地预言，到2080年，美国西南部几个州和墨西哥北部

---

① 当然，古代世界也发生过大小规模不等的人口迁移现象，但是在空间上，古代的人口迁移不如现代化以来的这么广，时间上的跨度则更长。在古代中国，有"湖广填四川""走西口""闯关东"等规模较大的人口迁移现象，不过，它们都不是今天意义上的移民。与今天人们所说的移民类似的人口迁徙是"下南洋"，明清时期，广东、福建等地的居民在各种原因的驱使下迁徙到东南亚地区。从空间范围上看，东南亚地区毗邻中国的传统疆域，所以相邻的省份走出去了许多人口，而非洲大陆与中国相距遥远，古代中国很少有人会走到非洲去。这与今天中国与非洲之间的联系不可同日而语。

② 〔美〕塞缪尔·亨廷顿：《谁是美国人？——美国国民特性面临的挑战》，程克雄译，新华出版社，2010，第228~229页。

几个州将走到一起，成立一个新的国家——"北方共和国"。

　　社会资源分配（就业、福利等）上的竞争、文化认同上的分歧、社会心理上的相互偏见，所有因素叠加在一起，造成了移民群体和本土社会群体之间程度不同的彼此隔阂。双方处在一种彼此质疑、不信任甚至对抗的状态，这在很大程度上扩大了哈佛大学教授塞缪尔·亨廷顿提出的文明冲突理论的社会接受度。文明冲突理论的前提是承认世界有许多不同的文化和文明。亨廷顿认为："在正在来临的时代，文明的冲突是对世界和平的最大威胁。"① 未来全球政治冲突的根源将主要是文化的，而不是经济的，不同文明的国家和集团之间的冲突将主宰全球政治。当移民大量涌入的时候，本来适用于国家间或地区间的文明冲突理论一变而成为主权国家的内部政治事务，这一状况正慢慢被下述事实所验证：西方社会内部不断发生的独狼式的恐怖袭击。② 恐怖袭击在很大程度上挑战乃至消解了多元文化和谐共处的心理基础。越来越多的西方下层民众相信，文化战争和价值观上的冲突不可调和，包括全球主义在内的自由放任主义政策必须被重新检讨，而新民粹主义的拥护者则批评传统的政治精英对移民问题应对不力。很多西方学者强调，实施恐怖主义的人毕竟是少数，在批判恐怖主义的同时切不可夸大潜在的策动者的数量。西

---

① 〔美〕塞缪尔·亨廷顿：《文明的冲突》，周琪等译，新华出版社，2017，第381页。
② 从第二次世界大战后英国、法国的历史来看，恐怖主义并不是欧洲的新问题。我们以英国和法国为例。20世纪60年代末，北爱尔兰两派的冲突异常激烈，1969年8月，英军直接开进北爱尔兰。"爱尔兰共和军"不断制造各种形式的暴力袭击和暗杀：1979年共和军刺杀蒙巴顿勋爵（"二战"时期，蒙巴顿曾任盟军在东南亚地区的总司令）；1984年，共和军制造爆炸，企图刺杀撒切尔夫人；1991年，共和军向英国首相官邸发射火箭。因为北爱尔兰问题，几十年间，英国都面临来自爱尔兰共和军的恐怖袭击问题。类似的情况也发生在法国。20世纪五六十年代，阿尔及利亚的殖民地解放运动风起云涌。极端殖民主义者成立了从事暗杀活动的恐怖组织"秘密军队"，在阿尔及利亚和法国本土持续从事暗杀袭击。1961年9月，发生了针对法兰西第五共和国的首任总统戴高乐座车的恐怖活动。无论是北爱尔兰问题还是阿尔及利亚问题，恐怖主义袭击都曾肆虐一时。此处必须强调的一点是，当前欧洲的恐怖袭击并不是全部来自移民群体，本土居民中同样有发动独狼式袭击的人。2011年7月，挪威右翼分子布雷维克制造了震惊世界的于特岛惨案，造成几十人死亡。凶手布雷维克就是土生土长的挪威人，并非移民。他制造爆炸和枪击案的动机是反对多元文化主义，因为多元文化主义强调对移民及其文化认同的接纳与包容。因此，我们在分析欧美世界的恐怖主义问题的时候需要辩证的、审慎的态度。无论是本土居民还是外来移民，或者是移民的后代，都有可能成为恐袭的制造者和受害者。

方学者用心良苦，他们不想给本已脆弱的社会神经再增添压力。恐怖主义之所以被称为恐怖主义，原因就是少数人的行为恰恰可以制造出影响大多数人的效果，让生活在某一区域中的人们普遍感受到安全上的威胁。恐怖主义袭击往往都是有组织（哪怕只有少数几个人）、有预谋的行为，袭击的对象往往是不加区分的无辜者，袭击的时间和地点也不确定。实施行为的偶然性、不确定性和攻击对象的无差异性都极大地加强了公共空间的不安全感。"潜在的袭击者是谁"同样充满不确定性，无法精确辨别出来，因此，人们倾向于把所有与其身份相近的人员视作潜在的袭击者。当恐怖袭击发生的时候，无论袭击的实施者是不是某一群体中的极少数人，这一群体的所有成员都会被怀疑。袭击的频率爆发得越多，被怀疑的可能性越大。在不确定性的前提下，个体的行为被无限放大，群体的形象被变形扭曲，高阶身份认同的普遍存在足以让极少数人的言行撬动绝大多数人的敏感心理。恐怖主义绝不因为是极少数人的行为而丧失效果，毋宁说，大多数人的行为意识被这极少数人所绑架：既对自身群体的其他和平成员造成名誉上的伤害或报复性的还击，又给其他社会群体的成员带来短期内难以消除的不安全感。久而久之，差异化、易识别的身份认同会朝着引发社会失范的方向演变。发展到这一步的时候，社会大众会逐渐失去对文化融合与宽容的耐心。

基于此，倡导把少数群体权利与自由主义相衔接的加拿大哲学家威尔·金里卡主张，为了避免移民群体被边缘化，政府应该在移民融入的问题上采取鼓励甚至是施加压力的政策，帮助移民及其后代尽快学会熟练运用通用语言，从制度的层面上保障他们有机会享有主流社会的自由和平等。按照金里卡的观点，现代国家都会发展并巩固一整套的"社会性文化"："统一和普及共同语，创建和普及共同的教育、政治和法律机构，它是现代化的一个特征，也得到国家的积极支持。"[①] 简言之，社会性文化的主要内容包括语言标准化和制度一体化。在他看来，这种语言和制度的一体化并不代表文化和价值层面上的完全同化，我们可以把金里卡的主张称为有限的归化模式。

---

① 〔加〕威尔·金里卡：《少数的权利：民族主义、多元文化主义和公民》，邓红风译，上海译文出版社，2005，第46页。

20世纪90年代中期以来,多元文化主义思潮出现回退,共同的价值观、共同的身份认同等观念被再度强调。移民群体所承载的不同的文化传统和价值观念对西方社会的主流价值观念造成了很大的冲击,西方民众认为自己的生活方式和价值观念正在受到挑战和威胁,而人口结构的变化则为这种担忧提供了未来可预期的支持。所以,对"陌生人"或"异己者"的恐惧与排斥成为新民粹主义崛起的重要社会心理因素。在这样一种社会心理的影响下,共同的语言、共享的价值观、单一的公民身份等趋于保守的价值观再次得到强调,本土主义的利益和价值叙事得到重新张扬。自由放任主义政策所鼓吹的"无国界移民"的想法遭到了空前的挑战。1971年,约翰·列侬写下著名的"Imagine"歌词,畅想一个没有国界的世界,并认为这不难办到。当美国总统特朗普把"建墙"(美墨边境墙)和"美国第一"(America first)作为自己的主要施政纲领的时候,他的这一口号就为当代西方世界正在升腾起来的本土主义叙事写下了最清晰的注脚。2016年4月,美国昆尼皮亚克大学的一份调查报告显示,"80%的特朗普支持者说,他们觉得'政府在扶持少数族群上走得太远',85%的支持者则同意'美国已经丧失了自身的认同'"①。移民所带来的身份和价值认同上的分歧是新民粹主义崛起的深层诱因,新民粹主义者呼声最高的口号之一便是"夺回我们的国家""回归传统"。"2015年,全球有2.5亿移民和6500万被迫离开家园的人。欧洲接受的移民最多,高达7600万,而欧洲大陆也是对移民问题感到最焦虑的地区。这种焦虑比经济增长缓慢和社会不平等问题更能影响选民的投票倾向。"② 西方左翼政党比较支持多元文化主义,对外来移民群体比较宽容,因此,在新民粹主义浪潮的冲击下,欧洲很多传统的左翼政党失去了执政权,而欧洲若干国家中的右翼甚至极右翼政党的影响力则逐渐增大,法国的国民阵线、荷兰的自由党、英国的独立党、德国的选择党,遍地开花。叙利亚难民危机又为新民粹主义的传播添加了一把火。在这种情况下,所谓的多元文化的马赛克模式,"它所预先显示的与其说是多

---

① Francis Fukuyama, "American Political Decay or Renewal?", *Foreign Affairs*, July/August (2016): 63.
② 〔美〕法里德·扎卡利亚:《民粹主义为何令西方陷入困境?》,《中国新闻周刊》2017年第5期,第17页。

元主义的，倒不如说是分离主义的"。① 在同一个城市或地区中，隶属于不同族裔的聚居区形成一片片的"飞地"，恰如"国中之国"。在很多欧美国家的移民聚居区，几乎都会发现同样的景象：政府管理的工作效率低下，年轻人失业、失学并存，吸毒、酗酒，无所事事。当失去强有力的自我约束和法律约束后，类似的朋友圈子容易发展成寻衅滋事、打架斗殴的暴力犯罪团体，破坏正常的社会秩序。"族群聚居模式与杂居或散居模式相比，更容易激发大的族群冲突和族群对抗。"② 2005 年下半年，法国巴黎郊区爆发的骚乱事件震荡整个欧洲，事件的发生地就集中在移民大量聚居的地区，那里的失业率之高为全法国之最，成为滋生犯罪的温床。当代美国著名的民主理论家罗伯特·达尔认为："在极端的情况下，亚文化的大多数成员甚至完全与非成员隔绝。他们在一块国土上形成了一个独立的民族。"③

总而言之，多元文化主义的悖论就在于：自由迁徙的立场是自由主义的题中应有之义，移民可以选择自己的居所，但是，如果社会政策和政府管理处置不当或不得力的话，那么多元文化主义就容易转变为"文化碎片主义"乃至"文化分离主义"。与多元文化主义相比，文化碎片主义和文化分离主义将更加缺乏沟通、交流和包容的信心与耐心。

第四节 精英文化与大众文化的冲突

在西方，精英与大众之间的冲突表现在两个方面：第一，在文化领域，精英主义文化和大众流行文化之间存在冲突；第二，在政治领域，精英与大众之间依然存在争论与较量。这两个方面又相互交叉，相互影响。

首先，在文化领域，很多西方学者有一种隐忧，那就是精英文化有可能被大众流行文化所淹没。早在 20 世纪五六十年代的时候，汉娜·阿伦特（Hannah Arendt）就曾经论述"文化的危机"这一问题。她发现，

---

① 〔美〕迈克尔·沃尔泽：《正义诸领域：为多元主义与平等一辩》，褚松燕译，江苏人民出版社，2009，第 261 页。
② 包刚升：《民主崩溃的政治学》，商务印书馆，2014，第 92 页。
③ 〔美〕罗伯特·达尔：《民主及其批评者》，曹海军、佟德志译，欧阳景根校，中国人民大学出版社，2016，第 325 页。

本来人们在用到这个词的时候往往还带有谴责的意味，暗示大众文化本身就是一个自相矛盾的词语——大众与文化沾不上边，但是，很快大众文化就成为人们竞相推崇的对象。阿伦特认为，大众文化的产生需要一个前提，那就是大众社会的出现，而大众社会的到来恰恰是与大众民主的到来联系在一起的。西方民主制强调多数的合法性，亚里士多德直接把多数的统治等同于平民的统治。因此，民主制自然而然地加强了大众的政治分量。从规范的层面讲，对于民主社会来说，平等的承认是不可或缺的。在现代社会中，"每个人都应该被称为先生、太太、小姐，而不是有些人被称为大人或夫人，其他人仅仅直呼其姓氏，或者甚至更贬损地用取名"。① 沃尔泽指出，在古代的封建等级制社会中，用头衔来称呼一个人就是根据他所属的社会等级来给予他相应的身份称谓。从古代到现代，荣誉性头衔如"君""绅士""阁下"等称谓被"兄弟""公民""同志""先生"等一般性称谓所替代。称谓上的演变代表着西方社会由等级制转化为现代民主制的历史演变。社会地位的改变必然带来多方面的变化，这其中，标准化的公共教育体系的建立至关重要。教育的普及必然带来全社会整体文化水平的提高，识字和阅读书籍不再是少数贵族和精英阶层的专利。当政府致力于通过公共教育降低文盲率的时候，文化生活将成为大多数人都可以有机会和能力去追求的事情。于是乎，一波又一波的大众文化浪潮（包括报纸、流行音乐、电影电视）渐次兴起。但是，社会精英阶层所关心的文化传承显然与大众文化之间是有区别的。阿伦特就认为，大众社会其实并不需要文化，所谓的大众文化其实就是大众娱乐，"社会像消费其他商品一样消费着娱乐工业提供的玩意"。② 时至今日，电视综艺节目、好莱坞商业化的大电影、各种娱乐八卦新闻、服装的流行款式等构成了大众文化的主要内容。容易看出，商业化、娱乐化和消费主义是大众文化的典型特征。在这种情况下，传统精英文化并没有传播到大众手中，而是在迎合社会大众的娱乐口味的时候逐渐衰落下去。

将传统精英文化的衰败归因于商业化和娱乐化的结果的，阿伦特

---

① 〔加〕查尔斯·泰勒：《本真性的伦理》，程炼译，上海三联书店，2012，第58页。
② 〔美〕汉娜·阿伦特：《过去与未来之间》，王寅丽、张立立译，译林出版社，2011，第190页。

并非第一人。19世纪英国思想家约翰·密尔同样明确表达过对商业社会所带来的平庸化的深深忧虑。密尔认为："商业精神的完全统治将开始一个停滞或衰败的时代。"① 商业精神占统治地位的社会将会使人们在很大程度上生活在相同的娱乐消费世界当中，最终导致社会文化趋于迎合大众的口味，在知识精英的眼中，这就是趋于平庸化。实际上，民主政府比其他任何政府更容易导致这一缺陷。原因有二：其一，从政治上讲，因为现代西方民主实行一人一票的选举制度，所以候选人若要赢得足够的选票，就必须刻意迎合普通大众的口味，一个非常有趣的现象是，特朗普本人无疑是美国上层社会的精英，但是在竞选总统期间，他公开声称自己喜欢受教育程度低的人，他想讨好底层民众的心迹表露无遗；其二，从经济基础上讲，资本主义的经济发展方式势必意味着商业和资本会得到空前的重视，乃至于文化传承工作也必须以文化产品作为手段来传播。今天，电影产品在文化传播和输出上的功能已经大大超过了书籍所能发挥的同样的功能，大众对电影的接受度也远远超过对书籍的接受度。因此，在商业氛围非常浓厚的美国，欧洲式的贵族精英文化从来没有占据主导地位，因此，在很多欧洲的精英看来，"美国仅仅是个人的堆积，是一个其他地方废弃物的垃圾场，人们一味消费；简言之，没有文化"。②

西方人对资本主义商业逻辑的反思是从多个角度进行的，除了政治学著作之外，许多文学作品也参与其中。约翰·霍普金斯大学客座教授阿扎尔·纳菲西（Azar Nafisi）指出："美国的商业主义跟它的个人主义一样都是老生常谈，这个主题也吸引了许多作家。H. L. 门肯不遗余力地讽刺过他所说的美国的'愚民大众'。在他的著作中，在美国伟大的社会现实主义者西奥多·德莱塞、弗兰克·诺里斯、约翰·斯坦贝克和厄普顿·辛克莱的小说中，自然还有马克·吐温的《镀金时代》里，我们都能找到这种主题。"③ 无论是政治思想家还是文学家和艺术家，都非常

---

① 〔英〕约翰·密尔：《密尔论民主与社会主义》，胡勇译，吉林出版集团有限责任公司，2008，第129页。
② 〔美〕艾伦·布卢姆：《美国精神的封闭》，战旭英译，冯克利校，译林出版社，2015，第143页。
③ 〔美〕阿扎尔·纳菲西：《想象共和国》，杨晓琼译，中信出版社，2016，第154页。

警惕商业产品和商业逻辑对个人生活无处不在的影响和渗透。特别是进入经济全球化时代之后，互联网、电视和平面媒体当中不断穿插出现的商业广告反映了我们这个时代消费主义的盛行和对物质欲望的强烈的追求。桑德尔对此颇为忧虑地说道："当如此多的孩子为一个商业社会进行基本的训练时，把学生们培养成公民，使其能对周围的世界进行批判性思考就并非易事。"[①] 从根本上讲，源于精英文化特有的高度，大众流行文化无法取代精英文化，但是，大众流行文化足以覆盖和撼动精英文化对社会的广泛影响。面对大众文化的盛行，精英文化如何避免被边缘化的命运始终是摆在当代西方学者面前的一道难题。

按照历史唯物主义的基本原理，经济基础决定上层建筑，物质生活的生产方式制约着整个社会生活、政治生活和精神生活的过程。作为经济基础的资本主义生产方式决定了作为上层建筑的现代民主制度的发展形态；同样的道理，文化作为精神生活层面上的东西也属于上层建筑，也要受资本主义生产方式的制约。因此，现代文化的平庸倾向最终是与资本主义社会的经济基础紧密相关的。实际上，托克维尔、密尔和阿伦特都比较清醒地看到了商业社会的来临和商业精神的扩展给西方文化的发展所带来的潜在威胁，换言之，他们在一定程度上意识到了当代西方文化所面临的危机最终可以归结到经济基础的身上。为了解决文化危机，他们所开出的药方却是对民主制度进行改进，使其可以更有效地保障个人权利和自由不受多数人意志的侵犯，从而保证每个人的个性都可以在一种宽松、温和的政治环境中得到尽可能全面的发展。简单来说，在面对文化危机这一棘手的问题时，不管是新保守主义者还是新自由主义者，他们实际上在不知不觉中达到了惊人的一致，那就是试图通过健全民主政治制度来医治文化上的危机。不过，民主政治制度和大众文化虽有区别，但都属于上层建筑这一范畴，它们之间即使有相互影响、相互制约的关系，也不带有根本性。根本之处在于经济基础对文化和政治制度的制约，正是这一点揭示了西方社会产生文化危机的深层次原因。

---

① 〔美〕迈克尔·桑德尔：《公共哲学：政治中的道德问题》，朱东华等译，中国人民大学出版社，2013，第67页。

第五章　文化问题：多元文化主义的诉求及其困境

其次，在政治领域，西方社会同样存在精英与大众之间的广泛区隔，尤其是在新一波民粹主义崛起的大背景下，"精英"与"草根"、"建制派"与"反建制派"被置于空前对立的状态中。在空前对立的状态下，精英与大众之间的传统划分标准变得模糊，"精英"一词甚至在很大程度上变成了攻击政治对手的标签。美国自由撰稿人苏珊·雅各比（Susan Jacoby）就指出："那些著名的右翼知识分子本身就构成了一个有钱有势的精英阶层，但他们成功地掩盖了自己的特权阶级身份，只给自由主义者贴上了'精英'的标签。"① 雅各比的这一观察告诉我们，在新民粹主义的话语体系中，"精英"一词既未必代表一个人的知识水平，也未必代表一个人的经济实力和政治地位，精英与大众之间的对立更多地被用来指代意识形态领域中的左右之争。精英被界定为自由主义意识形态的代言人，因而我们可以写出一大串的精英集团：媒体精英、大学精英、硅谷精英、华尔街精英、好莱坞精英，等等。他们这些人通常支持的是自由主义的意识形态。可见，新民粹主义视野下的精英与草根之间的对立不能简单地等同于传统意义上的精英民主与大众民主之间的区分。当然，上述分析绝不意味着传统的划分标准已经完全失效，实际上，意识形态对立的背后往往隐藏着经济基础的不同。无论是媒体精英和大学精英，还是硅谷精英、华尔街精英，他们一般都生活在经济发达的城市地区，具备较高的受教育水平，因而可以在生活成本较高的都市区谋求一份薪资高的职业；与之相反，在大量的农村、乡镇等经济不太发达的地区，生活在这里的民众一般受教育程度较低，专业技术水平不高，国际化的视野相对狭窄，他们更愿意接受一些保守和传统的价值观念。因此，意识形态上的自由派与保守派之间的区别又可以一般性地对应于城市与农村之间的区别②；地域差异的背后又能体现出受教育程度的高低。

按照乔万尼·萨托利的分析，"精英"这一概念具有两个基本特征：高度特征和质量特征。③ 高度特征指的是精英处在政治权力结构的高层，

---

① 〔美〕苏珊·雅各比：《反智时代：谎言中的美国文化》，曹聿非译，新星出版社，2018，第 XVI 页。

② 当然，城市中也会有保守派，农村中也有自由派，即便在同一所大学里面，我们也能够找到自由派和保守派的身影。上面的论述针对的是一般性的情况。

③ 〔美〕乔万尼·萨托利：《民主新论》（上卷），冯克利、阎克文译，上海人民出版社，2015，第 223 页。

质量特征指的是精英自身所应当具备的能力和品质。据此，处于政治权力结构的高层并不意味着自动归属于政治精英阶层，他们还要拥有足够的才能。质量特征实际上等同于政治权力归属的资格认证。古典自由主义者密尔声称，一切明智的、高贵的事物，一定是由少数个体甚至是某个人创造出来的。与大多数的民众相比，他们更为明智，知识水平更高，更懂得公共事务的微妙之处和国家的长久利益之所在，不容易被一时的情绪和好恶左右自己的理智判断。因此，他主张实行复数投票权，给具有较高的道德和才智水平以较高的计票权重，从而增加他们对政治决策的影响力。当代社群主义学者贝淡宁也认为："可能存在替代选举民主的其他选择，这些选择在道德上可取，而且在政治上可行。它们能够帮助纠正选举民主的重大缺陷。"① 此处所说的选举民主指的就是一人一票式的选举政治。基于新加坡等亚洲国家实现现代化的发展经验，贝淡宁教授认为，一人一票制的选举民主不一定比政治尚贤制表现得更好。高素质的领导人可以在经济发展、环境保护、社会综合治理等领域做出更顾及一个国家的长远利益的决策，而且这些决策可以不受民情反复的裹挟和左右，可以更持久有效地坚持下去。与之相反的例证是，有些后发国家或地区在实行选举民主后，经济发展和社会治理反而停滞不前了。

　　无论是密尔所提出的"复数投票权"设想，还是贝淡宁教授赞成的"尚贤制"，从根本上讲，继承的是古希腊以来的理性主义哲学传统。这种理性主义哲学思想的一个最为著名的源头就来自古希腊哲学家柏拉图。柏拉图认为，人的灵魂可以分为理性、激情和欲望三个部分，理性是人的灵魂的最高原则，激情与欲望都应该服从理性。这种灵魂三分法同样体现在国家中，组成国家的三个阶层——统治阶层、武士阶层和生产者——分别对应于灵魂的三个部分：统治阶层代表理性，他们应该具备治理国家的智慧；武士阶层依靠的是激情，他们在防卫作战的过程中应该表现勇敢，充满激情地去搏杀；生产者主要是受欲望的支配，他们需要节制自身的欲望，辛勤劳作。统治阶层负有责任去管理武士和生产者。从理论上讲，我们可以把每一个康德式的道德主体都同等地看作理性的，但

---

① 〔加〕贝淡宁：《贤能政治：为什么尚贤制比选举民主制更适合中国》，吴万伟译，宋冰校，中信出版社，2016，第XXXV页。

是现实中，智识上的不平等到处存在。我们很容易把社会上的人群也划分成两部分——遵循理性做事的人（如社会精英）和缺乏理性、受各种欲望支配的人。柏拉图主义主张，既然理性并不能为每一个理性人所充分利用，那么少数精英则应该通过自身的理性认识来启迪、教育和引导大众，使他们按照理性的要求做事，这样才能保证整个社会沿着正确的道路向前发展。

当代美国哲学家 J. B. 施尼温德（J. B. Schneewind）认为："理性主义的某些观点势必会和道德就是对社会精英的服从这种见解联系在一起"。① 在这一点上，坚持平等主义的道德立场的自由主义学者是不会接受的。现代西方民主政治与密尔、贝淡宁所构想的原则不一样。毋庸讳言，每个人的体力、智力、情感的敏锐度等自然禀赋都有不同，自然禀赋当然是可以通过后天的努力而加以改变的，体力、智力、情感的敏锐度等都不例外。每个人后天努力的程度和后天改变所需要的条件各不相同，因此，无论是自然禀赋、家庭出身，还是后天的财富收入，就其现实性而言，人与人之间确实是不平等的，这是事实。然而仅就选举投票而言，一人一票制依托的并不是个人在自然禀赋和后天经济条件上的平等，而是规范意义上的平等，也即前文论述过的道德人格上的平等。现代民主要求的是匿名性假设，实际上就是要切断政治规范领域与自然人的各种外在标识之间的联系。无论是谁，只要他是合法的成年公民，都享有一人一票的投票权。这一点不受制于一个人智力水平的高低、财富的多寡等因素的影响。在今天的西方社会，"一人一票的实践已经在现代民主国家获得了近乎神圣不可侵犯的地位"。② 一人一票式的民主决策机制使得精英在投票的时候并不享有附加的权重。

况且，一人一票制还有一种比较重要的辩护理由。萨托利在《民主新论》中提到过一种观点："一个人可能文化水平很高，而在政治上仍然是个文盲。"③ 萨托利的观点指出了这样的现象——单纯的智力禀赋与

---

① 〔美〕J. B. 施尼温德：《自律的发明：近代道德哲学史》（上），张志平译，上海三联书店，2012，第 11 页。
② 〔加〕贝淡宁：《贤能政治：为什么尚贤制比选举民主制更适合中国》，吴万伟译，宋冰校，中信出版社，2016，第 31 页。
③ 〔美〕乔万尼·萨托利：《民主新论》（上卷），冯克利、阎克文译，上海人民出版社，2015，第 172 页。

政治技能之间常常是非对称的。公共政治事务毕竟不同于一般的智力测验和知识学习，它关涉的是个人与个人之间、个人与群体之间、群体与群体之间等诸多复杂的问题，需要更多的协调和平衡各方面的利益诉求的能力。政治事务的复杂性在于，它所面对的对象并不是静止不动、固定不变的，每一个人都有着自己的爱好、动机、观点和诉求，不同的人组成的不同的社团、组织也是千差万别，随时变化。基于对政治事务的复杂性的认识，我们不可能在人的智力水准与处理政治事务的能力之间划出一对一的映射关系。美国总统并不一定是美国智商最高的人，而爱因斯坦在理论物理学上的卓越才智也并不能直接应用到政治领域中。正如不同的美德可以对应于不同的实践推理情境，不同的能力也应当用于不同的事务上，不同的工作也要求不同的职业道德。一个战场上的勇士可能在生活上奢侈，一个家庭中的好丈夫则可能在工作岗位上并不称职。更何况，在特定的情况下，不同的美德对同一种实践情境的要求可能是冲突的。古希腊的悲剧作家纠结于城邦之法和自然之正义之间的抉择，近现代政治思想家在目的与手段之间的证成关系上争论不已，此所谓"政治脏手"的难题。人类社会的复杂性远非数学推理般逻辑井然，知识精英是否就一定能够处理好现实的政治事务，这是一个需要细致辨别的问题。

因此，无论是在文化层面上，还是在政治制度层面上，关于精英文化与大众文化、精英民主与大众民主之间的优劣短长将持续不断地争论下去。如果支持精英文化和精英民主，那么民主将违背平等主义的原则；如果支持大众文化和一人一票的选举制，那么我们就不能完全保证文化与政治决策的精准性、有效性。总之，"精英"与"草根"、"建制派"与"反建制派"之间的对立不可能是一朝一夕的状态。

第六章　自由主义民主对政治美德的拒斥

对个人主义的过分重视容易走向一种"激进选择者"的图景：只有通过我们选择之后的价值、认同和忠诚，才真正是我们的。"我们始于一张白纸，然后将我们自由得出的具有内在价值的东西刻在上面，并从这一视角决定采纳什么认同，包括承认何种联系。"① 自由民主政府秉持价值中立的原则，在有关道德和宗教等政治问题上保持中立，在重视个人自由与权利的学者看来，政治美德的培养与否不能作为公共政策的目标，只是私人的事情，他们倾向于认为政治参与和公共生活并不占据中心地位。

然而，彻底悬置道德的政治很快便会导致一种道德上的空虚，没办法培养出公民自治所需要的那些政治美德和品质，从而导致西方民主政治面临诸如公民参与政治的投票率下降和政治冷漠等一系列复杂的问题。这使得政治理论家越来越意识到，要解决这些问题不能仅仅依赖于罗尔斯所说的社会基本结构的正义，还取决于公民参与政治的热情和公民本身所拥有的政治美德。桑德尔强调，单纯依据个人主义原则所建立起来的民主政府（即他所称的"程序共和国"）并不能维护和捍卫它所承诺的自由，因为这种政府"不能激发起自治所要求的道德与公民参与"。② 如果没有具备充分的政治美德的公民，那么民主政治就很难运作良好，也很难保持稳定。所以，中国学者崇明教授在分析自由主义民主的问题时就认为："自由派需要反思激进的个体主义和绝对的权利话语，同时致力于建构政治共同体赖以凝聚的共同善，既维护个体权利，又吸纳传统、尊重宗教。"③

---

① 〔英〕戴维·米勒：《论民族性》，刘曙辉译，译林出版社，2010，第45页。
② 〔美〕迈克尔·桑德尔：《民主的不满》，曾纪茂译，刘训练校，江苏人民出版社，2012，第378页。
③ 崇明：《从山上之城到分裂之家》，《读书》2018年第2期，第62页。

第一节　马基雅维里主义对西方民主的影响

置身于快速发展的现代社会，我们如何看待政治运作与政治美德之间的关系，这依然是一个无法回避的重要问题。按照列奥·施特劳斯的分析，西方现代性的第一次浪潮始于马基雅维里（Niccolo Machiavelli），[①]马基雅维里深刻地改变了现代西方的精神趋向。这一改变的一个重要方面就是他重新解释了美德与政治之间的关系。19世纪俄国民主主义革命思想家赫尔岑（Herzen）在《往事与随想》中记载了自己与巴枯宁的一个追随者之间的一次谈话，这名起义者最后说道："革命是狂风暴雨，在这里不能心慈手软，不能迁就一般的正义观念……只有亲自参加过这种活动的人，才能完全理解1794年的'山岳派'。"[②] 在当代，赫尔岑笔下的这一19世纪的历史细节被称为"马基雅维里主义"或者"政治脏手"问题。美国学者威廉·盖尔斯顿（Wiliam Galston）将马基雅维里主义问题概括为"即使最有价值的目标的实现，有时也需要使用让人厌恶的方式。"[③] 目标的实现为反道德的手段的实施提供了正当性理由。一言以蔽之，马基雅维里主义的实质是在政治实践的过程中排除掉道德因素的考量，政治家的行动不应受道德的束缚与限制。从更大的思想背景入手，当"政治脏手"问题作为政治哲学的热点问题呈现出来的时候，我们知道，在现代政治领域中，政治与道德之间的关系确实不再融洽。

如果以政治实践为基点，让道德围绕着政治实践而展开其丰富性，那么关于二者的联系，我们可以区分出以下两种截然不同的观察进路。

其一，无论中西方，在传统的思想家眼中，道德是政治家应具的素质，是政治家参与政治实践的资格名片。在古希腊雅典时代，柏拉图理想中的城邦是真正的哲学家统治下的城邦。哲学家热爱真理，有能力完成对至善的理念的学习和模仿，把自己塑造成为拥有节制、正义等公民美德的人。当哲学家把自己认知到的理念施加到国家和个人身上的时候，

[①] 刘小枫编《苏格拉底问题与现代性》，华夏出版社，2008，第34~39页。
[②] 〔俄〕赫尔岑：《往事与随想》（中），项星耀译，人民文学出版社，2006，第330页。
[③] 〔美〕威廉·盖尔斯敦：《自由多元主义的实践》，佟德志等译，江苏人民出版社，2010，第87页。

城邦就会是一个完善的政治实体。亚里士多德虽然没有如此地推崇柏拉图式的哲人王，但是他同样强调善行和善政对于建立优良城邦的重要作用。现实地讲，我们不可能期待所有的人都德才兼备、品性优良。亚里士多德当然意识到这一点，对于既无财富、又无才德的普通公民，亚里士多德也给予了他们在最高治权中的一席之地（参与部分议事和审判）。在亚里士多德看来，把普通公民摒弃在公职之外，就等于在城邦内保留着很多敌人，从而影响城邦的稳定与繁荣。可以这样说，亚里士多德并不希冀所有的公职人员都品德优良，但是最优良的城邦肯定要配以品行足够优良的公职人员——不能指望一群道德败坏的人能够营造出至善的城邦生活。在这一点上，古典作家的看法与制度主义的部分支持者的看法明显地不一致。在中国古代的思想传统中，政治与道德的关系问题被一般性地称为"德"与"位"的关系问题。周人所倡导的"以德配天"的观念，首次将政治格局的变迁与德直接联系起来。后世儒家传统的政道观念也特别强调德与位之间的相适性，孔子就说"为政以德"。由此出发，德政传统成为中国历朝历代的统治者都标榜的施政纲目，德政也成为中国古代首要的政治伦理观念。衡量政治人物的言行及其统治的正当性的关键在于"有德"还是"无德"。总之，在中西方的先贤眼中，道德既是政治家的重要素质，也是成为优秀政治家的资格证明。

其二，与古代世界的先贤不同的是，近现代的政治思想家更加冷峻地看待政治与道德之间的关系。与传统观念最相反的观点主张，政治应该独立于道德，政治家不需要同时扮演道德家的角色。政治领域是道德真空。在这些现实主义色彩浓厚的学者看来，政治领域的行为主要是基于实力和利益的考虑，实力包括经济的、文化的和军事的，利益则包括个人的、家族的、团体的、党派的和国家的等复杂多变的利益格局。无论是实力还是利益，都可以不同程度地转化为量化计算的指标，比如经济数据、选票数目、武器装备的数量等，政治家在处理政治事务的时候一方面要做好政治精算，准确计算和评估各自的利益得失，另一方面要做好利益攸关方之间的微妙平衡。政治现实主义者更愿意用经济学和军事学中的诸概念来形容政治行为，比如对赌、博弈、攻防，诸如此类的概念，政治家的行为都围绕着如何使自身或自己所属集团的利益最大化而展开。政治家被等同于古典经济学中的经济人设，因而很多西方的政客都被媒体称为政治精算师。对于彻底的政治现实主义的观点,政治哲学家不能轻易予以接受。如果政治现实主义的观点是成立的,那么政治哲学家就没有资格论断政治事务的是非曲直,马基雅维里主义和"政治脏手"问题都会被消解。政治实践者的标准动作是:设定一个政治目标,实现目标的手段就服从类似经济学的"投入—产出"的计量模型。他们只需要关注"投入—产出"的有效性即可。

其实,认真讨论"政治脏手"问题的前提就是承认政治与道德的相关性。一些西方学者常用"道德困境"(moral dilemma)来形容"政治脏手"问题,并把它与价值多元论相结合,即把传统的马基雅维里主义放置在价值多元主义的理论视野中进行思考。道德困境的描述必然预设了价值多元论的前提,因为如果所有的价值都是统一的、可通约的话,我们自然不必去纠结于到底应该选择承载着哪一种价值的行为——反正无论选择哪一种价值导向,在既定的时空纵切面上,最终都与另一种价值相通约。托马斯·内格尔、威廉·盖尔斯顿等都有类似的观点。从学术严谨性的层面看,用"道德负担"(moral burden)这个词语来形容"政治脏手"问题的特征可能更恰当。因为典型的道德困境意味着我们在两种道德原则或两种价值之间进行选择,无论选择哪一种,都可以得到支持该行为的原则或价值的辩护,因此,行为本身无法用简单的善与恶来评价——站在一方的价值立场上,你是善的;反之,站在另一方的价值立场上,你是恶的。无论是哪一方的价值立场,都是终极性的,不存在理查德·黑尔所说的可以用更高层次的道德原则来弥合这种冲突。

事实上,个人离不开社会的大环境,我们每个人都处在一整套分工协作的社会秩序当中。在最经常性的、最不起眼的行为中,我们都与其他个体发生一系列复杂的社会网络联系。以最简单的一日三餐为例,极端个人主义者也做不到仅凭个人的力量来完成从原材料到终端食品的输出这整个过程。你可以身体力行地种植蔬菜,但是喷洒的农药自己造不出来,机械化的种植工具来自工厂。对于做一道菜而言,食盐不是自己生产的,植物油不是自己压榨的,天然气不是自己采集的。如果否定所有的既存秩序,那么极端的个人主义者根本无法生存下去。对此,尤尔根·哈贝马斯曾经结合亲身经历说:"当我5岁那年接受唇裂矫正手术的时候——这在成年之后还一直不能忘怀——我就非常深刻地意识到,一个人是要依赖别人的。"① 一次手术就足以打消自我对个体完满性的依恋，让他认识到别人的不可或缺。正因为我们都置身于一整套分工协作的社会关系网络中，所以每个个体的行为都会对他人产生影响，我们也需要不断地调整自身以适应他人的所作所为。只要我们在社会关系网络中做出了影响他人的行为，就必然要承受他人的评价，可能是赞赏，可能是指责。既然是评价，就不可能单纯局限在对事实的认定上，评价必然要超出事实的范畴而扩展到其他更高的维度上去。假设一个手工业的从业者一天制造出20个栩栩如生的泥娃娃，对于购买者或旁观者而言，他们自然会首先认定这20个泥娃娃的数量和质量，这是一个朴素的计数问题，但他们不会仅限于此，他们会称赞该从业者的勤奋、技艺的高超，如果从业者在出卖的时候价格优惠的话，他们还会夸他待人慷慨、诚恳。处在相互联系的协作系统中，每个人都会对他人进行评价，也都会面对他人对自己的评价。个人是这样，有着特殊身份标识的政治家当然也不例外。不管是政治目标还是实现目标的政治行为，也不管是政治家的个人行为还是集体行为，政治家的行为所能影响的人群范围更加广泛，因此，政治家需要面对人们更严格的价值评判和拷问。政治现实主义者试图使政治独立于道德评判的想法是不现实的。政治领域不是道德真空。公共政治行为会产生公共性的政治后果，政治家的人格、行为和后果都会受到公众的道德评判，政治家本身在选择某种行动方案的时候也会顾虑到实施之后的社会影响。政治家在面对社会大众的时候，行为及其后果的有效性、合法性、道德性，都会一一受到评价。

从理论上判断，马基雅维里主义之所以能够产生持久的影响，一方面确实有很多现实的政治案例作为支撑，但更重要的是，现代西方自由主义民主对政治美德的剥离与排斥在很大程度上是奠定在对单纯的制度完备性的依恋之上的。康德说："建立国家这个问题不管听起来是多么艰难，即使是一个魔鬼的民族也能解决的。"② 许多信奉权力至上的自由主义者都认为，通过适当的制度设计就足以建立起稳定的自由民主体制。但是，这种康德式的制度主义的思路在现实当中遭遇到了极为严峻的挑

---

① 〔德〕尤尔根·哈贝马斯：《公共空间和政治公共领域》，参见张庆熊、林子淳编《哈贝马斯的宗教观及其反思》，上海三联书店，2011，第10页。
② 〔德〕康德：《历史理性批判文集》，何兆武译，商务印书馆，2009，第129页。

战。历史经验证明，任何一套政治制度和国家设施都不是由一群人在某一个固定的时刻、固定的地点忽然间自由选择出来的，"制度有其自身的历史，它们是长期斗争的结果"。① 即便是西方世界的民主政治也是长时期发展斗争的产物，而绝非一开始就是今天这个样子。19世纪中期的南北战争之前，美国南部各州都合法地进行奴隶交易；即使是南北战争结束之后，黑人和妇女也长期遭受歧视，得不到应有的选举和被选举权。历史还在发展，历史不会终结。马克思主义的一个重要观点就是道德是一种社会历史现象，受制于经济基础的发展状况，因此，马克思主义不可能赞成基于人性论的或基于上帝意志的普遍的道德原则。从历史唯物主义的角度来讲，任何的道德理论都是特定的历史条件和社会环境的产物，"我们拒绝想把任何道德教条当做永恒的、终极的、从此不变的伦理规律强加给我们的一切无理要求，这种要求的借口是，道德世界也有凌驾于历史和民族差别之上的不变的原则"。② 强行推广自由主义民主的制度体系，这种行为本身就既是对他人的选择的不尊重，也是对他人的历史、宗教和文化的不尊重，其结果常常是事与愿违。

更进一步的问题是，有没有符合政治家的职能的典型美德呢？可以肯定的是，马基雅维里认可许多优良的美德品质，慷慨、勇敢、节制、乐善好施，等等。既如此，马基雅维里倡导恶行的理由何在？他的回答是：人类的条件不允许这样。最根本的不利条件是并不是所有人都是道德君子，假如所有人都是善良的，那么就不存在马基雅维里主义了。必须承认，生活经验足以教育我们这一不利条件从事实上讲是成立的。关键是马基雅维里的下一步推导：既然并不是所有人都是道德君子，当一个人在所有的事情上都恪守道德原则，那么他必然会遭到挫折或毁灭。政治家自然也不例外。解释这一点需要特别谨慎，对于"政治家不需要在一切事情上都展现道德"这句话，我们可以展开两个不同层面的理解。①面对不同的道德：优良的道德品质有很多种，慷慨、慈悲、诚信、勇敢、节制、稳重、乐善好施、和蔼可亲等，但是，作为个体的政治家不可能拥有所有类型的优良品质，因此，政治家可以保有某些种类的优良品质。②面对不同的

---

① Michael Walzer, *Thinking Politically: Essays in Political Theory* (New Haven: Yale University Press, 2007), p. 231.
② 《马克思恩格斯文集》第9卷，人民出版社，2009，第99页。

事情：对于政治家所拥有的某些种类的道德品质，政治家不需要在所有事情上都展现出来，但是，他完全可以在某些事情上展现道德。至于具体是哪些事情，则要视情况的需要而定。所谓"视情况的需要"，就是指美德品质的展现要同时有利于政治体的安全、繁荣与发展。马基雅维里主义的复杂之处就在这里。"视情况的需要"似乎在告诉诸君，政治家的技艺之一就是必须学会投机取巧。问题是，有没有哪一种类型的道德是政治家可以一以贯之地加以践行的道德品质？从消极的角度讲，马基雅维里特别提到要避免几种恶，提到了一条统治者行动的总纲是：要尽量避免那些可能使自己受到憎恨或轻视的事情。因为被人憎恨或轻视会威胁到统治者的治理秩序。因此，为了避免被憎恨，统治者必须避免贪婪这种恶，包括霸占臣民的财产和妇女。为了避免被轻视，统治者则必须避免以下的几种品质：变幻无常、轻率浅薄、软弱怯懦、优柔寡断。从积极的角度讲，马基雅维里不主张单纯去追求超凡脱俗的道德圣人，政治家必须考虑现实世界的真实情况，而不是凭想象去做事。然而，除功利主义之外，有效性并非一定要排斥道德性。切断"政治脏手"的另一种可能是在选择某一种行为的时候，政治家可以既体现出道德性，同时又能保证有效性。能够准确判断在何种情况下有展现某种品德的需要，这本身就是件颇为困难的事情，很多政治家做不到这一点。要做到这一点就需要"明智"，因此，明智而非"昏聩"就是合格的政治家首先必备的品质。马基雅维里多次提到"英明的君主""明智的统治者"等概念，"英明"（或"明智"）可以成为政治家一以贯之的美德。另外，既然软弱怯懦、优柔寡断会招致他人的轻视，必须加以避免，那么"英勇果断"就是优秀的政治家必备的又一类美德。我们没必要继续把这一德目表罗列下去，基于马基雅维里的某些代表性的观点而断定其在政治现实主义的思路下排斥道德，这种解读本身就是把复杂的文艺复兴时代的思想家的思想和风格简单化了。

现在我们重新回到马基雅维里主义。"如果可能的话，他还是不要背离善良之道。"① 美德需要视情况而定，恶行针对的也是特定的情况。马基雅维里很清楚美德容易得到赞扬，但有时不容易得到回报，因此他要

---

① 〔意〕马基雅维里：《君主论》，潘汉典译，商务印书馆，2009，第85页。

求统治者能够随意切换自身的"道德角色"——正如同拥有两副面孔的古罗马神祇雅努斯。截然相反的道德角色真能随意切换吗？马基雅维里相信这一点。他没有阐明的是，固然善与恶之间可以切换，但是切换的难易程度并不相同。提升道德境界需要付出很多的努力，但是滑向罪恶的深渊有时候就是一念之间。马基雅维里认为，残酷是君主应当具备的十分必要的恶，尤其是当君主指挥军队的时候，如果没有残酷之名，那就很难使自己的军队保持团结和勇于奋进。一个以残酷知名的君主又能否展现出和蔼仁慈的另一副面孔呢？应该承认，这样做非常难。在很多时候，已经享有残酷之名的同时就排除掉了享有和蔼仁慈之名的可能。

总之，即便从目的与手段这一效果论原则来衡量政治与道德之间的关系，政治也不可能完全忽略道德的影响，政治家本身则更需要具备过硬的政治美德和素质：在某些情况下，政治家可以为恶，但是政治家不要故意为恶，更不能一直为恶。美国政治学者斯蒂芬·马塞多（Stephen Macedo）分别列出了立法、行政、司法三种类型的政治美德：立法者需要具备的美德是审慎、积极沟通、善于与持相反意见的人对话，反之则无助于推动立法工作的进展；司法者需要具备的美德是公正、坚持原则，否则司法就会丧失公信力。对于行政者应该具备的美德，马塞多特别指出，作为政治家，"一个人一旦做出判断与反思，就能够下定决心、拿出行动并坚持到底，而不是一遇到逆境就瞻前顾后、优柔寡断和垂头丧气；是让他付诸实践而不是没完没了地思考；是让他施展思想的独立性，而不是让他因偏见与压力而动摇，以满足他人要求的一致性"。[①] 对于良好的政治目标的实现而言，政治家具备某些类型的美德是必要的。

第二节　个人主义对政治美德的冲击

分析完政治家的政治实践与道德的关系之后，接下来我们要探究的是普通公民与政治美德之间的关系。

作为现代西方社会契约论的主要奠基人之一，卢梭并不相信民主制度本身足以解决一切问题。一种良好的公共讨论需要社会成员间的相互

[①] 〔美〕斯蒂芬·马塞多：《自由主义美德》，马万利译，译林出版社，2010，第260页。

团结和相互信任,而这又需要整个社会有着良好的道德风尚。卢梭本人最欣赏的道德风尚就是古代共和国里所流行的淳朴、正直、爱国、勇敢等德行,他所设想的全世界最幸福的人民就是在橡树底下讨论国家大事的瑞士乡村农民。他们呼吸着大自然的清新空气,远离大都市的浮华喧嚣,单纯而朴实,勤劳而正直。卢梭醉心于歌颂乡村的朴素和真诚,同时把矛头对准了现代商业社会的唯利是图、城市生活的贪图享受和市民的矫揉造作。越来越多的学者指出,具有一定的公共精神和政治美德的公民对于民主政治的正常运作来说是必需的。为了弥补作为权利主体的公民概念的不足,我们绝对有必要强调公共服务和政治参与的重要作用。没有积极参与政治的活动和争取权利的斗争,就不可能有任何意义上的自由。

一 权利意识的高涨与政治义务观念的淡化

本书第二章已经阐明,经由西方近现代主体哲学的洗礼,赋予理性而自由的主体以不可剥夺的权利是现代自然权利学说的核心观点。个人权利和个人自由是第一位的,它们优先于集体,优先于公共利益。列奥·施特劳斯研究指出,在17世纪和18世纪,自然法学说由对自然义务的重视转向了对自然权利的强调,"对人而言,最好指望他们为了他们的权利而战,而不是履行他们的义务"。[①] 从经济基础发展的角度讲,近代以来,西方世界的社会结构所发生的最大的变化就在于资本主义的兴起,商业阶层的崛起极大地改变了西方传统社会,日常生活越来越成为人们关注的焦点。"商人成了新世界的主要形象:老板代替了老爷。"[②] 新崛起的资产者被赋予了一个专有的名称——"布尔乔亚"。布尔乔亚是资本主义世界中的典型角色,他们一心重视的是自己的个人利益,关心自己的财富增长,张扬个人的经济权利;他们当然也需要社会和法律的保护,但仅仅是将之作为达到自己个人目的的手段。布尔乔亚很难为了公共的利益而牺牲个人的欲求,也不可能担当起国家赋予的应尽的职责——热爱共和国。现代民主社会并不着眼于培养某一种类型的"好公民",而

[①] 〔美〕列奥·施特劳斯:《自然权利与历史》,彭刚译,生活·读书·新知三联书店,2011,第186~187页。

[②] 〔俄〕赫尔岑:《往事与随想》(中),项星耀译,人民文学出版社,2006,第367页。

是支持公民个人有权利自由选择符合自身意愿的生活方式。

由此，在现代自然权利理论的影响下，西方个人的权利意识顺势得到极大的扩张，从一开始的信仰平权、等级平权，再到后来的男女平权，直至今日的族裔平权、性取向平权等，这一系列的社会政治运动无不充分体现了西方人权利意识的一次次高涨。美国哈佛大学教授斯蒂芬·平克（Steven Pinker）称之为"权利革命"："1962年到1969年是美国民权运动高峰时期，标志是几次极为戏剧性的法律胜利。当民权运动刚刚告一段落，女权运动开始升温，紧接着是儿童权利和20世纪70年代的同性恋权利，最后是动物权利。"① 权利革命毫无疑问是一种进步主义的宏大叙事，正是自由权利和社会权利奠定了公民们平等地参与政治的前提和基础。但是，以权利的持有来界定的公民身份是一种消极意义上的公民概念，它着眼于如何保护与增加每一位公民的权利，而忽视了公民所应该承担的政治责任与义务，从而导致了诸多社会政治问题的出现。哈贝马斯指出："自由权利和分享权利同样可以造成公民角色的唯私主义的退缩，把这种角色归结为当事人与照顾他、为他提供服务的管理机构之间的关系。"② 哈贝马斯将这种消极退缩的公民权利模式称为"公民唯私主义综合征"。

与自由主义民主对个人权利的强调相反，依据共和主义的观点，自由是自治的结果，正因为我参与了国家政治事务的决策，服从法律和政策实际上相当于服从我自己的意志，所以我是自由的。共和主义者认为政治生活本身具有善，投身于政治生活之中便意味着对共同善的追求，只关心自己利益的人实际上放弃了一种十分有价值的生活方式（如果说不是最有价值的话），完全退到了私人生活领域。③ 共和主义民主模式的要点在于如果我们想要保持个人自由，那么生活在自由国家中就是一个不可缺少的条件；而为了获致一个自由国家，公民本身就必须积极投身于公共事业。可见，共和主义民主并没有质疑大多数公民想保持自身的

---

① 〔美〕斯蒂芬·平克：《人性中的善良天使：暴力为什么会减少》（上），安雯译，中信出版社，2015，第444页。
② 〔德〕尤尔根·哈贝马斯：《在事实与规范之间》，童世骏译，生活·读书·新知三联书店，2011，第667页。
③ 用托克维尔的话说就是："整天为追逐他们心中所想的小小的庸俗享乐而奔波。"参见〔法〕托克维尔《论美国的民主》（下卷），董果良译，商务印书馆，2011，第869页。

自由生活的合理性，它关注的是实现个人自由的客观条件。从思想史的渊源来看，共和主义思想强调对共同的公民身份的认同，强调政治美德和公共利益，主张每个人都应该为政治共同体服务。只有当每一位公民都积极参加公共活动而非仅仅专注于私人生活领域中的个人幸福的时候，个人权利与自由才能很好地维持下去。迈克尔·沃尔泽认为："是卢梭（还有稍后的康德），奠定了公民身份的现代哲学基础。"① 在卢梭看来，公民参加社会管理并非出于兴趣或为了个人谋利益，而是出于义务。在参与政治活动的过程中，公民们需要具备通常所谓的"共和主义的美德"：把共同善和共同体的安全放在自己的福祉之上。因此，共和主义美德要求的是义务和奉献。为了确保公民对政治义务的承担，卢梭排斥私人生活的意义与价值，人们对日常生活的关注与投入会对共和国的存续构成威胁，因为它使得公民们远离公共政治生活。

　　虽然当代西方也有学者主张共和主义民主的价值模式，但总体上讲，对政治义务和政治责任的高度重视已经不是当代西方主流学者的共识。批判共和主义的文章很多，其中最主要的批判角度是认为共和主义政治容易导致国家对个人生活领域的干预以及该领域的萎缩。所有提倡共和主义民主的学者必须正视这一理论问题，在一定程度上赞同共和主义的迈克尔·沃尔泽就指出，共和主义的公民身份总是压倒一切的，经常伴随着对除了政治之外的其他生活领域的压制。既然真正意义上的自治要求公民们积极地投身于公共事务，甚至是把毕生的时间都投入政治活动，那么结果必然就是公民们在经济生活和文化生活上的贫乏，把一切时间都用在政治上，私人生活领域不可避免地会受到压制。乔万尼·萨托利称这种现象为"政治肥大症"，② 并用来指称古希腊的城邦民主政治。如此一来，自治就意味着将统治权留给了少数人，因为自治需要人们全身心地投入政治活动，而这种巨大的时间和精力的投入一般人是难以做到的。不难想象，当各种各样的政治活动无休止地进行的时候，国家中的大多数公民并不会对积极参与政治所需要的责任感做出全面的承诺。

---

　　① 〔美〕特伦斯·鲍尔等编：《政治创新与概念变革》，朱进东译，译林出版社，2013，第228页。
　　② 〔美〕乔万尼·萨托利：《民主新论》（下卷），冯克利、阎克文译，上海人民出版社，2015，第434页。

事实上，西方一些学者之所以重提共和主义的政治观念，并不是因为这种理论可以直接指引我们建立起一个民主自由政体，在这方面，很难说它能够比自由主义民主模式更加有效，甚至连一贯重视地方社群和政治共同体的重要作用的丹尼尔·贝尔都认为"共和主义公民身份的理想看起来可能已经过时了"。① 重要的是，它传达出了这样一个警告：除非我们重新开始重视对公民政治义务的关心，否则自由主义所主张的权利与自由本身会受到破坏。众所周知，现代西方社会普遍实行的是间接民主，即以代议制作为立法和政府决策的主要程序手段，而不是像古希腊城邦社会那样的直接民主形式。如果说参与政治的权利与过程对每一位公民来讲都很重要的话，那么在代议制的条件下，如果公民们不愿意积极参与公共事务的话，是不是意味着他们会被那些更为积极的同胞所统治？或者说，我们是否能够让每一位没有担任任何公职的积极参与政治的公民都能够对实际的政治决策和政治运作产生足够的影响呢？

为了应对这一问题，泰勒和哈贝马斯等学者都把目光转向了"公共领域"，并希望在这里找到解决问题的办法。对于普通的民众来讲，参与政治的权利只是在如下的意义上才能实现："加入并影响一个非正式的，不能作总体上组织的，更大程度上是以一种自由的和平等的政治文化为载体的公共交往过程。"② 这一非正式的公共交往过程的舞台就是公共领域。现代公共领域作为一种崭新的社会现象出现于18世纪的西欧，它是一个公共的空间，在这个空间中，社会成员可以通过各种各样的媒体（如报纸、杂志等平面媒体、电视媒体、互联网）间接或直接地参与交流、讨论为大家所关心的公共政策问题，并由此形成一种统一的公共意见和共同的舆论氛围。18世纪的法国作家并不担任任何公职，却成为法国社会事实上的首要政治家、舆论领袖和全体民众的精神导师，他们常常在咖啡馆、贵族沙龙间传阅各种书报作品，讨论种种哲学思辨问题，对公共舆论的形成发挥着巨大的影响。这种统一的公共意见正是通过书籍、报纸、杂志等印刷媒体而在各个地区流传开来的。公共领域的一个

---

① Daniel A. Bell and Avner de-Shalit, *Forms of Justice: Critical Perspectives on David Miller's Political Philosophy* (Lanham, Md.: Rowman &Littlefield, 2003), p. 227.
② 〔德〕尤尔根·哈贝马斯：《在事实与规范之间》，童世骏译，生活·读书·新知三联书店，2011，第 668~669 页。

特点就是处于其中的人们可能从来没有碰过面,但是通过媒体(在18世纪的时候主要就是各种纸质印刷品;在今天,电视、广播、互联网等信息技术手段则占据了主流)这个中介,他们却可以在一个共同的讨论空间中彼此联系起来。"书籍、小册子和报纸在受过教育的公众之间传阅,传达着论题、分析、论证与辩驳,人们彼此之间相互参照与反驳。"① 泰勒称这种新型的讨论空间为"元话题的共同空间",这种讨论空间不同于因为某个目的——如祭祀、庆典、会议等——而在某个地点集会而产生的共同空间,它是把各种地方性的讨论汇集在一起而形成的更大范围内的、非地方性的、连续的讨论。我们今天在沙龙里的讨论、其他人明天在咖啡馆里的交谈、报纸后天所做的政论等,均被认为是同一场公共讨论。公共领域的另一个重要特点就是它处于政治体系之外、独立于政治的地位。正因为公共领域独立于政治体系之外,它才有可能摆脱党派利益的纠缠,形成较具理性的公共意见。这种公共意见具有规范性的色彩:它要求政府倾听公共领域所发出的声音,公共领域在一定程度上构成了政治决策的合法性基准。公共领域的存在及其规范作用使得那些无缘直接参与政治运作的人仍然可以对政治决策施加自己的影响,透过公共领域,公民参与政治的权利得到了最大限度的保障。

在现代社会中,大部分人都是以观众的身份出现的,不过,他们的权利也能得到有效的保护,而且在政治舞台上的表演者也应受到观众们的监督和批评。在民主政治的积极参与之旁,涌现了许多批判、猜测和讽刺性的文化活动,这些批判活动便成为这些非参与性的公民们的参与形式。我们决不能低估文化批判作为一种政治活动的重要性,事实证明,那些非参与者比政治参与者更能进行有效的社会批判。

二 中立性与政治美德的弱化

在自由主义的语境当中,个人选择什么样的品格和生活目标属于自

---

① Charles Taylor, *Modern Social Imaginaries* (Durham and London: Duke University Press, 2004), p. 84. 据此看来,现代公共领域的运作有赖于"印刷资本主义"的普及,由各种渠道所发行的印刷品构成了共同的讨论空间的基础。就笔者的阅读范围所及,"印刷资本主义"一词应该是由本尼迪克特·安德森在《想象的共同体:民族主义的起源与散布》一书中提出来的,具体可以参见该书的第三章。泰勒借用了这一术语。另外,泰勒对安德森的这本书相当推崇,并且在许多文章与著作中都曾引用过该书中的观点。

己的理性筹划范围之内的事情，国家不能够随意干涉。自由主义的支持者主张，当我们面对一种善的多元性的局面时，我们难以追问"什么是最高的善？"而是要遵从"价值中立"的原则，允许各种善的互竞式的存在。价值中立原则是由马克斯·韦伯在社会学研究领域首先提出来的，其原来的含义是用来指称科学研究中的一种不偏不倚、完全依据客观事实的研究态度。该原则被引入政治哲学的领域，形成了自由主义民主所强调的中立性原则。所谓国家中立就是指国家不能对存在于公民当中的各种生活观和价值观的内在优劣进行高低排序或做出评价，国家也不应该刻意引导和影响人们对不同价值观的判断。一句话，我们根本不能从一种公共的立场出发去评价社会中存在的各种善观念，国家应该在什么样的生活是优良生活或者什么样的生活是值得过的生活这一问题上保持中立。

实际上，中立性原则同样是从个人权利优先的原则引申出来的。每个人都可以对自己认为是优良的生活方式做出自己的筹划和选择，国家在这一问题上无权干涉个人的选择自由。既然每个人都拥有追求幸福的权利，而且每个人对幸福生活的理解可能是非常不同的，那么国家无权用法律或其他的手段来设立一种标准的生活和价值样式并强迫人们必须遵从。加拿大政治哲学教授威尔·金里卡认为，国家中立学说预设了一种"非至善论的国家"观，① 与之相反的是，至善论的国家观则把某一种特殊的生活方式指认为最有价值的生活方式，并通过资源的分配来促进这类生活方式的普及。在自由主义者看来，国家并不应该规定什么样的生活才是优良的生活，它应该在此类问题上保持中立，否则就极有可能引起干涉与压制。据此，自由主义者反对"共享的价值""共同善"等理念，在他们看来，对这些理念的提倡会极大地影响对个人权利和自由的捍卫，因为强调共同善和群体权利往往意味着对个人的自由选择进行限制。一旦强调社会共同善和群体利益，很容易出现这样一种局面：凡是不符合群体利益和社会共同善的思想和行为都会受到拒斥，群体的判断和决定制约着个人的偏好和自由选择。自由主义所倡导的中立性原

---

① 〔加〕威尔·金里卡：《自由主义、社群与文化》，应奇、葛水林译，上海译文出版社，2005年，第275页。

则在很大程度上削弱了国家培养合格良好的公民的正当性。

自由主义的中立性原则理论遭到了共和主义与共同体主义的批评和拒斥。迈克尔·桑德尔指出："政府必须在竞争的道德与宗教观之间持守中立的观念，给美国的公共生活已经带来了一种腐蚀性的代价。"[①] 在家庭、社区、教堂、学校等与个人生活息息相关的领域中，实质性的道德损失正在发生，道德共识趋于瓦解。在排除掉政治美德的重要作用之后，中立性原则只能依赖于纯粹的程序合理性，而在面对实质性的道德分歧与价值论争时缺位。显而易见，中立性原则并不能平息各种各样的道德论争，反而会让极端性的观点表达去占据自由主义者留下的道德真空。所以说，公民的责任、义务、美德并不是空洞的，它存在于公民同整个政治共同体的关系之中。对于爱国、勇敢、忠诚等政治美德来讲，脱离政治共同体，就失去了展现自身的土壤。在政治共同体内，培养政治美德的第一前提乃是抛弃现代以来的形而上学自我观，承认人并不是一个一成不变的先验的道德主体，而是可以随着外在环境的改变而发生或大或小的变化，是有潜质的、可教化的。人在本性上是一个政治动物，这不仅是因为人生来（自然地）就有合群的本能，而且也是因为只有在共同体中，通过法律和习俗规范的力量，才使得生活于其中的人们能够获得政治美德，并趋于完善。

当代西方的一些自由主义学者也在较大程度上吸收了共同体主义与共和主义思想的合理之处。他们同样认识到，为了避免从多元论滑向相对主义，自由主义势必拥有自身的实质性的道德观念。所谓的中立性只是某一种类型的哲学立场。"自由主义也不会在各种公共价值之间真正保持中立——它维护某些公共价值的最高地位，比如：个人自由与责任、对变革及多样性的宽容、对那些尊重自由主义价值的人的权利的尊重。"[②] 在这种意义上，自由主义在道德观念和实践上将同样是凌厉的。

我们在倡导政治美德的时候应该注意到，公民的政治美德是需要培养和教育的，很多社会公共机构都应当将关注的重点放在教育公民的美德上。从现实性的角度讲，仅仅强调政治义务的重要性本身并不

---

① 〔美〕迈克尔·桑德尔：《民主的不满》，曾纪茂译，刘训练校，江苏人民出版社，2012，第381页。
② 〔美〕斯蒂芬·马塞多：《自由主义美德》，马万利译，译林出版社，2010，第244页。

足以培养出公民的政治美德，因为"强调参与仍然没有说明如何保证公民负责地参与"。① 共和主义者认为，政治美德对于公民生活具有内在价值，而不仅仅是保障与支持私人生活的手段。但是，在一个多元的社会当中，人们之间存在着不同的关于善观念和美德的观点，如果政府试图对公民进行某些价值观的教育或者鼓励他们去追求特定的价值观的话，就会有强迫个人或某些少数文化群体接受他们所不愿意认同的价值观或善观念的可能性。对多元主义的承认与包容是与特殊主义的价值立场分不开的；同样，共和主义者所强调的共同认同在很大程度上又是建立在人们对共同善和共同的文化传统的认同之上的。这样看来，特殊主义的立场与对共同善的追求似乎是自相矛盾的两个论点。因为处于一个在宗教信仰、价值观念、文化传统上存有分歧的现代多元社会中，我们可能很难形成一种共享的价值观念，也更难形成一种亚里士多德意义上的推崇共同善的政治。民主国家在大力推进社会教育事业的同时，有可能会损害少数文化群体甚至是不认同主流价值观的普通个人的权利。在文化排斥减少的同时，政府强制的风险却增加了。桑德尔在接受访谈时认为，防止政府的强迫性倾向的最好方式并不是创建一个中立性的公共政治空间，而是创建一个有活力的公民社会，在其中，公民们可以自由地交换、讨论各种观点。多元主义的社会现实并不必然与共和主义的政治理想相冲突，而是完全有可能成为共和主义政策的一种助力，因为它可以使公民们更加开放地、持续地讨论各种公共政策，争论各种价值分歧，"而如果关于公共善的商议和争论是由不同的声音所构成，那么它就会被充实"。②

基于此，桑德尔等思想家笔下的共同善并不是单一化的，而是多元化的。桑德尔和泰勒一样，均区分出了卢梭式的共和主义和托克维尔式的共和主义这两种类型。卢梭把政治共同体设想为一种人人服从公意的不可分割的统一的整体，公共生活的透明状态增加了政府强制的风险。与卢梭不同的是，19世纪的托克维尔却看到了美国公共生活的分化特质对于间接塑造人们的政治美德的重要作用，类似于乡镇这样的介于独立

---

① 许纪霖主编《共和、社群与公民》，江苏人民出版社，2004，第248页。
② 李建华主编《伦理学与公共事务》第5卷，北京大学出版社，2011，第222页。

的个人和整体性的国家之间的社区活动对于美国民主制度的正常运行大有好处。托克维尔特别看重美国的乡镇政权。在美国，政治生活起始于乡镇，乡镇是独立的，而且拥有管辖本地区的众多权力，这些权力是基于人民主权的原则的。众多的乡镇政权为地方分权奠定了坚实的基础，其结果就是最大多数人都能参与公共事务，虽然这些事务往往是一些与居民生活休戚与共的基层事务。正是在这种意义上，萨托利才说："参与是微型民主的本质，或者说，它为上层结构即民主政体提供了关键的基础结构。"① 也就是说，只有在小范围的团体内部，参与才是有意义的，全国范围内的政治参与使参与本身失去了意义，随着人数的迅速增多，每个参与者的作用会相应地减少。处于各不相同的圈子里的人们可能对公共事务并不能快速达成一致的意见，但是正是在反反复复的争论和商议之中，人们的政治素质得到了极大的锻炼，公民自治也得到了很好的保障。因此，托克维尔式的共和主义政治绝不轻视社会生活的分化，小范围内的自治活动有利于培养公民们参加更大范围内的政治活动的公共美德。我们正是在参加各种社团组织的活动的过程中，逐渐体认到团结、忠诚、负责等美德的重要性的。沃尔泽认为："使民主政治成为可能的文明举止只有在这些组织网络中才能习得。"② 公民作为单个的个人很难发挥什么作用，只有当他们结合在一起的时候才会起到更大的作用。单就政治共同体和各种地方性的组织来讲，它们都是在各自的运作范围内发挥着作用，却共存于整个社会之中。"这些群体中的积极成员越多……那么共和国中的积极公民也就会越多。"③ 一个活跃于社团活动中的人会毫不迟疑地加入政治活动的队伍中去，反之，我们很难设想一个在本社团的活动当中都不积极的人会积极投身到公共的政治实践中。活跃于市民社会中的各种充满活力的社群组织可以在很大程度上促进政治共同体本身的繁荣与强盛。如此一来，教育和培养公民美德的塑造性计划本身可能并

---

① 〔美〕乔万尼·萨托利：《民主新论》（上卷），冯克利、阎克文译，上海人民出版社，2015，第184页。
② Michael Walzer, *Thinking Politically: Essays in Political Theory* (New Haven: Yale University Press, 2007), p. 130.
③ Anita L. Allen and Milton C. Regan, Jr. (eds.), *Debating Democracy's Discontent: Essays on American Politics, Law, and Public Philosophy* (Oxford; New York: Oxford University Press, 1998), pp. 180–181.

不会直接导致政府强制，对一种单一的、一致同意的、无分化的共同善和共同价值观念的追求才有可能导致强迫的出现。承认共同善本身并不意味着共同善是单一的和不可争辩的，甚至是一成不变的。

在今天的西方世界，即便我们承认共同善的重要性，复兴政治美德的努力也面临着极大的压力。其一，这种建立在亚里士多德式的共同善概念基础上的政治美德观念与现代社会普遍流行的对个人良好生活的信念不一致，其现实社会基础并不宽广。麦金太尔曾经说过，在今天的道德论证中，来自亚里士多德主义的美德传统仍存在着不容忽视的影响。这种影响主要表现在两个方面：第一，美德传统的碎片仍然处在诸如功利、权利等许多现代独特的观念的旁边；第二，美德传统还以一种相对完整的、较少扭曲的形式，存活在某些与其过去保持牢固的历史联系的共同体中，比如某些爱尔兰天主教团体、正统派犹太教团体等，"所有这些共同体都不仅通过他们的宗教，而且从他们的父辈在现代欧洲的边缘所赖以栖居的农庄和家庭结构中，继承了其道德传统"。① 不过，即使是在这样的小型共同体中，参与公共讨论的需要，也迫使人们在寻求符合自己观点的概念和原则的过程中渗透进了当代哲学争论的杂烩。因此，所有这些共同体对于道德传统的忠诚始终有被侵蚀的危险。麦金太尔的论述一方面承认亚里士多德主义的美德传统在今天个人主义盛行的西方社会中很难得到普遍认同，另一方面则从深层次上揭示了公共美德与地方性团体的价值之间的矛盾。处于地方性团体中的公民可能只是信奉该团体的价值，而并不是想从中学习和锻炼自己参与公共生活的美德。因为这些团体往往要求的是私人性的交流与讨论，要求尊重团体的价值和权威；而公共讨论则要求公民们努力把个人的信念与公众所可能接受的信念区别开来，以便使别的公民能够理解自己的观点。在私人性的团体当中，政治舞台上的那种符合公共讨论要求的言说与争辩是不必要的，因为自愿参加某一个组织社团的人往往都会认同该社团的特殊的价值诉求，而这些特殊的诉求可能与公民美德并不相关，所以，把培养和塑造

---

① 〔美〕阿拉斯戴尔·麦金太尔：《追寻美德》，宋继杰译，译林出版社，2008，第285~286页。

公民美德的任务单单交给家庭、教会或俱乐部这些私人性的团体可能很难达到目标。

其二，自由主义者提出反驳，当人们尊重习俗与权威却缺乏成熟的道德推理能力和批判能力的时候，就只会受制于习俗与权威，根本无法建构起一个真正的自由民主的社会。换言之，市民社会的团体本身也可能给其中的成员造成思想观念上的褊狭与不宽容。很多女性主义者就认为，正是家庭教了男人怎样统治女人；而很多宗教团体在让其成员学会服从权威的同时也让他们学会了对异教徒的不宽容，诸如此类的现象在很多组织社团中都存在。大多数人都处在这种或那种的从属关系之中，他们从这样的关系中学到的并不是独立与积极，而是顺从。基于此，沃尔泽认为我们需要政治上的矫正，在自由与平等的新条件下重构这些组织网络，"只有一个民主政府才能创造出一个民主的市民社会"。① 仔细审视，沃尔泽对市民社会和民主政府的讨论是紧密联系在一起的，他一方面说只有一个民主的市民社会才能撑起一个民主政府，另一方面又说只有一个民主政府才能创造出一个民主的市民社会，二者互为前提，互为因果。沃尔泽之所以会推出这样一个结论，实际上就是要强调市民社会与民主国家之间是不可分割的，是非对立性的。既没有必要因为参与公共生活的需要而排斥任何私人结社团体，也没有必要因为要保护个人的自由权利而抹杀社团存在的意义，对于个人而言，他们可以选择随时退出某个社团，这是不同于古典共和主义的地方。

更加棘手的问题是，西方学者虽然开始强调责任与美德的重要性，但是他们都不太敢把自己的公民美德理论应用到公共政策中。尽管公民理论家批评权利受到了过多的关注，但是他们很不愿意提出限制或者削弱这些权利的主张。② 结果，许多论述公民美德的著作全都陷入一种空洞的道德说教中：如果公民们能够在取得权利的同时践行政治美德，那么民主社会会运作得更为良好。至于到底如何才能真正促进公民美德，西方政治理论家仍然没有给出一副根本性的解决药方。

---

① Michael Walzer, *Thinking Politically: Essays in Political Theory* (New Haven: Yale University Press, 2007), p.130.
② 许纪霖主编《共和、社群与公民》，江苏人民出版社，2004，第261页。

第三节　个体公民的政治美德

当今是全球化的时代，伴随着国际化程度的加深，多元文化主义强势兴起。多元文化的存在对传统社会的架构和固有观念造成了很大的冲击。现在的问题是，为保证我们对多元文化的接纳与包容，自由主义民主模式需要什么样的公民品格和素质？

一　自由主义民主所需的公民美德

作为当代西方最为重要的公共知识分子之一，玛莎·努斯鲍姆认为，身处多元文化的时代，民主国家要维持健康且有效的运转，公共政治议题要得到充分且审慎的讨论，公民就必须具备以下三种能力："批判性的思考的能力；超越地方性的忠诚而用'世界公民'的眼光处理问题的能力；最后，富有同情心地设想他人的困境的能力。"① 因之，国家需要重视通过教育培养出具备这三种能力的公民。应该说，即便是在自由主义知识精英群体当中，努斯鲍姆的这一观点也绝不是孤立的。同样身为西方著名的自由主义民主理论家，艾米·古特曼强调，既然民主决策需要良好的审议过程，那么能够恰当地进行审议的公民就必须具备相关的能力，如基本的读写能力、批判性思考的能力、体察他人视角的能力，等等。而与这些能力相协调，"审议所涵盖的美德有诚实、非暴力、实践决断、公民正直以及宽宏大量"。② 可以看出，无论是努斯鲍姆还是古特曼，她们都认为，自由主义并不等同于道德虚无主义，对于自由主义民主来讲，良好的公民品格和美德同样十分重要。

西方学者在研究民主政治的时候特别重视"审议"这一概念。审议指的是拥有不同主张的个体或团体能够审慎地、理性地就某一政策的制定和实施各自阐明自己的观点，并通过论辩与协商谋求弥合彼此之间的分歧。当秉持不同观念意识的人们在处理公共事务的时候发生分歧，解决分歧的合理办法必然是协商、辩论和对话，而非强制命令。操作良好

---

① Martha C. Nussbaum, *Not for Profit: Why Democracy Needs the Humanities* (Princeton, N. J.: Princeton University Press, 2010), p. 7.
② 〔美〕艾米·古特曼：《民主教育》，杨伟清译，译林出版社，2010，第3页。

的民主审议有一个基本前提，那就是意见分歧的各方都能够以一种互相尊重、互相包容的心态去与他者进行交流和沟通，只有这样才有助于充分知悉对方的诉求，消除彼此之间的陌生感乃至误解。民主审议不是单方的事情，它必然要涉及双方甚至是多方，因此，对于处在审议过程中的任何一方而言，他们都必须具备与审议有关的能力与美德。这些美德又可以分为两大类：一是"对己的"，二是"对他的"。

批判性思维的能力主要是"对己的"。批判性思维强调，自我理应经由批判而达到一种苏格拉底式的经过反省的人生。反省的重点是人们自身所拥有的各种观念，所以批判性思维挑战的是社会中的传统权威，运用理性推理的能力去检验传统的观念、信仰和权威是否具有合理性，因此，批判性思维的另外一个重要侧面就是个人的独立思考和自主选择，而不是随波逐流，淹没在传统的或习惯性的意识当中。正因为我们对自身所拥有的各种观念和传统习俗加以批判性的审视，我们才有可能对属于他人的观念、信仰和传统给予包容和理解。对多元文化的存在应该秉持相互包容与相互尊重的心态，这一论点与西方学者对个性自由发展的推崇是密不可分的。既然我们对每个人的个性表现给予足够的尊重，那么对于生活在不同的文化圈里的人而言，彼此之间也应该互相理解、互相包容。对多样性的尊重和包容一方面有助于丰富人们的精神生活，促进不同语言、不同信仰、不同文化的群体之间的平等交流，为人类的文明进步奠定基础；另一方面，它也可以在很大程度上保障少数文化群体或亚文化群体的权益，不至于落入"多数人的暴政"这一民主怪圈。多数人对少数人的偏见、歧视同样可以伤害少数人。"一个人或一个群体会遭受实实在在的伤害和歪曲，如果围绕着他们的人群和社会向他们反射出来的是一幅表现他们自身的狭隘、卑下和令人蔑视的图像。"① 因此，一种更加开放、包容和具有批判性思维的文化心态的养成可以避免大范围的社会歧视的发生。

良好的民主审议还需要"对他的"美德，努斯鲍姆称之为"叙事想象力"。所谓的叙事想象力指的是富有同情心地设想他人的困境的能力，

---

① 〔加〕查尔斯·泰勒：《承认的政治》，载汪晖、陈燕谷主编《文化与公共性》，生活·读书·新知三联书店，2005，第290页。

即我们通常所谈到的换位思考。当我们面对着不同于自身的观点和意见的时候，叙事想象力会帮助我们设身处地地从别人的角度出发思考问题，用心体会对方的出发点是什么，是什么样的客观环境和成长背景促成了他们的观点和立场。换位思考有助于我们克服观点的偏狭，加深对他人的理解，营造出良好的协商氛围。从理论上讲，多元论本身既可以是一个描述性的概念，又可以是一个规范性的概念。所谓描述性的多元论指的是人类社会存在着某些不可通约的观念和价值这一事实；规范性的多元论则指的是尊重和鼓励多样性的观念和价值的道德观点。相应的，多元文化主义也可以区分为描述性的多元文化主义和规范性的多元文化主义这两种类型。所谓描述性的多元文化主义只是描述了一个社会事实，即所有当代社会都包含许多不同的文化群体，而且这些群体往往都会提出保护本族群的特有文化的要求。所谓规范性的多元文化主义主要探究的是我们应该采取何种态度和立场来对待多种多样的文化群体的存在。①培养叙事想象力和同情心的一个重要作用就是，在承认描述性的多元文化主义的基础上，将规范性的多元文化主义的相关要求作为现代公民应该具备的观念意识。基于此，很多西方学者主张，应该把规范性的多元主义融入一国的教育体系，在反思主流社会的文化和价值观念的同时，学习和认识其他国家、民族和地区的历史文化，包括自身社会中的一些少数族裔群体的亚文化。这就需要我们以一种历史的眼光花大力气去学习和探究不同文化之间的具体差异，以及这些差异的形成历史。

不过，自由主义民主所倡导的公民美德在现实性上遇到诸多的挑战。第一，在西方社会新民粹主义盛行、社会共识趋于破裂的大背景下，一种基于批判性思维的多元的、包容的心态并不容易维持。批判性思维首先关涉的是观念层面的转变。批判性思维意在对已有的观念保持反思，而对不同于己的观念给予理解和公允的评价。但是，我们必须意识到，很多偏狭的观念一旦形成就不容易改变。与批判性思维相比，固执地坚持自己观念的人往往更多，他们从来也不愿意修正或改变自己的信念。固执的观念往往来自相对封闭的社交空间，这种社交空间为观念的固化提供了心理上的社会支撑。一般情况下，我们在社会中所观察到的并不

---

① 〔英〕戴维·米勒：《社会正义原则》，应奇译，江苏人民出版社，2008，第309页。

是某一位固执于某种观念的个体成员，而是秉持一致的观念的某些组织团体。社会心理学家据此提出了"群体极化"的概念：群体成员做出的讨论和决定通常会强化成员们的初始倾向，激进者会更加激进，顽固者会更加顽固。依据人类交往的相似性原则，在日常生活中，我们往往选择与自己的观点相似的人进行交往，移动互联网时代的所谓"圈层文化"由此而来。人群的集合代表着观点的集结，在相互交流、相互讨论的过程中，同一个观点得到了越来越多的重复，人们就在这种不断的重复中越来越认同这个观点。这也可以解释为什么公共论辩容易出现失态的情绪性表达的局面。在这一点上，仅仅着眼于培养批判性思维显然是不足的。

观念的来源是多方面的，在所有的来源中，学校是输出各种观念的重要场所之一。对于已经接受了某些偏狭的歧视观念的人来讲，学校也是矫正其观念的重要场所之一。但学校教育毕竟只是其中一端，我们每个人都可以从社会各领域中获得各自不同的观念。个人一开始接受的偏狭观念有可能来自家庭，或者来自某个小型的社区，又或者来自某个朋友圈。在很多激进自由派、极端保守主义者眼中，批判性思维恰恰有损于信念的坚定性和虔诚性。自由主义者既希望他者能够"坚定地秉持自己的不同意见"（因而不是怯懦的、唯唯诺诺的），又希望他者能够"讲道理，接受可以被证明是对的的意见"（因而不是固执己见的、心胸狭隘的）。显然，自由主义者对公民品格的认定带有明显的理想化的特点。同时符合上述两条标准的人，古代和中世纪很少；即便到了现代，普通的公民受制于自身的知识储备和专业能力，也受制于自己所接触和收集的信息和数据，往往很难做到独立、自主且具有反思性。在现实世界当中，符合自由主义者所设想的政治品格的人往往都是知识精英，他们显然属于西方国家中的少数。

第二，自由主义学者所支持的对多元文化的接纳与包容是有界限的。一个极易引发争论的问题就是：自由主义者如何面对非自由主义者，或者说，宽容者如何宽容不宽容者？固执己见、不反思、狭隘偏激的人显然不符合自由主义所欣赏的公民品格，斯蒂芬·马塞多教授甚至把怯懦、唯唯诺诺都列为自由主义所不欢迎的品格。显然，除了少数主张"绝对和平主义"的宗教信徒，不会有人能够轻易宽容试图消灭自己的人。问题就在于，必须避免不宽容者对宽容者的实质性冒犯。如果主张极端种族主义的团体（比如三K党）侵犯到其他群体的生命权或财产权，那么社会首先需要的并不是宽容和忍受这些极端团体的价值和理念诉求，而是通过法律途径追究实施者的刑事或民事责任。任何个人和团体的行为都要在宪法和法律所界定的框架内进行，谁也不应当拥有基于价值和信念的豁免权。但是，如果主张极端种族主义的团体仅仅是表达自己的观点，而没有对他者的权利造成实质性的触犯，作为团体的成员，他们也完成了作为公民的应尽义务——纳税、服兵役等，那么这种情况下，自由主义者是否应该宽容他们的言论和观点？对于这一问题的回答，我们不必陷入对"言论自由的限度到底在哪里"的艰深讨论。既然自由主义不会在各种公共价值之间真正保持中立，那么谴责和批判极端主义的言论和观点就是自由主义者的应然姿态。"民主教育并未在互竞的善观念之间保持中立，对它的辩护也不诉求中立主张。"① 我们要维持对多元文化的尊重与包容，就必须排斥那些极端主义的仇恨言论。自由主义所提倡的同情和宽容的美德同样是有界限的。

二 政治共同体与爱国主义美德

不同于西方自由主义者所赞同的基于现代自我观念的个人主义身份建构，我们把个人理解为某一特殊的"伦理—文化共同体"中的一员。这一共同体承载着一个人的信仰、文化和族裔认同，并在构成性的意义上确立了个人在世界中的位置。我们想象自己身处于一个不断发展演变的共同体之中，它与我们血脉相连、息息相关。我们每个人都是作为共同体的一分子而出现的，拥有共同的身份认同。我们意识到彼此都归属于同一个祖国，自己与同胞之间是休戚与共的命运共同体。失去了共同体的维度，我们将无法确认自己的身份，也无法想象自己是某一历史和文化传统的继承者，从而丧失个人认同的根基。既然个人生活在共同体当中，承担着群体生活中相应的责任与义务，那么个人对于生活于其中的共同体必然有着特殊的、情感上的依恋。这一种特殊的、情感上的依恋反映的就是爱国主义情感。因此，麦金太尔认为："爱国主义作为一种

---

① 〔美〕艾米·古特曼：《民主教育》，杨伟清译，译林出版社，2010，第49页。

美德，它现在或过去之被奠立，首先缚系于一个政治的或道德的共同体"。① 对我们的国家、对我们所属的政治共同体的热爱与忠诚体现的就是爱国主义这一重要的政治美德。

与人类的其他各种私人性的情感类型相比，爱国主义具有典型的公共性的特点，其公共性主要体现在爱国情感的表达往往是与公共领域中的公共议题相关的。一个值得注意的现象是，在人们的日常生活中，爱国情感往往并不彰显，我们每个人都在为自己的学习、工作和生活而忙碌着，但总是有一些特殊的时刻和特殊的事件可以迅速拉近我们与祖国之间的心理感受上的距离。戴维·米勒注意到："从心灵深处唤醒这些忠诚使之成为完全的意识需要某个特殊事件。"② 当事件发生的时候，不管你参不参与意见，你都成为历史事件的见证者，并且表达出自己的立场、价值与情感，而且越是充分参与事件的讨论，情感的表达也肯定会越强烈。当国家面对的事件是人人觉得都不应该置身事外的时候，爱国情感必定会最为强烈。在这些特殊的历史时刻，我们潜在的爱国热情会被激发。在这样一个历史时刻，大家把关注的目光投到同一件事情上，我们清楚地知道爱国情感的流露并不是哪一个人所独有的，它是"我们"所共有的。因为"我们"生活在同一块国土上，经历过相同的历史事件，分享着相同的文化传统，所以我们才能意识到"我们"是一体的，一种强烈的团结纽带才能够生成。借用查尔斯·泰勒的概念，同胞间的团结纽带是以一种我们"共同分享的命运感"③ 为基础的。

当代西方很多自由主义政治学者并不承认爱国主义是一种值得辩护的政治美德，认为"爱国主义已经变成一种道德上可疑的事物"。④ 他们提出了一系列的挑战理由。首先，他们试图从哲学基础的角度出发切断个人与政治共同体之间的构成性关系。他们的核心理念之一就是自由意志主导下的选择。从本体论的层面上看，自由主义所认可的自我都是独立的、理性的意志主体，无时无刻不处于一种自主选择的状态之中。基

---

① 〔美〕阿拉斯戴尔·麦金太尔：《追寻美德》，宋继杰译，译林出版社，2008，第288页。
② 〔英〕戴维·米勒：《论民族性》，刘曙辉译，译林出版社，2010，第14页。
③ Charles Taylor, *Philosophical Arguments* (Cambridge, Massachusetts: Harvard University Press, 1995), p.192.
④ 〔美〕史蒂芬·斯密什：《政治哲学》，贺晴川译，北京联合出版公司，2015，第280页。

于这种自我观念,西方思想界一直都特别强调个人的自主选择权利的重要性,主张个人在规划人生蓝图和追求属于自己的人生目标等事情上拥有不可让渡的权利。然而,在他们看来,个人与政治共同体之间却是一种非自主的、任意的联系——"我"出生在某个国家是任意的,这种道德任意性不足以支撑强调奉献与责任的爱国主义美德。按照社会契约论的观点,个人进入社会的目的就是为了更好地保障自己的权利与利益,不过,如果一个国家遭到了外敌的入侵,而该国的人民为了维护各自的人身利益不愿意挺身而出进行捍卫的话,那么最终受到侵犯的恰恰是这些个人的利益。"爱国主义不仅在过去就一直是自由的重要堡垒,而且在未来它将仍然是无可替代的。"[①] 所以,即使是从保护个人权利与利益的功能主义的角度来理解爱国主义,爱国主义依然是一种重要的政治美德。过分强调理性主体的独立性和自主性的结果便是很容易弱化主权国家赖以维系的各种关系与纽带,使整个国家处于一种关系脆弱的状态之中,最终反而会削弱对个人权利与自由的保障。在这种意义上,爱国与个人权利并不是始终处于对立互竞的状态。更何况,从根本上讲,我们不能把爱国主义仅仅看作一种工具性的价值:不是因为我们生活在国家中比个人单独生活更安全、更方便,所以个人才应该热爱国家;而是因为我们是从生活于其中的共同体中获得某些重要的自我认同的。

自由主义者的第二种反驳意见认为,爱国主义的对象是具体的、特殊的,爱国肯定是爱某一个具体的、特殊的国家,这就阻碍了人们的普遍主义视野。与自由主义者把道德原则看作普遍的、先验的不同,伦理特殊主义认为,道德原则的内容是与我们从何处学得这一原则的问题紧密相关的。我们每一个人所秉持的道德规范和价值理念都是通过生活在特定的共同体之中而逐渐学得的,我们不可能凭空把它们创造出来,离开了身处其中的伦理—文化共同体,我们很有可能会失去据以判断善恶是非的标准。正如本书第五章中所言,特殊性与普遍性之间并不是非此即彼、互不相容的关系。随着时代的变迁和个人的成长,我们可能会赋予这些价值理念以新的理解,我们一生的道德实践也不意味着都会受

[①] Charles Taylor, *Philosophical Arguments* (Cambridge, Massachusetts: Harvard University Press, 1995), pp. 196–197.

到这些特殊性的限制。但是，我们从小从周边的伦理环境中所习得的道德规范和价值理念毕竟构成了我们道德实践的起点，它们也构成了我们走向普遍性的桥梁。前文已述，伦理特殊主义所支持的道德生活图景呈现一种同心圆的结构：我们总是从对家庭、邻里等群体中的成员的特殊的爱或者责任出发，然后才逐渐延伸到对更大范围内的其他人的关心的。[①] 这种推己及人的道德生活图景的主要内涵之一就是我们的伦理关系和身份认同在很大程度上会影响我们的道德行为。我们对与我们发生直接的伦理关系的社会成员负有特殊的责任与义务。无疑，这一内涵与我们日常生活的实际经验相符。在现实生活中，伦理关系会产生特殊的情感，而这些特殊的情感上的依恋自然会成为我们的道德行为的动机。承认特殊性并不意味着我们要接受道德偏倚性（partiality）的立场，个人对特殊的依附关系的承诺并不排斥他对其他群体成员的道德担当。你爱自己的孩子，并不代表你就会讨厌甚至是侮辱别人家的孩子。更重要的是，人们总是从特殊的情感依恋出发才逐渐学会如何去关怀别人的。"我们学会去爱人类，不是从普遍的爱而是从特定的爱开始的。"[②]

伦理特殊主义的思路需要面对如下的一种质疑，那就是特殊性预设了一个具体的、单一的认同目标，但是在人员流动量日益增大的全球化时代，自我的身份认同很难确保始终如一，而是更加多样、更加多变。在很多情况下，个人会移民国外，加入他国国籍，游走于不同的国家、不同的宗教、不同的文化、不同的社群团体之间，自我认同也会随之发生相应的改变。在回答"我是×国人"这一问题时，我们当然没有断言个人的认同必须自始至终都要依附在一个单一的目标之上。但是，从实质上讲，无论是何种形式的自我认同，它的形成都不仅仅是一个理性个体的独立的、任意的自我选择的过程。一方面，爱国主义是深植于某种特定的、厚重的文化传统、信仰体系和历史传承之上的，我们不可能随随便便地就抛弃这些深层的、持久的情感依恋和忠诚。爱国主义公民美德的践行基础是一种"伦理—文化共同体"，因此，我们的政治性认同

[①] Joshua Cohen and Martha C. Nussbaum (eds.), *For Love of Country?* (Boston: Beacon Press, 2002), p. 126.

[②] 〔美〕迈克尔·桑德尔：《民主的不满》，曾纪茂译，刘训练校，江苏人民出版社，2012，第400页。

和非政治性认同在这个意义上是高度吻合的。即使我们离开了一个政治共同体，我们的善观念和道德文化认同也不会轻易地发生改变。另一方面，自我认同的形成还包括"他者"对"自我"的接受与承认。一个人离开自己的母国加入其他国籍，虽然他自己可能已经认同了新的国籍身份，但是在很长时期内他依然会被冠以"×裔×国人"的称呼。这也可以解释为什么身处异国他乡的个人往往会比身在国内的时候更加爱国：因为身处"×国人"当中，让你更加深刻地意识到了你是"×裔"。公民身份的转换需要的可能只是一个法律上的手续，但是，社会身份和心理认同上的转换则绝对需要一个长期的历史过程。

伦理特殊主义的思路还需要面对另外一种质疑，那就是如果说爱国主义是植根于某种特定的政治文化和共同体当中的话，那么它就很难摆脱这一特定的文化共同体所带给它的自然的局限性。因为一方面，特定的共同体往往具有不同程度的封闭性和排外性，因此，源自该共同体的爱国主义情感往往也会同时带有这个特点。如果单纯从如是这般的情感的角度出发来看待爱国主义，那么我们是无法保证该情感的合理性的。在全世界经历过第二次世界大战之后，这一点越发地被展现出来。因为很明显，基于法西斯政权在"二战"期间所犯下的种种罪行，纳粹德国党卫军口中所说的爱国情感和日本军国主义侵略者口中所说的爱国情感已经不可能得到合理辩护。假定我们接受"爱国无分对错"这样一种观点的话，那么我们就不能从理论上对军国主义的侵略行为本身进行严肃的反驳与批判。另一方面，今天，我们都置身于全球化的时代浪潮之中，技术、资源、资本和人口在世界范围内大规模流动，地区与地区之间、国与国之间的联系普遍形成，不同文化之间的接触、碰撞与融合也日益加强，多元文化主义已经成为一种不容忽视的社会现象和现实思潮。一种封闭的、排外的乃至于狭隘的爱国情感既难以顺应全球化的时代趋势，也很难应对多元文化主义提出的挑战。在这一背景下，很多学者主张最大限度地发挥作为规范与原则的宪法所能起到建制性的社会统合作用。哈贝马斯就指出："在多元主义社会里，宪法表达的是一种形式上的共识。"[①] 所

[①] 〔德〕尤尔根·哈贝马斯：《在事实与规范之间》，童世骏译，生活·读书·新知三联书店，2011，第658页。

谓"形式上的共识"就是指在一个多民族与多文化的国家中，我们完全可以不依靠文化的、历史的、宗教的因素，而培育出一种对于政治性的宪法原则的热爱，而这一宪法原则构成了全体国民对于自身的公民身份认同上的最大公约数。借用迈克尔·沃尔泽的经典概念，这是一种"薄"的共识，它并不是奠定在"厚"的、特殊的文化传统和生活习性之上的。宪法原则是一种普遍的、非主观性的规则体系，它提供的是一种规范性的框架，更强调程序上的合法性，而不指涉实质性的价值内涵。哈贝马斯注意到，爱国主义可以用来整合人们的社会情绪，但是，如果说爱国主义是狭隘的、封闭的话，它就势必不能被用来作为整合社会多元状态的一种资源，而且也有可能带来难以预料的政治后果。所以，哈贝马斯所强调的宪法爱国主义降低了历史和文化等因素的构成性作用，而重视公共的宪法和法律制度在凝聚社会共识上所能够起到的重要作用，从而有利于促进多民族、多文化的国家中团结纽带的形成。

第四节 西方公民教育面临的困境

无论是政治美德还是普通人所拥有的理智，都需要一个具体的培养和教化的过程，而这一过程往往被政治思想家所忽略。"大多数道德哲学中，讨论的起点已经预设了成熟的独立实践推理者，他们的社会关系就是成人世界中的关系。"[1] 自由而独立的理性主体概念是自由主义民主模式的哲学基础。其实，我们每个人都是从婴幼儿时期成长起来的，并不是一生下来就具备了理性操作的能力。通过教育，我们才有可能继承前人的智识成果和文化传统，才学会了如何适应社会生活，并基于自己的信念或机缘来谋求一种更广阔的生活空间。个人通过接受教育而成长为社会化的人，而社会则通过教育完成了代际的传递，教育的职能可以被概括为"有意识的社会再生产"。[2] 社会要完成再生产的过程，就必定会依托某种先前的价值理念、制度形态和行为模式来塑造自己国家的未来国民。

---

[1] 〔美〕阿拉斯戴尔·麦金太尔：《依赖性的理性动物》，刘玮译，译林出版社，2013，第67页。
[2] 〔美〕艾米·古特曼：《民主教育》，杨伟清译，译林出版社，2010，第14页。

包括爱国主义在内的政治美德都不仅仅是一种天然的情感表达，而更多的是作为一种理智美德而存在的。不管是哪个国家的公民，他们要了解自己祖国的历史和文化、习俗与制度，都需要通过教育来完成。即使不是正规的学校教育，也可以从代代口口相传的故事和身体力行的社会生活实践中获得。更重要的是，一个国家的历史和文化的传承都需要通过语言文字作为载体来完成，语言文字从根本上决定着一个国家的存续与否。随着我们每个人从小时候开始对母语的学习与掌握，我们的身份认同也逐步形成。因此，为了更好地让公民行使权利和履行义务，国家不能置合格公民的培养于不顾。像诸多其他的规范要求一样，国家需要通过教育来培养和塑造人们的政治美德。可见，承认教育的重要性就必须抛弃国家中立性的原则，特别是在义务教育阶段，公民教育的目标的实现本来就是依靠国家和政府的强制力作为保障的。

前文已指出，自由主义民主的良好运作需要具备政治美德的公民的参与，这其中，基于批判性思维的理性的、包容的心态是民主审议所需要的公民品格。教育对所有这些品格的养成都是不可或缺的。

对于批判性思维能力的养成来讲，充足的知识储备和宽阔的视野是独立思考和自主选择的前提。这也提醒我们，如果我们对自身的传统文化和信仰没有多少了解的话，那是谈不上对传统的反省与批判的。正是在这种意义上，批判性地反思传统并不意味着隔绝传统。自由教育所倡导的反思传统观念，准确地说应该是反思某一部分或某一些传统观念，而且在很多情况下，这种反思也并不代表完全的否定，有可能只是赋予了某些传统观念以新的解释。即便是现代西方社会，在经历了信息化革命和商业化浪潮的洗礼之后，其基本的道德和政治观念都没有发生太大变化。以美国为例，虽然同性婚姻合法化、堕胎自由等话题最近几十年一直得到自由派的大力支持，但是支持者所能够依凭的最主要理由仍然是人人生而平等的理念和天赋人权的学说。区别在于，经过几百年的历史演变，今人扩展了对这些理念和学说的具体内涵的理解范围；又或者，今人"旧瓶装新酒"，改变了对这些理念和学说的具体内涵的理解。一个国家，大部分的传统文化思想都被记载在各种典籍里面，后人通过阅读这些著作进而获得对传统文化思想的了解。当代美国保守主义思想家列奥·施特劳斯指出："自由教育就在于恰当谨慎地研习那些最伟大的思想家所留下来的伟大著作。"① 在研习经典的同时,我们会对民主政治下的大众文化保持一种审视与批判的立场。在这种意义上,学习传统思想并不等同于放弃了批判性思维,历史地看,回溯传统恰恰有可能是因为不满足于当下的实际状况,在重新发现传统的过程中带来新的文化气象。在西方历史上,文艺复兴可以很好地说明这一点。更为关键的是,在漫长的历史进程中,各国的文化传统本身均不断地发生演变,不同文化之间的碰撞与融合时有发生。即使是在同一个时期、同一种文化传统内部,也都会有不同的理论流派之间的差异与论争。柏拉图主义与亚里士多德主义、英国经验主义与大陆理性主义等,它们都是西方文化传统不可分割的一部分,但彼此之间的观点和主张又各有不同。阅读和学习经典本身也是培养批判性思维的一条重要途径。

而为了达到培养出尊重差异、包容他者的公民品格的目标,很多西方学者主张要及时调整大学教育的人文课程设置,增设新的、能够体现多样性的人文课程。在这些学者看来,学习他者有助于克服"西方文明中心论"的观念。许多自由主义思想家都相信,现代性只有一种形态,那就是西方化,世界各地最终都将被纳入西方式的价值系统和制度模式当中。与之相反,当代以色列著名的社会学家 S. N. 艾森斯塔特(S. N. Eisenstadt)和加拿大思想家查尔斯·泰勒等都主张"多元现代性"的理念。艾森斯塔特认为,多元现代性的核心特征是高度的反思性,即认识到西方模式并不是唯一的现代性模式,现代化也绝不等同于西方化。无论是政治上还是文化上,不同的国家或地区都可以有不同的现代性规划,西方模式只是这许多现代性规划中的一种特殊样式而已。"现代性的历史,最好看作是现代性的多元文化方案、独特的现代制度模式以及现代社会的不同自我构想不断发展、形成、构造和重构的一个故事。"② 多元现代性的理念是对西方文明中心论的一种有力拒斥。反思西方文明中心论的途径之一就是学习亚洲、非洲、大洋洲以及其他少数族裔群体的历史、习俗和文化,了解他者可以在一定程度上克服自身的偏见。有鉴于此,西方的一些高校开始设置比较文化学、比较宗教学、比较社会学等研究课程,

---

① Leo Strauss, *Liberalism Ancient and Modern* (New York: Basic Books, 1968), p.3.
② 〔以色列〕S. N. 艾森斯塔特:《反思现代性》,旷新年、王爱松译,生活·读书·新知三联书店,2006,第14页。

对亚洲、非洲等国家的历史和文化进行介绍,让学生们参与学习讨论,从而了解和熟悉其他文化群体的历史和现实状况。另外,还有一些高校专门开设了女性研究、同性恋群体研究等课程,对一国之内的亚文化群体或少数族裔群体的发展历史、社会境况等问题进行研究,从而增加主流社会对这些群体的认识,促进彼此之间的尊重与交流。

追根溯源,现代西方公民教育致力于培养出具备民主审议素质的公民,这一教育理念深受古典传统的影响。但是,古典教育理念强调连续性,注重对传统和习俗的遵从与传承,以便使人们在日常的政治生活中能够做符合自己的身份角色的事情,而品格的培养恰恰又是为了使他们能够有能力承担起自己的社会角色所赋予的义务。现代公民教育理念则主张,保持一种批判性思维是现代公民所应该具备的,而不是简单地遵从与传承习俗。反思性和批判性的思维对于尊重差异、理解他人来讲至关重要。公民教育不同于一般意义上的专业技术教育,它的目的是着眼于培养合格的国家公民,而这种素质的获得有赖于一种重视人文和艺术修养的教育体系。但是,在经济全球化的时代,西方公民教育面临着很大的压力。

当前,公民教育面临着商业社会所施加的巨大的外在压力。在全球化的时代,商业资本的大范围周转和积累对经济、政治、文化等领域都产生了巨大冲击,每一个领域都难以避免商业运作模式或多或少的影响。正如哈佛大学教授迈克尔·桑德尔所感慨的那样:"我们生活在一个几乎所有的东西都可以拿来买卖的时代。在过去的30年里,市场和市场价值观渐渐地以一种前所未有的方式主宰了我们的生活。"① 教育领域当然也不例外,教学科研的开展和教育设施的完善也需要各种渠道的资金支持。以高校为例,无论是学校自身的发展还是各大专业的设置,都要投入巨额的资金,商业气息同样会在各大高校中弥漫。美国的一些顶尖级学府会录取一些并不是十分优秀的学生,原因是这些学生的父母会对学校进行捐赠。入学资格与金钱挂钩只是商业逻辑影响教育系统的一种重要表现,另外一种影响方式可能更为直接,那就是置身于发达的商业社会中,大众消费遍及社会的各个角落,学校自然也不例外。校园里随处可见的广告和货架上琳琅满目的商品时刻召唤学生们尽情消费,学校的领导层

---

① 〔美〕迈克尔·桑德尔:《金钱不能买什么》,邓正来译,中信出版社,2012,第XII页。

由于受到资金创收的困扰也会让广告商和赞助商进入校园里打广告。桑德尔认为,即使广告商所推销的商品无可挑剔,我们也不能心安理得地接纳大量广告出现在校园里的事实。无处不在的广告刺激着校园里的学生们的消费欲望,而良好的教育恰恰应该让学生们学会克制自身的欲望,反思大众消费主义对校园文化的侵蚀。"广告的目的是招募消费者,而公共学校的目的是培育公民。"① 作为教育者,如果我们对大众消费主义无远弗届的影响无动于衷的话,是有违教育者的担当的。

更为重要的是,教育的过程与商业社会的扩展是双向互动的。商业逻辑深入教育领域只是问题的一个方面,另一方面教育事业的导向也是值得关注的。所谓教育的导向,指的是教育系统为社会输出什么样的人才的问题。从现代国家的角度来讲,无论是公立还是私立,教育机构都被认为是由国家或者社会所提供的公共产品,因此,任何一种教育体系的完善都不会只是针对某一单独的个体,而必定是涵盖尽可能多的国民。既然是公共产品,就一定会有对教育的公共职能的讨论。作为西方知名的民主理论家,艾米·古特曼认为:"在一个民主社会中,'政治教育',即培育政治参与所必需的美德、知识以及技能的教育,在道德上要优先于公共教育的其他目标。"② 但是,现实情况与古特曼设想的并不一样。现代教育体系下的学科分类林立,各种教育机构的类型庞杂,这是近代自然科学和社会科学发展的必然结果。尤其是在经济全球化的今天,各个国家都致力于追求高速的经济增长,而经济的长期繁荣增长需要科技创新加以驱动,科技创新的层次与水平归根结底取决于一个国家的教育教学水平。因此,各国对器物性的科技发展以及相应的科技成果的商业产品转化都极为重视,不惜投入巨额的资金予以支持,致力于培养出科学家、金融家、工程师、总经理以及各行各业的专家。对于一个国家的经济发展来讲,他们在经济活动中所扮演的角色确乎超出了文学家、历史学家和哲学家等人文社会科学的学者,无论是社会大众还是知识精英,在这一点上似乎均形成了稳定的心理预期。人文社会学科由于其自身的特点而在人们的心目当中失去了科学的权威性,科学与人文学科之间的

---

① 〔美〕迈克尔·桑德尔:《公共哲学:政治中的道德问题》,朱东华等译,中国人民大学出版社,2013,第67页。
② 〔美〕艾米·古特曼:《民主教育》,杨伟清译,译林出版社,2010,第315页。

分界导致了现代公民教育的困境,学生们大多愿意投入精力选修一些实用性的课程,在毕业之后可以更好地满足他们对财富积累、职位提升等许多客观目标的追求。深刻的、可以引发人们持久思考的重大问题,很难吸引大多数学生的关注。芝加哥大学教授玛莎·努斯鲍姆批判了以经济增长为主要目的的教育培养模式。努斯鲍姆不否认这样一种教育培养模式确实有其积极的一面,毕竟国家的经济实力在综合国力中占据重要的地位。但是,在她看来,教育制度的设置本身不应该带有太强的现实功利的色彩,而要首先致力于把每一个人培养成品格健全的人,单纯的知识传授与技艺的训练应该被放在次要的位置上。一种良好的教育模式应当避免把自身的目标仅仅锁定在让学生们熟练掌握能够适应社会生存的各种工具性手段。

即使在大学校园里开设与多元文化有关的课程,也并不是所有学生都会对此类课程产生学习的兴趣和需要的,因此多元文化的课程的影响范围在数量上是有限的。在现代社会,专业分工的精细程度已经超出了人们日常的生活经验,想要掌握好某一领域的知识和技能,需要下一番苦功夫。大学里的学生或埋头于专业领域的研究与学习,或忙碌于社团活动与商业实习,而对公民教育的课程没有表现出学习和关注的热情,这也无可厚非。遇到这种情况,我们不能笼统地把问题归结为国家或社会的导向。既然批判性思维重视独立思考和自主选择,那么学生们基于对社会运行形势的判断而选择自身的专业与课程就是在根本上符合自由主义的教育理念的。在中世纪,我们无法想象会有多少人去研习物理学和经济学,同样,在现代社会,我们也无须期待多数学生会孜孜不倦地去探求经院哲学的玄奥义理。时代背景已经发生变化,作为公民教育的倡导者本身不能先陷入时代的错位。况且,从培养合格公民的角度讲,科学家、金融家、工程师和各行各业的专家都是经济社会发展的贡献者,也是国家各方面建设的重要参与者。他们与人文学者、社会科学学者都在各自的领域中做出自己的业绩,对于他们而言,做好自己的本职工作就是为整个社会尽到了自己的义务。没有理由认为,科学家、金融家、工程师就不是合格的国家公民。准确的理解应该是,在成为各行各业的从业者的同时,我们还要成为品格健全的人。失去后者,我们还有可能是一位够格的从业者,但不会成为政治意义上的合格公民。

结　语

本书的主题是对西方民主进行批判性反思，集中研究了西方学界对民主政治的最新反思成果，同时，国内学界的相关前沿研究也被纳入本书的写作当中。与自由、平等、正义等价值一样，民主也被认为是一种基本的、值得追求的政治价值。当代西方学者对民主的反思与批评在一定程度上为我们提供了一个审视西方自由民主制度之不足的重要视角，也使我们看到了西方民主本身存在的内在张力。

安东尼·吉登斯用"民主的危机"一词来形容当今西方世界所面临的政治问题，准确概括了当代西方自由主义民主模式所遭遇的发展困境。美国学者拉里·戴蒙德研究指出："自从巴基斯坦1999年的政变颠覆了人民民主以来，民主崩溃的步伐开始加速……从2006年开始，全球民主衰退变得愈发明显。"① 亨廷顿所说的第三波民主化浪潮正在经历着较大范围的退潮。当代西方社会发展面临的各种困境构成了西方学者反思与批判自由主义民主模式的起点。依照本书前几章的论述，当代西方社会同时在多个领域爆发民主的危机。

（1）经济不平等和贫富差距的状况持续加剧，社会阶层的分化日益明显。但是，西式民主无法从根本上解决不平等的问题。马克思早已揭示，在产品分配之前，首先会有生产资料的分配和社会成员在各类生产之间的分配，正是这些分配决定了生产的结构。生产资料所有权与劳动相分离决定了劳动力的卖者和买者之间很难拥有真正意义上的平等，经济地位的不平等最终决定了产品分配上的不平等。因此，西方社会结构性的不平等来源于生产资料的资本主义私有制。在政党轮替的制度大框架之下，西方社会的不平等问题导致不同政党和利益集团之间的争论与分歧日益突出，社会共识逐渐被撕裂。2016年的美国总统大选和2017年的法国总统大选

---

① 〔美〕拉里·戴蒙德：《今日之民主第三波》，倪春纳、钟茜韵译，《天津行政学院学报》2012年第14卷第5期，第30页。

把政党政治的极化和对抗展现得淋漓尽致。政党政治的极化反映的是社会阶层的不断分化与对立。这其中，上层精英与底层大众之间的隔阂最为显著。反全球化、孤立主义甚至是分离主义的情绪即由此而来。

（2）普通民众参与政治活动的热情和积极性始终在低位徘徊，政治人物和政治机构的社会信任程度遭遇空前的危机。不平等的日益扩大、利益集团的广泛存在和政党政治的无原则对抗在很大程度上削弱了不同社会群体之间的信任纽带，造成西方民众对政党和民主治理的不信任。公民们不相信政党代表了公共利益，也不相信政府能够回应和解决好民众所关切的问题。信任危机的不断高涨折射出许多西方民众已经对民主治理的有效性失去了信心。

（3）作为自由主义政治的核心诉求之一，多元文化主义思潮开始衰退，西方世界民粹主义思潮乃至极右翼的政治运动来势凶猛，对传统的建制派的政治秩序造成极大的冲击。新民粹主义者关切的核心议题是移民问题，他们认定主流精英过于关注移民等少数族裔的权益，而自身则被边缘化。他们既反对移民分享福利和抢占工作机会，更反对移民所带来多元化的身份和价值认同。伴随着移民的大规模进入而带来的人口结构上的快速变迁，则加剧了传统白人中间阶层对丧失民族属性的担忧。在这种背景下，传统的价值观、单一的公民身份等趋于保守的价值观再次得到强调，西方本土主义和民族主义的叙事得到重新张扬。美国的"茶党运动"、法国的"国民阵线"等极右翼的组织崛起之后，进一步加剧了不同族裔群体的分裂与冲突。

虽然当代西方自由主义民主面临的危机是多方面的，但是追根溯源，自由主义民主的哲学基础是造成诸多问题和困境的总根源。坚持和强调个人权利和自由的优先性是当代西方自由主义民主最为重要的特点，桑德尔称之为权利优先于善，而支撑起个人权利和自由的优先性的本体论基础的便是现代的自我观念。发端于笛卡尔、成熟于康德的现代自我观念把我们每个人都视为一个理性的道德主体，我们无时无刻不处在一种自由的自我选择的过程当中，理性主体的选择能力优先于选择的目标。所以说，自我优先于其目的为个人权利优先于善提供了本体论层面上的哲学证明。在这样一种基础上，个人主义思潮也迅速兴起。经过长时期的权利革命的洗礼，"个体主义不断扩展其领域，直到突破各种限制，形成'越自由越好的原则',由规范的(有限制的)个体主义走向放纵的个体主义"。① 身处美国社会的罗伯特·贝拉等人担心,个人主义思潮的极端发展已经"像癌症一样危险了"。② 于是乎,过分强调个人权利与自由的结果就是摧毁了社会赖以维系的各种关系与纽带,使整个社会处于一种不稳定的、脆弱的状态之中,最终反而会威胁到个人自由的存在本身。这就是自由主义民主无法自圆其说的悖论。

  为了从根本上矫正个人主义对自身利益的过分关注,很多西方学者继承了"亚里士多德—黑格尔—马克思"的共同体主义的思想传统。共同体主义思想传统强调人们对生活于其中的社会的共同价值和共同利益的承诺,共同体的存在为人们所承诺的共同价值和共同利益奠定了落实的基础。此处所说的共同体更多的不是一个地理位置、政治制度意义上的组合体,而是历史、文化的承载者。在各种具体的政治经济制度的背后,必须有一个早已存在的文化共同体。人们生活的地理位置可以变换,可以迁徙,政治经济制度本身也可以改变,但文化的连续性为我们提供了一个共享的意义空间。正是在这一意义空间当中,作为单个人的"我""你""他"才不是孤立的,谈论"我们"才有可能。文化不是空泛的,共同的肤色、语言(如英国、法国等民族国家),或者共同的历史经历、政治成就与法律制度(如移民国家美国)都有可能为我们塑造一个共享的认同,这种共享的认同奠定了"我们"相互理解、相互信任、相互团结的基础,在这个基础之上,人们才能够拥有共同的价值承诺。实际上,就连当代西方自由主义政治哲学家罗纳德·德沃金也承认,没有任何抽象的政治哲学原则可以用来解释为什么生活在法国境内的人们与相距仅仅一英里之外的德国境内的人们会被以不同的方式所统治,哲学思辨理性在这一点上不能为我们提供可以接受的理由。换言之,对于我们是根据什么样的原则而被划分成不同的政治共同体这一问题,没有任何"非历史的正确答案",③ 国家边界的产生往往是由历史的偶然因

---

① 丛日云:《从精英民主、大众民主到民粹化民主——论西方民主的民粹化趋向》,《探索与争鸣》2017年第9期,第11页。
② 〔美〕罗伯特·N. 贝拉等:《心灵的习性:美国人生活中的个人主义和公共责任》,周穗明等译,中国社会科学出版社,2011,第59页。
③ Ronald Dworkin, *Justice for Hedgehogs* (Cambridge, Massachusetts: The Belknap Press of Harvard University Press, 2011), p. 380.

素造成的。在边界之内，人们认为自己是被相对来讲像他们自己的人所统治的，是被恰当的人所统治的——他们拥有共同的宗教信仰、种族传承、语言、血缘关系，甚至是相同的经济环境和经济利益。这种共同的认同——不管是基于什么样的因素——给我们提供了一种归属感，在这种归属感的激发下，我们可以畅谈爱国主义的情感和民族自豪感。只有在充分激发起对国家的认同之后，公民们才会积极有效地参与公共问题的讨论，才有意愿在各种政治活动场合中表达自己的观点，发出自己的声音。只有让人民切切实实地感觉到自己的利益是与整个国家的利益紧密联系在一起的，他们才会愿意投身于政治实践，并为公共利益贡献自己的力量与智慧。因此，共同体主义的一个基本的理念就是"共享的善（利益）"（或者说共同善）。当我们强调共同体的基础性作用的时候，个人主义及其极端表现形式——利己主义是不太可能发生的。当我们每个人都把自身看作政治共同体的一部分的时候，现代西方社会支离破碎的文化乱象就不会出现了，取代这种"分离性文化"的是一种"聚合性文化"，而这种聚合性文化的典型表现就是强调公民之间应有的团结纽带以及公民必须承担相应的政治义务，积极参与政治实践活动。公民个人只有在哈贝马斯意义上的"伦理—文化共同体"中才能形成个人认同和社会认同，离开这一共同体，个人的自由和权利是无法实现的。可以说，共同体主义致力于矫正个人主义思潮的兴盛给西方社会造成的诸多问题。

当西方学者在援引"伦理—文化共同体"这一概念对自由主义民主模式进行反思与批判的同时，实际上抽离掉了自由主义民主的普世论主张：在他们看来，脱离特定的社会情境来谈论抽象的价值标准和道德原则是毫无意义的，自由、平等、正义、权利等概念必须落实到具体的社会情境中才会有意义。每一个"伦理—文化共同体"的存在都为成长于其中的人们划定了阐释世界的框架，同样一个政治理念在不同的共同体中完全可以有不同的意义和表现形式。如果说，自由主义基于抽象人性或理性的假设而倾向于赞成普世论的话，那么共同体主义思想则基于对共同体的具体的、情境化的理解而倾向于赞成特殊论。站在特殊主义的立场上，以近代孤立的理性自我观念和社会契约论为理论基础的自由主义民主制度绝对有必要做出重大的调整，否则它无法走出由自身的逻辑所导致的困境——自由民主制度是为了保障个人的权利与自由，但是个人权利的过度膨胀恰恰有可能瓦解作为保障手段的民主国家本身。结论就是，"没有共同体，就没有民主"。①

最近几年，西方学界关于普世论与特殊论的争论已经超出了纯粹的方法论争论的范围，而逐渐扩展到了人权实践、东西方文化的差异、土著居民权利以及妇女权益等诸多牵涉到法学、社会学、文化人类学的重大现实课题。这其中，20世纪90年代关于"亚洲价值观"的激烈讨论，以及最近几年人们关于如何才能有效保护贫困地区的妇女权益的争论，都可以放在普世论与特殊论之争这一大的智识背景下进行考察。真实的情况是：共同体之间存在显著的差异，使我们很难单纯用"西方"的价值标准来裁量其他各国的价值诉求，为了增进世界各国的相互了解与信任，进行广泛而持久的跨文化对话也许是唯一合理的选择，对话比对抗更能符合全人类的利益。世界上存在着许多差别极大的政治共同体，而它们本身都有着历史的传承和文化的积淀，因而对待民主可能有非常不同的看法，在实践中也会有许许多多形式各异的具体的制度设计。迈克尔·沃尔泽认为："最好的政治安排是与将会生活在这种安排中的人们的历史和文化有关的。"② 因此，在一国被历史和实践证明是颇为有效的政治理念和政治制度，当它们被挪移到另外一个国家的时候，可能会因为历史的、文化的等特殊原因而失去其原来的价值和意义。既然文化的特殊性和多样性已经成为学者们无法回避的一种社会现实，那么问题的关键就在于我们应该采取一种什么样的姿态来应对这一现实。最现实的选择就是，每个国家可以结合自己本国的特殊情况来决定如何最好地实现民主的价值，单一的具体的实现形式——诸如总统制、内阁制、君主立宪制等——都不可能是普遍有效的。换言之，实现民主的制度设计可以根据不同的文化背景而做出不同的选择，不同的国家可以有不同的实现途径。民主作为一种价值理念是普遍的，但是具体承载着该价值的政治形式则是特殊的。

在认识一件事物的时候，如果我们暂时不能清楚地辨别它的优缺点，那么回到事物产生的本源可能更有利于人们认清它的实质。对西方民主制度的认识也是一样。本书的第一章已经论述过民主经历了一个由"坏"

---

① 李义天主编《共同体与政治团结》，社会科学文献出版社，2011，第327页。
② Michael Walzer, *On Toleration* (New Haven and London: Yale University Press, 1997), p. 5.

变"好"的转折过程，换言之，对于近现代之前的绝大多数思想家而言，民主政治并没有被期许为代表着历史的终结。即便考虑到古今之间的区别，处于现代民主政治生发期的思想家也远没有今天的西方学者那样乐观。亨廷顿把1828年到1926年界定为第一波民主化浪潮的时期，在19世纪的西方，现代民主政治还没有取得压倒性的统治地位，西方各国的政治制度千差万别。托克维尔恰好生活在这个时段当中。对于不同的政治制度间的比较，托克维尔的观点是："政治制度的理论价值中没有绝对的东西，它们的效率几乎总是依赖于原始的环境，以及理论应用对象的社会境况。"① 第三波民主化浪潮开启后，这种理论上的审慎和克制的态度在西方学界已不多见。20世纪后半叶，尤其是冷战结束之后，西方发达国家热衷于在世界范围内推广自由主义民主模式，以至于完全忽略了政治制度建设所必需的客观条件。自由主义民主制度的辩护士模糊了两种根本性的认识。其一，民主制度本身处在不断演变的过程当中，没有一成不变的民主模式，自由主义民主同样经历了一个长时期的发展变化的历程。一开始，妇女、少数族裔、贫困阶层都不享有正当的公民权利。因此，我们在评判民主制度的时候必须用历史发展的眼光来看待问题。当前，西方学者所称道的民主模式对应的是"二战"之后，尤其是20世纪60年代民权运动之后的自由主义民主模式，它的内涵和外延都不同于以往的民主模式。自由主义民主的支持者模糊了民主制度的过程性，仅以空洞、抽象的理论表达（如自由、平等、博爱等）来遮蔽现代民主产生和发展中的诸多乱象。比如，作为口号，18世纪的西方政治家已经喊出了"人人生而平等"，但是，时至今日，平等的实现依然任重而道远，经济不平等的日益扩大已经危及民主体制的正常运转。其二，民主制度与西方国家发达的经济现状没有必然的联系，并不是说，只要是实行了自由主义民主模式，那么一国就会轻易获得想象中的社会稳定与经济繁荣。说到底，民主制度只是一种利益博弈的政治机制，利益博弈可以在很大程度上决定社会资源的配置，但是，经济的发展不仅与社会资源的配置有关，也与国家的资源禀赋、人口结构、教育水平、文化

---

① 〔美〕谢尔顿·沃林：《两个世界间的托克维尔》，段德敏等译，译林出版社，2016，第113页。

传统等都有着密切的关系。毫无疑问，政治与经济之间可以相互影响，然而它们之间的影响未必是一对一的映射关系。在一些发展中国家或欠发达地区，强行实施西式民主制度的结果是增大了地区冲突和国家局势动荡的风险。2010年底到2011年初在西亚北非地区发生的所谓的"阿拉伯之春"运动，随着局势的不间断演变，该地区多个国家（包括利比亚、埃及、也门、叙利亚和伊拉克等）陷入了持续不断的教派冲突和厮杀，给普通民众的生存和生活造成了极大的负面影响。根据2016年度世界脆弱国家指数排名的情况，"对比2011年，叙利亚从第48位上升到第9位，利比亚从第111位上升到第25位。在过去的几年中，利比亚和叙利亚的国家状况恶化得最严重，已经成为全球稳定的最大威胁"。① 叙利亚难民危机的爆发又反过来在极大程度上影响了欧洲国家的政局演变和社会稳定，导致极端右翼组织在欧洲各地不断涌现，分裂了欧盟内部民众的共识。澳大利亚学者约翰·基恩在自己的著作中引述过叙利亚一名电影制片人奥马尔·阿米拉雷的观点："如果民主给这个地区带来如此巨大的混乱，摧毁社会，就像在伊拉克和黎巴嫩发生的情况，那么，这样的民主引起叙利亚人民的恐惧，应该是绝对正常，绝对聪明的选择。"② 事实上，西方自由主义民主是不可能空降到一个国家的，"充气式"的民主是有害无益的。这些事例明白无误地告诉我们，自由主义民主制度不是解决任何政治问题的灵丹妙药，换言之，仅仅依靠一套制度本身不足以支撑民主机制的健康运转。西式民主是不可能空降到一个国家的，"阿拉伯之春"的现实经验教训证明了西方"输出民主"的失败。

据此，我们可以得出以下三个结论。

（1）潜藏在西方政治制度背后的是一套整全性的关于人和社会的哲学观点。查尔斯·泰勒将宪法和法律制度称为"行为规范"，制度背后的哲学理念称为"深层次的正当性证明"。③ 对于每个国家各自不同的法律和政治制度，自有其各自不同的正当性和合理性的证成方式。以东西

---

① 龚文婧：《美国民主输出与输入国的政治困境》，《武汉大学学报》（哲学社会科学版）2016年第5期，第40页。
② 〔澳〕约翰·基恩：《生死民主》（下），安雯译，中央编译出版社，2016，第691页。
③ Charles Taylor, *Dilemmas and connections* (Cambridge, Mass.: The Belknap Press of Harvard University Press, 2011), p. 106.

方的差异为例，西方的哲学思想总体上比较强调个人权利的重要性，而东方的哲学思想则与之不同，倾向于强调集体和国家的重要性。东西方哲学基础上的不同，导致了二者在对待权利、自由等一系列问题上出现了不同的局面。

（2）不同国家在实现民主的过程中，应该结合本国的文化传统和具体情况发展适合自身的民主政治制度。民主的理念是大家所共同追求的，体现该理念的政治制度本身却可以因地制宜。社会主义民主与西方自由主义民主都体现了民主的理念，但在制度设计上，二者可以不相同。因为不同的文化传统之间往往存在巨大的差异，所以在政治制度的设计上，双方之间存在不同之处也是合理的。

（3）正因为如此，东西方在进行交流的时候，应该采取彼此承认、彼此尊重的和平对话的态度。在此基础之上，通过更多的跨文化交流与对话谋求达成一定程度上的共识，该共识才能够为交流双方所接受。我们坚持主张权利和民主是因为人类生活拥有一定的价值，但是我们不能简单地以捍卫你的权利和民主为理由来宣称某种被截断的生活样式的道德性。比如，设想一下我是否可以用一台先进的高科技机器清除掉你的所有个性和记忆，然后赋予你一种完全不同的生活方式，而所有这些行为都是以保护你的权利和自主的名义进行的呢？[1] 泰勒明确指出，以保护别人权利和民主的名义来改变别人的生活方式并不是真正地尊重权利。我们应该追求"非强制性的共识"，而不是强制性的共识。哈贝马斯也认为，面对许多许多不受控制的外部事态的爆发，我们急需全球层面上的整合，这种整合不单纯是功能系统的整合，必须在文化上整合起来，即通过文化间公认的政治正义原则达到整合。而要达成这样一种为各方所接受的政治正义原则，我们就必须抛弃霸权干涉的思路，注重谋求不同文化间的对话与协商，正如党的十九大报告中指出的那样："要尊重世界文明多样性，以文明交流超越文明隔阂、文明互鉴超越文明冲突、文明共存超越文明优越。"[2] 这是促进不同文化和不同宗教之间达成共识的

---

[1] Charles Taylor, *Philosophy and the Human Sciences: Philosophical Papers 2* (Cambridge: Cambridge University Press, 1985), p. 199.

[2] 习近平:《决胜全面建成小康社会 夺取新时代中国特色社会主义伟大胜利》，人民出版社，2017，第 59 页。

必由之路。

自1978年党的十一届三中全会召开以来，中国的社会主义建设和发展进入了一个新的历史阶段。中国共产党多次提出要把发展社会主义民主政治作为党始终不渝的奋斗目标。在1987年召开的党的十三大上，党中央正式提出了党在社会主义初级阶段的基本路线：领导和团结全国各族人民，以经济建设为中心，坚持四项基本原则，坚持改革开放，自力更生，艰苦创业，为把我国建设成为富强、民主、文明的社会主义现代化国家而奋斗。不难发现，社会主义初级阶段的基本路线中已经包含了建设社会主义民主这一条。在推进社会主义民主政治建设的时候，党中央多次明确指出，我们一定要注意划清中国特色社会主义民主同西方资本主义民主的界限。2014年9月，习近平同志在庆祝全国人民代表大会成立60周年大会上的讲话中指出："照抄照搬他国的政治制度行不通，会水土不服，会画虎不成反类犬，甚至会把国家前途命运葬送掉。"[①] 通过研究西方民主政治的内涵和实质，认清西方民主所面临的危机和实践困境，有助于我们对西方自由主义民主模式的缺陷与不足保持清醒的认识，增强坚持走中国特色社会主义建设道路的信心和定力，更加自觉地拥护中国特色社会主义这一来之不易的实践成果。

俞可平教授表述过一个知名的观点：民主是个好东西。不过，这并不意味着民主的实现是无条件的，"实现民主需要具备相应的经济、文化和政治条件，不顾条件而推行民主，会给国家和人民带来灾难性的结果"。[②] 归根到底，不同国家在实现民主的过程中，应该结合本国的文化传统和实际国情发展适合自身的政治制度。民主的实现需要具备相应的经济、文化和政治条件，不顾客观实际条件而一味地模仿西式民主，只会给国家和人民带来灾难性的结果。这是我们反思西方自由主义民主模式的缺陷与不足的落脚点。

---

① 中共中央宣传部编《习近平总书记系列重要讲话读本》，人民出版社，2016，第166页。
② 闫健编《民主是个好东西——俞可平访谈录》，社会科学文献出版社，2006，第3页。

参考文献

（一）马克思主义文献

《马克思恩格斯全集》第4卷，人民出版社，1958。

《马克思恩格斯文集》第1卷，人民出版社，2009。

《马克思恩格斯文集》第2卷，人民出版社，2009。

《马克思恩格斯文集》第3卷，人民出版社，2009。

《马克思恩格斯文集》第4卷，人民出版社，2009。

《马克思恩格斯文集》第5卷，人民出版社，2009。

《马克思恩格斯文集》第8卷，人民出版社，2009。

《马克思恩格斯文集》第9卷，人民出版社，2009。

中共中央宣传部编《习近平总书记系列重要讲话读本》，人民出版社，2016。

习近平：《决胜全面建成小康社会 夺取新时代中国特色社会主义伟大胜利》，人民出版社，2017。

（二）中文著作

包刚升：《民主崩溃的政治学》，商务印书馆，2014。

陈文海：《法国史》，人民出版社，2004。

复旦大学当代国外马克思主义研究中心编《当代国外马克思主义评论》（5），人民出版社，2007。

复旦大学哲学学院编《国外马克思主义研究报告（2009）》，人民出版社，2009。

李建华主编《伦理学与公共事务》第5卷，北京大学出版社，2011。

李义天主编《共同体与政治团结》，社会科学文献出版社，2011。

刘小枫编《苏格拉底问题与现代性》，华夏出版社，2008。

万俊人主编《清华哲学年鉴（2005）》，当代中国出版社，2007。

万俊人主编《清华哲学年鉴（2008）》，当代中国出版社，2009。

万俊人：《寻求普世伦理》，北京大学出版社，2009。

汪晖、陈燕谷主编《文化与公共性》，生活·读书·新知三联书店，2005。

汪晖等主编《区域》，2015年，总第4辑，社会科学文献出版社，2015。

王绍光：《民主四讲》，生活·读书·新知三联书店，2014。

王绍光主编《选主批判：对当代西方民主的反思》，北京大学出版社，2014。

肖滨主编《中大政治学评论》（第4辑），中央编译出版社，2010。

许纪霖主编《共和、社群与公民》，江苏人民出版社，2004。

闫健编《民主是个好东西——俞可平访谈录》，社会科学文献出版社，2006。

晏绍祥：《世界上古史》，人民大学出版社，2009。

应奇、刘训练编《公民共和主义》，东方出版社，2006。

张庆熊、林子淳编《哈贝马斯的宗教观及其反思》，上海三联书店，2011。

（三）中文译著

〔澳〕约翰·基恩：《生死民主》（上），安雯译，中央编译出版社，2016。

〔澳〕约翰·基恩：《生死民主》（下），安雯译，中央编译出版社，2016。

〔德〕黑格尔：《法哲学原理》，范扬、张企泰译，商务印书馆，2009。

〔德〕康德：《历史理性批判文集》，何兆武译，商务印书馆，2009。

〔德〕马克斯·韦伯：《经济与社会》第1卷，阎克文译，上海世纪出版集团，2010。

〔德〕叔本华：《作为意志和表象的世界》，石冲白译，杨一之校，商务印书馆，2016。

〔德〕尤尔根·哈贝马斯：《重建历史唯物主义》，郭官义译，社会科学文献出版社，2000。

〔德〕尤尔根·哈贝马斯：《包容他者》，曹卫东译，上海人民出版社，2002。

〔德〕尤尔根·哈贝马斯:《在事实与规范之间》,童世骏译,生活·读书·新知三联书店,2011。

〔俄〕赫尔岑:《往事与随想》(中),项星耀译,人民文学出版社,2006。

〔法〕卢梭:《社会契约论》,何兆武译,商务印书馆,2005。

〔法〕卢梭:《论人与人之间不平等的起因和基础》,李平沤译,商务印书馆,2015。

〔法〕托克维尔:《论美国的民主》(上卷),董果良译,商务印书馆,2011。

〔法〕托克维尔:《论美国的民主》(下卷),董果良译,商务印书馆,2011。

〔古罗马〕西塞罗:《论共和国》,王焕生译,上海人民出版社,2006。

〔古希腊〕希罗多德:《历史》,徐松岩译注,上海三联书店,2008。

〔古希腊〕修昔底德:《伯罗奔尼撒战争史》(上册),谢德风译,商务印书馆,2004。

〔古希腊〕亚里士多德:《政治学》,吴寿彭译,商务印书馆,2009。

〔加〕贝淡宁(或为丹尼尔·贝尔):《贤能政治:为什么尚贤制比选举民主制更适合中国》,吴万伟译,宋冰校,中信出版社,2016。

〔加〕查尔斯·泰勒:《黑格尔》,张国清、朱进东译,译林出版社,2009。

〔加〕查尔斯·泰勒:《本真性的伦理》,程炼译,上海三联书店,2012。

〔加〕弗兰克·坎宁安:《民主理论导论》,谈火生等译,吉林出版集团有限责任公司,2010。

〔加〕威尔·金里卡:《自由主义、社群与文化》,应奇、葛水林译,上海译文出版社,2005。

〔加〕威尔·金里卡:《多元文化公民权:一种有关少数族群权利的自由主义理论》,杨立峰译,世纪出版集团,2009。

〔加〕威尔·金里卡:《当代政治哲学》,刘莘译,上海译文出版社,2011。

〔加〕叶礼庭(或为迈克尔·伊格纳季耶夫):《火与烬:政治中的

成与败》，黄天磊译，中央编译出版社，2017。

〔加〕叶礼庭：《血缘与归属：探寻新民族主义之旅》，成起宏译，中央编译出版社，2017。

〔美〕阿拉斯戴尔·麦金太尔：《追寻美德》，宋继杰译，译林出版社，2008。

〔美〕阿拉斯戴尔·麦金太尔：《依赖性的理性动物》，刘玮译，译林出版社，2013。

〔美〕阿扎尔·纳菲西：《想象共和国》，杨晓琼译，中信出版社，2016。

〔美〕艾丽斯·M. 杨：《包容与民主》，彭斌、刘明译，江苏人民出版社，2013。

〔美〕艾伦·布卢姆：《美国精神的封闭》，战旭英译，冯克利校，译林出版社，2015。

〔美〕艾米·古特曼：《民主教育》，杨伟清译，译林出版社，2010。

〔美〕本尼迪克特·安德森：《想象的共同体：民族主义的起源与散布》，吴叡人译，上海世纪出版集团，2011。

〔美〕弗朗西斯·福山：《政治秩序与政治衰败》，毛俊杰译，广西师范大学出版社，2015。

〔美〕汉密尔顿等：《联邦党人文集》，程逢如等译，商务印书馆，2011。

〔美〕汉娜·阿伦特：《过去与未来之间》，王寅丽、张立立译，译林出版社，2011。

〔美〕亨利·基辛格：《世界秩序》，胡利平等译，中信出版社，2015。

〔美〕J. B. 施尼温德：《自律的发明：近代道德哲学史》，张志平译，上海三联书店，2012。

〔美〕拉里·戴蒙德：《民主的精神》，张大军译，群言出版社，2013。

〔美〕列奥·施特劳斯：《自然权利与历史》，彭刚译，生活·读书·新知三联书店，2011。

〔美〕列奥·施特劳斯、约瑟夫·克罗波西：《政治哲学史》，李洪润等译，法律出版社，2009。

〔美〕罗伯特·达尔：《民主及其批评者》，曹海军、佟德志译，欧阳景根校，中国人民大学出版社，2016。

〔美〕罗伯特·诺齐克：《无政府、国家和乌托邦》，姚大志译，中国社会科学出版社，2008。

〔美〕罗伯特·N. 贝拉等：《心灵的习性：美国人生活中的个人主义和公共责任》，周穗明等译，中国社会科学出版社，2011。

〔美〕罗伯特·帕特南：《我们的孩子》，田雷、宋昕译，中国政法大学出版社，2017。

〔美〕罗纳德·德沃金：《民主是可能的吗？》，鲁楠、王淇译，北京大学出版社，2012。

〔美〕玛莎·努斯鲍姆：《寻求有尊严的生活》，田雷译，中国人民大学出版社，2016。

〔美〕迈克尔·桑德尔：《自由主义与正义的局限》，万俊人等译，译林出版社，2011。

〔美〕迈克尔·桑德尔：《金钱不能买什么》，邓正来译，中信出版社，2012。

〔美〕迈克尔·桑德尔：《民主的不满》，曾纪茂译，刘训练校，江苏人民出版社，2012。

〔美〕迈克尔·桑德尔：《公共哲学：政治中的道德问题》，朱东华等译，中国人民大学出版社，2013。

〔美〕迈克尔·沃尔泽：《正义诸领域：为多元主义与平等一辩》，褚松燕译，译林出版社，2009。

〔美〕乔万尼·萨托利：《民主新论》（上卷），冯克利、阎克文译，上海人民出版社，2015。

〔美〕乔万尼·萨托利：《民主新论》（下卷），冯克利、阎克文译，上海人民出版社，2015。

〔美〕塞缪尔·亨廷顿：《第三波——20世纪末的民主化浪潮》，刘军宁译，上海三联书店，1998。

〔美〕塞缪尔·亨廷顿：《谁是美国人？美国国民特性面临的挑战》，程克雄译，新华出版社，2010。

〔美〕塞缪尔·亨廷顿：《美国政治：激荡于理想与现实之间》，先萌奇、景伟明译，新华出版社，2017。

〔美〕塞缪尔·亨廷顿：《文明的冲突》，周琪等译，新华出版社，2017。

〔美〕莎伦·R.克劳斯：《公民的激情》，谭安奎译，译林出版社，2015。

〔美〕史蒂芬·斯密什：《政治哲学》，贺晴川译，北京联合出版公司，2015。

〔美〕斯蒂芬·马塞多：《自由主义美德》，马万利译，译林出版社，2010。

〔美〕斯蒂芬·平克：《人性中的善良天使：暴力为什么会减少》（上），安雯译，中信出版社，2015。

〔美〕斯坦利·艾岑等：《美国社会问题》（第12版），郑丽菁、朱毅译，电子工业出版社，2016。

〔美〕苏珊·雅各比：《反智时代：谎言中的美国文化》，曹聿非译，新星出版社，2018。

〔美〕特伦斯·鲍尔等编《政治创新与概念变革》，朱进东译，译林出版社，2013。

〔美〕特伦斯·鲍尔、理查德·贝拉米主编《剑桥二十世纪政治思想史》，任军锋、徐卫翔译，商务印书馆，2016。

〔美〕托马斯·内格尔：《平等与偏倚性》，谭安奎译，商务印书馆，2016。

〔美〕威廉·盖尔斯敦：《自由多元主义的实践》，佟德志等译，江苏人民出版社，2010。

〔美〕谢尔顿·沃林：《两个世界间的托克维尔》，段德敏等译，译林出版社，2016。

〔美〕约翰·博德利：《发展的受害者》，何小荣等人译，北京大学出版社，2011。

〔美〕约翰·罗尔斯等：《政治自由主义：批评与辩护》，万俊人等译，广东人民出版社，2003。

〔美〕约翰·罗尔斯：《正义论》（修订版），何怀宏等译，中国社会科学出版社，2009。

〔美〕约翰·罗尔斯：《政治哲学史讲义》，杨通进等译，中国社会科学出版社，2011。

〔美〕约翰·罗尔斯：《政治自由主义》，万俊人译，译林出版社，2011。

〔美〕约翰·米克尔思韦特、阿德里安·伍尔德里奇：《右派国家》，王传兴译，中信出版社，2014。

〔美〕珍妮弗·皮茨：《转向帝国：英法帝国自由主义的兴起》，金毅、许鸿艳译，江苏人民出版社，2012。

〔美〕珍妮弗·托尔伯特·罗伯兹：《审判雅典：西方思想中的反民主传统》，晏绍祥等译，吉林出版集团有限责任公司，2011。

〔伊朗〕拉明·贾汉贝格鲁：《伯林谈话录》，杨祯欣译，译林出版社，2011。

〔以色列〕S. N. 艾森斯塔特：《反思现代性》，旷新年、王爱松译，生活·读书·新知三联书店，2006。

〔意大利〕马基雅维里：《君主论》，潘汉典译，商务印书馆，2009。

〔印度〕阿玛蒂亚·森、玛莎·努斯鲍姆主编《生活质量》，社会科学文献出版社，2008。

〔印度〕阿玛蒂亚·森：《身份与暴力》，李风华等译，刘民权等校，中国人民大学出版社，2009。

〔印度〕阿玛蒂亚·森：《再论不平等》，王利文、于占杰译，中国人民大学出版社，2016。

〔英〕安东尼·吉登斯：《全球时代的民族国家》，江苏人民出版社，2012。

〔英〕柏克：《法国革命论》，何兆武、许振洲、彭刚译，商务印书馆，2009。

〔英〕戴维·赫尔德：《民主的模式》，燕继荣等译，中央编译出版社，2008。

〔英〕戴维·米勒、韦农·波格丹诺主编《布莱克维尔政治学百科全书（修订版）》，邓正来中译本主编，中国政法大学出版社，2002。

〔英〕戴维·米勒：《社会正义原则》，应奇译，江苏人民出版社，2008。

〔英〕戴维·米勒：《论民族性》，刘曙辉译，译林出版社，2010。

〔英〕G. A. 柯亨：《马克思与诺齐克之间》，吕增奎编，江苏人民出版社，2008。

〔英〕G. A. 柯亨：《自我所有、自由和平等》，李朝晖译，东方出版社，2008。

〔英〕G. A. 柯亨：《如果你是平等主义者，为何如此富有？》，霍政欣译，北京大学出版社，2009年。

〔英〕G. A. 柯亨：《拯救正义与平等》，陈伟译，复旦大学出版社，2014。

〔英〕哈耶克：《自由宪章》，杨玉生等译，中国社会科学出版社，1999。

〔英〕J. G. A. 波考克：《马基雅维里时刻：佛罗伦萨政治思想和大西洋共和主义传统》，冯克利、傅乾译，译林出版社，2013。

〔英〕柯林伍德：《历史的观念（增补版）》，何兆武等译，北京大学出版社，2010。

〔英〕理查德·威尔金森、凯特·皮克特：《不平等的痛苦：收入差距如何导致社会问题》，安鹏译，新华出版社，2010。

〔英〕迈克尔·莱斯诺夫等：《社会契约论》，刘训练等译，江苏人民出版社，2010。

〔英〕乔治·奥威尔：《通往维根码头之路》，郑梵等译，华中科技大学出版社，2016。

〔英〕斯蒂芬·卢克斯：《道德相对主义》，陈锐译，中国法制出版社，2013。

〔英〕肖恩·塞耶斯：《马克思主义与人性》，冯颜利译，任平校，东方出版社，2008。

〔英〕休谟：《休谟政治论文选》，张若衡译，商务印书馆，2012。

〔英〕休谟：《人性论》（下册），关文运译，郑之骧校，商务印书馆，2016。

〔英〕以赛亚·伯林：《自由论》（修订版），胡传胜译，译林出版社，2011。

〔英〕约翰·洛克：《政府论》（下篇），叶启芳、瞿菊农译，商务印书馆，2008。

〔英〕约翰·密尔：《密尔论民主与社会主义》，胡勇译，吉林出版集团有限责任公司，2008。

（四）英文著作

Alasdair MacIntyre, *Dependent Rational Animals: Why Human Beings Need the Virtues* (Chicago: Open Court, 1999).

Amartya Sen and Bernard Williams (eds.), *Utilitarianism and Beyond* (Cambridge; New York: Cambridge University Press, 1982).

Amy Gutmann (ed.), *Multiculturalism: Examining the Politics of Recognition* (Princeton, New Jersey: Princeton University Press, 1994).

Anita L. Allen and Milton C. Regan (eds.), *Debating Democracy's Discontent: Essays on American Politics, Law, and Public Philosophy* (Oxford; New York: Oxford University Press, 1998).

Bernard Williams, *In the Beginning Was the Deed* (Princeton N. J.: Princeton University Press, 2005).

Bernard Williams, *Ethics and the Limits of Philosophy* (London and New York: Routledge Press, 2006).

Charles Larmore, *The Morals of Modernity* (Cambridge University Press, 1996).

Charles Taylor, *Philosophy and the Human Sciences: Philosophical Papers 2* (Cambridge: Cambridge University Press, 1985).

Charles Taylor, *Philosophical Arguments* (Cambridge, Massachusetts: Harvard University Press, 1995).

Charles Taylor, *Modern Social Imaginaries* (Durham and London: Duke University Press, 2004).

Charles Taylor, *Dilemmas and Connections* (Cambridge, Mass.: The Belknap Press of Harvard University Press, 2011).

Daniel A. Bell and Avner de-Shalit (eds.), *Forms of Justice: Critical Perspectives on David Miller's Political Philosophy* (Lanham, Md.: Rowman &Littlefield, 2003).

David Miller and Michael Walzer (eds.), *Pluralism, Justice, and E-*

quality (New York: Oxford University Press Inc., 1995).

David Miller, *Citizenship and National Identity* (Cambridge: Polity Press, 2000).

David Miller and Sohail H. Hashmi (eds.), *Boundaries and Justice: Diverse Ethical Perspectives* (Princeton and Oxford: Princeton University Press, 2001).

David Miller, *National Responsibility and Global Justice* (New York: Oxford University Press Inc., 2007).

Edward W. Lehman (ed.), *Autonomy and Order: A Communitarian Anthology* (Lanham: Rowman & Littlefield, 2000).

Grethe B. Peterson (ed.), *The Tanner Lectures On Human Values* (XI, 1990) (Salt Lake City: University of Utah Press, 1990).

Isaiah Berlin, *Liberty: Incorporating Four Essays on Liberty*, edited by Henry Hardy (New York: Oxford University Press, 2002).

Jeff Malpas, Ulrich Arnswald and Jens Kertscher (eds.), *Gadamer's Century: Essays in Honor of Hans-Georg Gadamer* (Cambridge, Massachusetts: The MIT Press, 2002).

John Stuart Mill, *Collected Works of John Stuart Mill* (v. 18): *Essays on Politics and Society* (London: Routledge, 2001).

Joshua Cohen and Martha C. Nussbaum (eds.), *For Love of Country?* (Boston: Beacon Press, 2002).

Leo Strauss, *Liberalism Ancient and Modern* (New York: Basic Books, 1968).

Martha Nussbaum, *Cultivating Humanity* (Cambridge, Mass.: Harvard University Press, 1997).

Martha Nussbaum, *Not for Profit: Why Democracy Needs the Humanities*, Princeton (N. J.: Princeton University Press, 2010).

Michael Ignatieff, *Human Rights as Politics and Idolatry* (Princeton, N. J.: Princeton University Press, 2001).

Michael Sandel, *Democracy's Discontent: America in Search of a Public Philosophy* (Cambridge, Massachusetts: The Belknap Press of Harvard University Press, 1996).

Michael Sandel, *Justice: What's the Right Thing To Do?* (New York: Farrar, Straus and Giroux, 2009).

Michael Walzer, *Interpretation and Social Criticism* (Cambridge, Massachusetts: Harvard University Press, 1993).

Michael Walzer, *Thick and Thin: Moral Argument at Home and Abroad* (Notre Dame, Indiana: University of Notre Dame, 1994).

Michael Walzer, *What It Means to Be an American* (New York: Marsilio, 1996).

Michael Walzer, *On Toleration* (New Haven and London: Yale University Press, 1997).

Michael Walzer (ed.). *Toward a Global Civil Society* (New York and Oxford: Berghahn Books, 2002).

Michael Walzer, *Politics and Passion* (New Haven: Yale University, 2004).

Michael Walzer, *Thinking Politically: Essays in Political Theory* (New Haven: Yale University Press, 2007).

Robert McKim and Jeff McMahan (eds.), *The Morality of Nationalism* (New York; Oxford: Oxford University Press, 1997).

Ronald Dworkin, Mark Lilla and Robert B. Silvers (eds.), *The Legacy of Isaiah Berlin* (New York: New York Review Books, 2001).

Ronald Dworkin, *Justice for Hedgehogs*, Cambridge (Massachusetts: The Belknap Press of Harvard University Press, 2011).

Thomas Pogge and Darrel Moellendorf (eds.), *Global Justice: Seminal Essays* (St. Paul: Paragon House, 2008).

Thomas Pogge and Keith Horton (eds.), *Global Ethics: Seminal Essays* (St. Paul: Paragon House, 2008).

(五) 中英文论文

《奥巴马谈种族歧视：在美国社会仍根深蒂固》，新华网，http://news.xinhuanet.com/world/2015-06/24/c_127942256.htm。

崇明：《从山上之城到分裂之家》，《读书》2018年第2期。

丛日云：《从精英民主、大众民主到民粹化民主——论西方民主的民粹化趋向》，《探索与争鸣》2017年第9期。

刁大明：《2016年大选与美国政治的未来走向》，《美国研究》2016年第6期。

龚文婧：《美国民主输出与输入国的政治困境》，《武汉大学学报》（哲学社会科学版）2016年第69卷第5期。

霍文琪：《美国大选：被金钱左右的政治》，《中国社会科学报》2015年10月9日。

刘婷婷：《全美步枪协会：控枪之路的"最大绊脚石"?》，《民主与法制》2018年第15期。

陶文昭：《政治献金：选举成本与民主原则的困局》，《江海学刊》2010年第2期。

王炎：《特朗普很保守吗?》，《读书》2017年第12期。

王悠然：《财富集中加剧美金钱政治》，《中国社会科学报》2017年4月26日。

辛向阳：《当代资本主义政治制度的危机分析》，《国外社会科学》2012年第5期。

辛向阳：《看待"西式民主"的正确立场、观点和方法》，《前线》2017年第7期。

徐菁菁：《美国选战，那些获票策略》，《三联生活周刊》2016年第47期。

章念生、张梦旭：《美国种族歧视鸿沟依旧》，《人民日报》2018年6月28日。

张朋辉：《巴尔的摩警方存在系统性种族歧视》，《人民日报》2016年8月11日。

张业亮：《另类右翼的崛起及其对特朗普主义的影响》，《美国研究》2017年第4期。

周濂：《"另类右翼"与美国政治》，《读书》2018年第1期。

周琪：《美国的政治腐败和反腐败》，《美国研究》2004年第3期。

〔德〕扬-维尔纳·米勒：《民粹主义里没有"人民"》，《南风窗》2013年第10期。

〔德〕尤尔根·哈贝马斯：《人的尊严的观念和现实主义的人权乌托邦》，鲍永玲译，《哲学分析》2010年第3期。

〔加〕查尔斯·泰勒：《两种现代性理论》，陈通造译，《哲学分析》2016年第4期。

〔加〕威尔·金里卡：《多元文化主义的兴衰？关于多样性社会中接纳和包容的新争论》，《国际社会科学杂志：中文版》2011年第1期。

〔美〕法里德·扎卡利亚：《民粹主义为何令西方陷入困境？》，《中国新闻周刊》2017年第5期。

〔美〕弗朗西斯·福山：《美国政治制度的衰败》，《当代世界与社会主义》2014年第5期。

〔美〕拉里·戴蒙德：《今日之民主第三波》，倪春纳、钟茜韵译，《天津行政学院学报》2012年第14卷第5期。

〔美〕约瑟夫·斯蒂格利茨：《1%所有，1%所治，1%所享》，观察者网，http://www.guancha.cn/SiDiGeLiCi/2012_09_05_95547.shtml。

Amy Gutmann, "The Challenge of Multiculturalism in Political Ethics", *Philosophy and Public Affairs*, Vol. 22, No. 3, Summer 1993.

David Miller, "Democracy's Domain", *Philosophy and Public Affairs*, Vol. 37, Issue 3, Summer 2009.

Francis Fukuyama, "American Political Decay or Renewal?", *Foreign Affairs*, July/August 2016.

John Rawls, "Justice as Fairness: Political not Metaphysical", *Philosophy and Public Affairs*, Vol. 14, No. 3, Summer 1985.

Martha Nussbaum, "Beyond the Social Contract: Capabilities and Global Justice", *Oxford Development Studies*, Vol. 32, No. 1, March 2004.

Michael Walzer, "Pluralism and Social Democracy", *Dissent*, Vol. 45, Iss. 1, Winter 1998.

Michael Walzer, "Achieving Global and Local Justice", *Dissent*, Vol. 58, Iss. 3, Summer 2011.

Steven Lukes and Isaiah Berlin, "In conversation with Steven Lukes", *Salmagundi*, Fall 1998.

Vanessa Williamson, Theda Skocpol and John Coggin, "The Tea Party and the Remaking of Republican Conservatism", *Perspectives on Politics*, Vol. 9/ No. 1, March 2011.

"What's gone wrong with democracy", *The Economist*, March 1st – 7th, 2014.

索　引

A

阿拉斯戴尔·麦金太尔　6~7, 15, 27, 39, 131, 133, 180, 187, 191

安东尼·吉登斯　2, 6, 8, 126, 197

爱国主义　123, 186~192, 200

艾丽斯·M. 杨　6, 73, 117, 148

B

保守派　66, 119, 133, 142, 159

保守主义　1, 6, 66, 133, 139, 158, 185, 192

贝淡宁　6, 40, 87, 160~161

本土主义　22, 147, 154, 198

柏拉图　1, 61, 132, 160~161, 164~165, 193

C

差异政治　5, 120~121, 123, 135

查尔斯·泰勒　6, 19, 26, 28, 33, 38, 43, 120~121, 124, 127~128, 156, 183, 187, 193, 203

茶党　86, 198

D

戴维·米勒　6, 13, 71, 123~124, 130, 140~141, 163, 184, 187

党派政治　4, 92~94, 113

底线主义　139~141, 143~144

多数人的暴政　4, 98, 105~107, 183

多元文化主义　5, 23, 124, 128~130, 133~134, 140, 143, 147~150, 152~155, 182, 184, 190, 198

多元现代性　128, 193

E

恩格斯　43~45, 56, 73~78, 80, 87, 126, 144~146, 168

2016 年美国大选　6, 20, 88, 103

F

反全球化　4, 22, 108, 198

分析的马克思主义学派　6

弗朗西斯·福山　1~2, 90

G

G. A. 柯亨　6, 33, 48, 64~65, 80, 83, 103~104, 106

个人权利　4~5, 17~18, 23~25, 28, 33, 42, 44~46, 122, 125, 129, 137, 150, 158, 171~173, 176, 188, 198~199, 204

个人主义　4~5, 17, 24~26, 28, 32, 39, 44~46, 55, 79~80, 98, 104, 110, 131, 137, 150, 157, 163, 166, 170, 180, 186, 198~200

狗哨政治 6，118~119

公民教育 5，191~192，194，196

公民身份 15，57~58，77，108，123，154，172~174，190~191，198

共同体主义 6~7，26，33，41，131，177，199~200

H

黑格尔 1，7，27，38，42~43，61，131，141，145~146，199

J

极化 19~20，97，185，198

建制派 84~85，159，162，198

金钱政治 4，87，90~91

进步主义 82，135，172

经济不平等 4，6，19，76，78~82，87，92~93，127，197，202

K

康德 1，17，25，27~28，30，38，40，61~62，104，124~125，129~131，135，140，160，167，173，198

L

理性主义 27，31，59，61，63，72，102，125，135，160~161，193

列奥·施特劳斯 6，18，106，111，133，164，171，192

另类右翼 6，22~23，107~108

卢梭 1，12~14，26，42，46~47，49~50，52~54，65~66，73，93，170~171，173，178

伦理特殊主义 130~132，188~190

罗伯特·A·达尔 6

罗伯特·帕特南 6，19，83~84

M

马基雅维里主义 164，166~169

马克思 1，6~7，14，41，43~46，56~57，64~65，73~78，80，87，117，126，144~146，168，197，199

马克斯·韦伯 55~56，176

迈克尔·桑德尔 6，25，27，125，158，163，177，189，194~195

迈克尔·沃尔泽 6，24，41，71，114~115，127，155，173，191，201

民族主义 112，122~123，126，147，149，153，175，198

P

平等主义 48，56~57，61~62，65~67，70~73，76，78，83，103~104，110，136，161~162

普遍主义 5，61~62，122，124~127，129~131，134，137~139，141，144，188

Q

乔万尼·萨托利 6，11，15，20~22，105，107，159，161，173，179

全球化 4，22，82，84，86，108，126，142，151，158，182，189~190，194~195，198

S

塞缪尔·亨廷顿 1，6，19~20，151~152

社会共识 19，23，96~97，113，122，

184，191，197

社会排斥 4，107～108，112，114～115，121，148

社会契约论 4，12，21，23，26，28，45～49，79，93，170，188，200

社交媒体 22，88

身份政治 23，107～108，111～113

T

特殊主义 5，130～132，139，178，188～190，200

同化 111，127，147，151，153

托克维尔 12～13，17，101，105～107，135，158，172，178～179，202

W

威尔·金里卡 39，41，147～148，153，176

文化共同体 5，41，140，142，186，188～190，199～200

文化中心论 125

X

西方民主政治 4，6～8，20，47，87，105，107，161，163，205

现代自我观念 4～5，25～28，39～41，186，198

新民粹主义 2，4，82，84～85，152，154，159，184，198

虚无主义 39，133，182

Y

亚里士多德 1，8，10～12，15～16，27，30，41～43，99～102，131，143，156，165，178，180，193，199

叶礼庭 88，96～97，126，149～150

以赛亚·伯林 14，36，55，144

隐性歧视 114，116

尤尔根·哈贝马斯 6，13～14，25，61，120，122，131，166～167，172，174，190

原子式 5，16，23

约翰·罗尔斯 7，17，47～49，53，55，63，66～67，81，95，99，125，143

约翰·洛克 47～48，51

约翰·密尔 107，129，135，157

Z

政治参与 5，11，16，21～22，73，163，171，175，179，195

政治共同体 4，42，44，112，114，122～123，129，131～132，138，140，150，163，173～174，177～179，186～188，190，199～201

政治正确 23，108，113，115～116，118～120，148

中立性 115，133，138，175～178，192

种族隔离 115，117，119

自由主义民主 4～6，13～15，17～19，23～25，28，56，106～107，124～126，129，163，167～168，172，174，176，182，184，191～192，197～200，202～205

自治 15，17，97，128，163，172～173，179

图书在版编目(CIP)数据

当代西方学者对民主的批判性反思/曲伟杰著. ——北京:社会科学文献出版社,2019.2
国家社科基金后期资助项目
ISBN 978-7-5201-4163-5

Ⅰ.①当… Ⅱ.①曲… Ⅲ.①民主-研究-西方国家 Ⅳ.①D082

中国版本图书馆 CIP 数据核字(2018)第 017410 号

国家社科基金后期资助项目
当代西方学者对民主的批判性反思

著　　者 / 曲伟杰

出 版 人 / 谢寿光
责任编辑 / 吕霞云　王京美

出　　版 / 社会科学文献出版社·社会政法分社 (010) 59367156
　　　　　 地址:北京市北三环中路甲 29 号院华龙大厦　邮编:100029
　　　　　 网址:www.ssap.com.cn
发　　行 / 市场营销中心 (010) 59367081　59367083
印　　装 / 三河市龙林印务有限公司

规　　格 / 开　本:787mm×1092mm　1/16
　　　　　 印　张:14.25　字　数:249 千字
版　　次 / 2019 年 2 月第 1 版　2019 年 2 月第 1 次印刷

书　　号 / ISBN 978-7-5201-4163-5
定　　价 / 79.00 元

本书如有印装质量问题,请与读者服务中心 (010-59367028) 联系

版权所有 翻印必究